꿈꾸는 자는
절망속에서도
포기하지 않는다

SHIJIESHANGZUISHENQIDE55TANGCHENGGONGKE
作者 : HAN FEI
copyright ⓒ 2009 by XINSHIJIECHUBANSHE
All rights reserved.
Korean Translation Copyright ⓒ 2011 by SEORAE PUBLISHING CO.
Korean edition is published by arrangement with XINSHIJIECHUBANSHE
through EntersKorea Co., Ltd. Seoul.

이 책의 한국어판 저작권은 (주)엔터스코리아를 통한
중국의 XINSHIJIECHUBANSHE 와의 계약으로
도서출판 서래 가 소유합니다.
신 저작권법에 의하여 한국 내에서 보호를 받는 저작물이므로
무단전재와 무단복제를 금합니다.

꿈꾸는 자는 절망속에서도 포기하지 않는다

Do not Give up in Despair

한페이 지음 | 하진이 옮김

서래books

꿈꾸는 자는 절망 속에서도
포기하지 않는다

1판 1쇄 인쇄 2012년 7월 9일
1판 1쇄 발행 2012년 7월 12일

지은이   한페이
옮긴이   하진이
발행인   김주복
편집   노은정
디자인   디자인밥

발행처   서래
출판등록 2011.8.12. 제 35-2011-000038호
주소   일산시 서구 대화동 1997 성저마을 902동 401호
대표전화 070-4086-4283, 010-8603-4283
팩스   02-989-3897
이메일   2010sr@naver.com

값 15,000원
ISBN 978-89-965343-5-8   13320

˙잘못된 책은 바꾸어 드립니다.
˙저자와의 협의에 의해 인지를 붙이지 않습니다.

서문

가난뱅이가 눈 깜짝할 사이에 백만장자로 변신하고, 성공과 실패, 극적인 반전이 곳곳에 숨어 있는 우리 인생은 어쩌면 한 편의 드라마일지도 모른다.

선두로 달리는 사람을 제치고 꼴찌가 1등으로 결승선을 통과하는 대반전도 종종 일어나는 우리 인생은 어쩌면 마라톤 경주인지도 모른다.

마술사가 마술을 부리듯 기적을 창조하고, 불가능을 가능으로 만드는 우리 인생은 어쩌면 한 편의 마술 공연인지도 모른다.

매 순간이 놀라움으로 가득한 우리 인생에 고정된 인생 방정식은 없다.

한 회사에서 있었던 일이다. 신입 사원이 입사할 때마다 사장은 근엄한 표정으로 이렇게 당부했다.

"누구도 7층에 있는 빨간색 방에 절대 들어가서는 안 되네."

사장의 말을 가슴에 새긴 사원들은 아무도 7층 방을 기웃거리지 않았다.
　해가 바뀌고 또다시 신입 사원들이 입사했다. 사장은 이번에도 똑같은 당부를 했다. 그때 한 청년이 물었다.
　"이유가 뭡니까?"
　사장은 엄숙한 표정으로 말했다.
　"이유는 없네."
　그러나 청년은 좀처럼 이해할 수 없었다. 사장이 왜 그런 이상한 당부를 했는지 궁금했던 그는 선배들에게 물어보았다. 그러자 모두 쓸데없는 일에 신경 쓰지 말고 일이나 열심히 하라고 핀잔을 주었다. 호기심을 참지 못한 청년은 몰래 그 방안을 살펴보기로 마음먹었다.
　어느 날 청년은 몰래 7층의 빨간색 방 앞으로 갔나.
　"똑! 똑!"
　조심스레 노크를 했지만 안에서는 아무런 반응이 없었다. 그는 용기를 내서 문을 열고 안으로 들어갔다. 뜻밖에도 텅 빈 방안에는 책상 하나가 놓여 있고, 그 위에는 다음과 같은 글이 적힌 종이 한 장이 있었다.
　"사장님께 가져다 드리세요."
　청년은 어리둥절해진 표정으로 종이를 들고 사장실로 갔다. 사장은 종이를 받아들더니 큰 소리로 웃으며 말했다.

"오늘부터 자네는 우리 회사 영업부장일세."

깜짝 놀란 청년이 물었다.

"네? 갑자기 영업부장이라니요?"

"사실 난 이 종이를 나에게 갖다 줄 사람을 오랫동안 기다려왔네. 자네, 그거 알고 있나? 성공하려면 '금기'를 과감히 깨뜨릴 수 있는 용기가 있어야 하네."

인생은 영원히 멈추지 않는 자동차와 같다. 당신이 해야 할 일은 기름이 가득 채워진 엔진처럼 멈추지 않고 앞으로 나아가는 것이다. 인생의 승자가 되고 싶다면 과감히 안일한 삶을 박차고 새로운 모험에 도전하라. 온갖 난관과 역경을 극복하고 변화의 선구자가 되라.

인생의 마술사처럼 당신의 손에 기적이 있다는 사실을 잊어서는 안 된다.

차례

1장
현재에 안주하지 마라
01_ 원대한 꿈을 품어라　15
02_ 과감히 안식처를 박차고 나가라　22
03_ 새로운 잠재력을 계발하라　27
04_ 꿈의 청사진을 그려라　32
05_ 당신의 꿈은 무엇인가?　37
06_ 변화의 선구자가 되라　42

2장
기회를 놓치지 마라
07_ 기회가 운명을 결정한다　51
08_ 기회는 바로 옆에 있다　58
09_ 당신에겐 선택의 기회가 있다　65
10_ 끈기도 능력이다　73
11_ 1%만 더 노력하라　79
12_ 우연의 힘을 우습게 보지 마라　85
13_ 성공한 사람의 20%는 미래를 내다볼 줄 아는 이들이다　92
14_ 인맥은 재산이다　98

3장
성공을 위해 스스로 변화하라
15_ 인격 소양이 행운을 가져다준다　105
16_ 적극적인 마음가짐을 잃지 마라　112
17_ 한 걸음 바로 앞에 성공이 기다리고 있다　118
18_ 완벽하게 실력을 갖추라　125
19_ 성공은 사소한 습관에서 시작한다　131
20_ 포기도 일종의 지혜로운 전술이다　137

4장
인생의 꿈을 펼쳐라
21_ 기회를 놓치지 마라　145
22_ 기회를 발견하는 법　152
23_ 남들보다 더 노력하라　158
24_ 세심한 관찰력을 길러라　164
25_ 습관적인 사고방식에서 벗어나라　169
26_ 난관 속에서도 신념을 잃지 마라　176
27_ 과거를 잊고 새로운 미래를 맞이하라　180
28_ 아무도 가지 않은 길을 가라　186
29_ 용기는 성공의 발판이다　191

차례

5장
즉시 행동으로 옮겨라

30_ 적극적이고 탄력적인 삶을 살라   201
31_ 생각을 행동으로 옮겨라   206
32_ 기회 앞에서 망설이지 마라   213
33_ 힘을 집중하라   221
34_ 인내심은 기적을 창조한다   229
35_ 우물에서 빠져나와 성공을 향해 가라   236
36_ 평범한 인생에서 특별한 인생으로   243

6장
인생의 기적을 창조하라

37_ 재능을 발휘할 기회를 놓치지 마라   255
38_ 좋은 생각이 미래를 결정한다   263
39_ 가만히 앉아서 기다리지 마라   272
40_ 성공하는 사람은 말보다 행동이 앞선다   278
41_ 인생의 목표를 향해 질주하라   285
42_ 인생은 지구력 게임이다   293
43_ 기적을 믿고 자신을 믿어라   299
44_ 인생의 주인은 당신 자신이다   307

7장
인생에 종점은 없다

45_ 웃어라, 인생이 달라진다　315

46_ 집착은 성공의 토대이다　323

47_ 미지의 세계를 두려워하지 마라　329

48_ 원망하지 말고 노력하라　337

49_ 자신에게 충실하라　345

50_ 힘을 모아 아름다운 인생을 만들어 가라　353

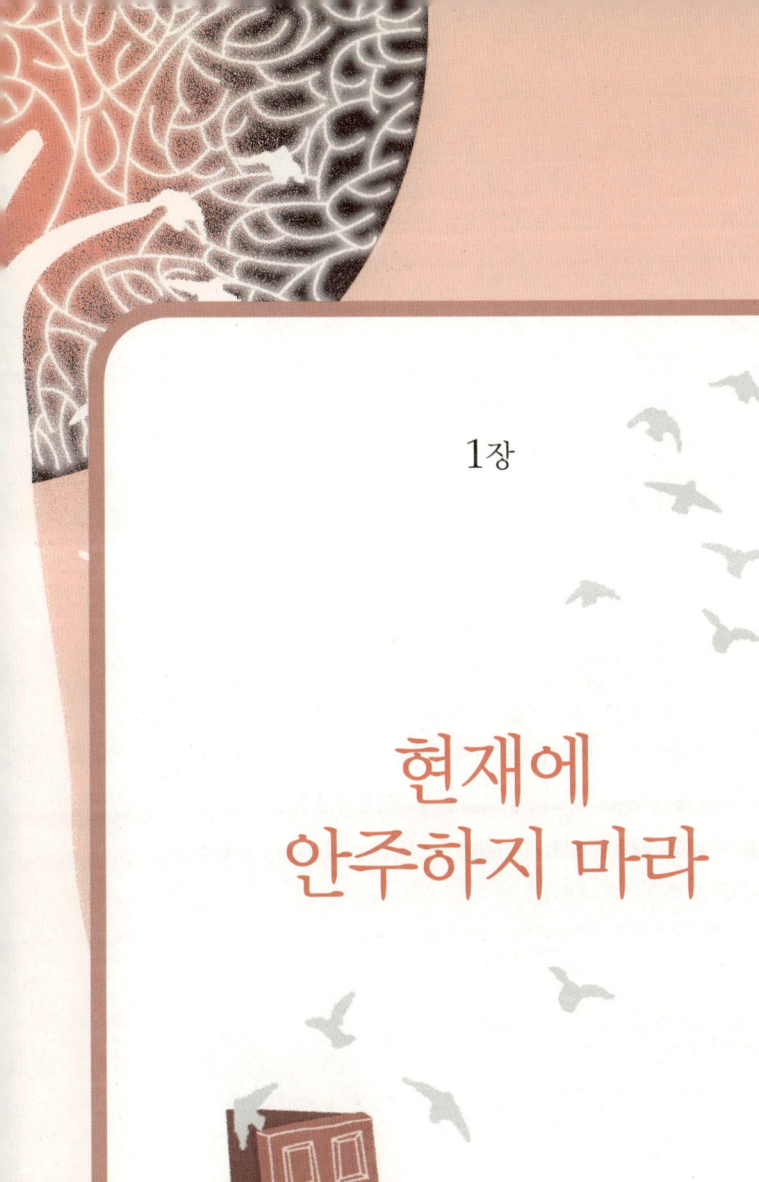

1장

현재에 안주하지 마라

난관에 부딪혀 좌절감에 빠져 있든 혹은 모든 일이 순풍에 돛 단 듯 술술 풀려 득의양양해 있든 절대로 현재에 안주해서는 안 된다. 인생은 마라톤과 같다. 달리기 도중에 그대로 주저앉는다면 당신은 꼴찌를 면할 수 없다. 새로운 모험에 과감히 도전하면서 끊임없는 변화와 자기발전을 이루고자 노력하라.

01_ 　　　　　　원대한 꿈을 품어라

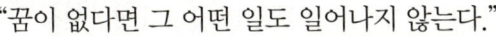"꿈이 없다면 그 어떤 일도 일어나지 않는다."

　　목표의 중요성을 강조하는 이 명언처럼, 목표는 우리가 노력해야 할 방향이자 앞으로 나아가는 원동력이다. 목표가 없다면 나침반 없이 항해하는 것처럼 뱃길을 돌고 돌아 가까스로 육지에 닿거나 망망대해를 표류하다가 끝내 죽음을 맞이하기 쉽다. 그러나 명확한 목표가 있다면 일단은 성공적인 첫걸음을 내디딜 수 있다. 그리고 마지막까지 올바른 방향으로 나아가느냐에 따라 인생의 성공과 실패가 갈린다. 그런 의미에서 다음 일화는 우리에게 목표의 중요성을 깨우쳐 준다.

　　루 홀츠Lou Holtz는 스물다섯이라는 젊은 나이에 회사에서 해고되었다. 실직으로 좌절감에 빠졌던 그는 곧 마음을 추스르고 자신이 이루고 싶은 목표 107가지를 하나하나 적어 나갔다. 예컨대 아

1장 현재에 안주하지 마라　15

이들을 모두 대학에 보내기, 백악관에서 대통령이 주관하는 만찬에 참여하기 등이 있었다. 놀랍게도 그는 평생에 걸쳐 그중 93가지 목표를 달성했다. 그는 1988년에 노트르담 대학 미식축구 팀을 이끌고 전미 대학 미식축구 대회에서 우승컵을 차지하며 가장 성공한 미식축구 감독이 되었다.

루 홀츠의 성공은 목표가 우리의 삶을 변화시킨다는 사실을 증명한다. 이렇듯 목표는 우리 삶에서 매우 중요하지만, 누구나 이러한 사실을 다 깨닫는 것은 아니다. 길거리에 나가 목표가 무엇이냐고 물으면 아마도 멍한 표정을 짓거나 쓸데없는 질문을 던진다고 짜증을 부리는 사람이 대부분일 것이다. 이 세상에 부자보다 평범한 사람이 더 많은 이유는 무엇일까? 평범한 이들에게는 처음부터 성공의 기회가 오지 않았던 것일까? 아니면 목표를 이루어 가는 과정에서 치명적인 타격을 입었을 때 그대로 주저앉았기 때문일까? 아니다. 대부분 뚜렷한 인생의 목표 없이 그때그때 상황에 맞춰 대충 살아가기 때문이다.

학력이나 배경이 비슷한 입사 동기일지라도 몇 년이 지나고 나면 전혀 다른 위치에 있는 것을 자주 볼 수 있다. 이러한 차이가 생기는 주된 이유는 개인적인 실력 차이가 아니다. 바로 명확한 목표와 치밀한 계획에 있다. 목표가 뚜렷한 사람은 자신이 나아가야 할 방향을 향해 단계적으로 발전해 나간다. 반면에 목표가 없는 사람은 눈앞의 일을 처리하는 데만 급급하다가 결국엔 낙오자

신세가 되고 만다.

레미와 스팅은 처음에 똑같이 퀸즈 스트리트에서 땅콩을 팔았지만 그들의 미래는 정반대였다. 레미는 잡화점 옆에 작은 상점을 열어 커피와 땅콩을 팔았다. 직접 땅콩을 볶아서 한 봉지에 5센트에 팔았는데, 후한 인심 덕분에 인기가 많았다. 그러나 레미는 끝내 가난에서 벗어나지 못한 채 평생 땅콩 장사를 하며 근근이 생계를 유지하다가 죽었다. 그는 땅콩을 좀 더 많이 팔고자 애를 쓰긴 했지만, 구체적인 계획을 세워서 장사 규모를 키우려는 시도조차 하지 않았다.

레미와 달리, 스팅은 계획적으로 땅콩을 팔았다. 우선 그는 땅콩 판매량을 매년 20%씩 늘린다는 목표를 세웠다. 그리고 그 목표를 달성하기 위해 땅콩의 품질을 높이는 것 외에도 다방면의 묘안을 짜냈다. 가령 땅콩을 담는 포장 봉투에 '심술쟁이 스팅'이라는 기발한 광고 문구를 새겨 넣어 고객의 흥미를 자아냈고, 아르바이트생들에게 성과급을 주어 적극적으로 땅콩을 팔도록 부추겼다. 그의 다양한 묘안 덕분에 땅콩 장사는 점점 성황을 이루었다. 얼마 뒤에는 사우스캐롤라이나 주에서 개최하는 박람회와 각종 운동 경기장에서 땅콩 독점 판매권을 따내며 마침내 부와 명성을 한 손에 거머쥐었다.

레미와 스팅의 차이점은 무엇일까? 레미는 오로지 생계를 위해 땅콩을 팔았을 뿐, 앞으로 어떻게 장사를 키워 나갈 것인가 하는 데는 도통 관심이 없었다. 그러나 스팅은 달랐다. 그는 변변찮은 땅콩 장사를 어엿한 하나의 사업으로 여겼다. 먼저 사업 목표를 세우고, 여러 가지 수단과 방법을 총동원하여 고객을 끌어들이고 사업을 발전시켜 나갔다.

목표가 없으면, 망망한 인생의 바다에서 길을 잃고 헤매다가 결국에는 실패와 좌절 속에 침몰하기 십상이다. 그런데도 사람들은 목표를 세우지 않는 실수를 저지른다. 뚜렷한 인생의 목표가 없어도 한 세상 그럭저럭 잘 살아갈 수 있다고 생각한다. 바로 이 때문에 많은 사람이 평범하게 살다 죽는다는 것도 모른 채 말이다.

인생의 목표는 크고 원대할수록 좋다.

짐 캐리Jim Carrey는 할리우드 최고의 코미디 배우로 명성을 떨쳤지만 1980년대까지만 해도 인생에서 가장 힘든 시기를 보냈다. 그래도 삶에 대한 열정만은 잃지 않았다. 그는 1995년 추수감사절까지 1,000만 달러의 수표를 모으겠다는 목표를 세웠다. 그러고는 10여 년 동안 그 목표를 이루고자 영화 제작사들을 찾아다니며 고군분투했다. 1995년 11월, 짐 캐리는 마침내 영화 〈마스크〉 출연료로 1,000만 달러를 벌어들였다. 그리고 영화 덕분에 인기가 급상승해 1996년에는 출연료가 2,000만 달러를 넘어섰다.

짐 캐리는 다시 뚜렷한 목표를 세웠다. 구체적인 액수와 기한까지 세우고 목표를 향해 끊임없이 나아갔기에 마침내 성공을 거둘 수 있었다.

우리 주위에는 목표를 구체적으로 세우기를 꺼리는 사람들이 있다. 예정된 기한 안에 목표를 달성하지 못하면 좌절감, 패배감을 느낄까 봐 두렵기 때문이다. 그러나 이러한 두려움 때문에 목표를 대충 세우는 것은 자신을 기만하는 행위일 뿐만 아니라 아예 목표가 없는 것과 마찬가지다. 꿈을 이루고 싶다면 실패나 좌절감을 두려워하지 마라. 명확한 목표를 세우되 과감하게 도전하라.

목표는 높게 잡는 것이 좋다. 가령 현재 당신의 연봉이 6만 달러인데 앞으로 2년 후에 6만 1,000달러를 받겠다는 목표를 세운다면, 그다지 좋은 방법이 아니다. 목표는 높게 세우는 것이 좋다. 목표를 이루고 싶은 의욕과 도전 정신을 자극해 전심전력으로 목표 달성에 몰입하게 해 주기 때문이다. 원대한 목표와 강한 신념을 갖춘다면, 이미 절반의 성공을 거둔 것과 마찬가지다.

한 가지 주의할 점은, 목표는 반드시 자신의 실제 상황에 맞춰 현실적으로 정해야 한다는 사실이다. 자신의 위치와 능력을 냉철하게 직시하여 지나치게 허황하거나 자신의 능력 범위를 벗어나는 목표는 삼가야 한다. 가령 음악적 재능도 없고 이미 오십 대에 접어든 사람이 천재적인 연주가가 되기를 꿈꾼다거나 혹은 전문적인 체력 단련을 받은 적이 없는 사람이 100미터를 10초대에 완주하려고 한다면 이 얼마나 허황한 목표인가?

한 청년이 미국의 자동차 왕 헨리 포드Henry Ford에게 조언을 구했다. 헨리 포드는 청년에게 인생의 목표가 무엇인지 물었다. 그러자 청년은 앞으로 5년 안에 헨리 포드 재산의 두 배에 가까운 돈을 버는 것이라고 말했다. 헨리 포드는 청년에게 자신의 현실에 걸맞은 목표를 세우라고 따끔하게 충고했다. 그의 충고를 겸허히 받아들인 청년은 현실적인 목표를 세웠고, 마침내는 좋은 성과를 거둘 수 있었다.

목표를 세울 때는 장기적인 목표와 함께 단계별 단기 목표를 세워 연속성을 이어가는 것이 좋다. 흔히 모든 정력을 다 쏟아부어 목표를 이루고 나면 심리적 충족감과 여유로움을 느끼는 것도 잠시, 금세 공허한 감정에 빠지기 마련이다. '이제는 무엇을 해야 할까' 하고 일시적인 방황에 빠지기 쉬운데, 이는 연속적인 목표가 세워져 있지 않기 때문이다. 가장 대표적인 사례가 미국의 아폴로 달 탐사 프로젝트에 참여했던 우주 비행사들이다. 당시 우주 비행사들은 혹독한 훈련 기간 내내 뜨거운 열정과 비장한 각오로 훈련에 임했다. 그도 그럴 것이 인류 역사상 최초로 달을 탐사하는 막중한 임무를 맡지 않았는가! 마침내 꿈에 그리던 달에 첫발을 내디디면서 열광의 도가니에 빠졌지만, 우주 비행사들은 곧 심각한 상실감에 빠졌다. 달 탐사 이후 그들의 도전 정신을 불태울 지속적인 목표가 없었기 때문이다.

목표를 세울 때는 그동안 목표를 이루고자 혼신을 쏟은 열정을 그대로 이어나갈 수 있는 새로운 목표가 뒤따라야 한다.

목표를 세운 다음에는 올바른 방향으로 전진하는 것이 중요하다. 자신의 목표를 향해 게으름을 피우지 않고 꾸준히 나아가도록 독려할 수 있어야 한다. 이때는 수첩에 단기 목표와 장기 목표를 적어 두고 수시로 들춰 보며 확인하는 것도 좋은 방법이다.

미국의 유명한 여성 파이낸셜 플래너CFP이자 자산 운용에 관한 베스트셀러의 저자인 수즈 오먼Suze Orman도 한 달 수입이 겨우 수백 달러에 불과하던 시절이 있었다. 당시 그녀는 5년 안에 1만 달러를 벌겠다는 목표를 세웠다. 그러고는 날마다 출퇴근 길에 수첩에 반복해서 목표를 적으며 자신을 일깨웠다. 덕분에 그녀는 4년 만에 목표를 앞당겨 달성할 수 있었다. 물론 그녀가 구체적인 노력은 전혀 하지 않고 오로지 수첩에 목표를 적기만 해서 목표를 달성했다는 뜻은 아니다. 수시로 목표를 확인하는 일은 아름다운 미래를 머릿속에 그리며 자신을 독려하고 자극하는 데 큰 도움이 된다는 뜻이다.

"사람들은 모두 같은 하늘 아래 살지만, 저마다 바라보는 지평선은 모두 다르다."라는 말이 있다. 실현 가능한 명확한 목표를 세운다면, 당신은 이미 남들보다 한발 앞서 성공을 향해 달리고 있는 것이다.

02_ 과감히 안식처를 박차고 나가라

성공을 막는 것은 무엇일까? 해답은 간단하다. 안일한 삶에 주저앉으려는 게으름, 그리고 난관이나 위기 앞에서 쉽게 포기하거나 좌절하는 의지박약일 것이다. 성공은 천부적인 재능과는 전혀 상관이 없다. 새로운 모험에 과감히 도전할 수 있는 용기가 있느냐에 달렸다. 용기 있는 사람은 그 어떤 고난도 백절불굴의 정신으로 헤쳐 나간다. 또 언제든 안일한 삶을 박차고 나가 백척간두의 위험한 모험에 도전한다. 성공의 첫 번째 요소는 바로 용기라고 할 수 있다.

성공은 쉽게 얻는 것이 아니다. 오랜 시간 땀과 눈물을 흘리며 수많은 난관과 장애물을 헤치고 난 다음에야 얻을 수 있는 달콤한 결실이다. 중요한 것은 자신의 꿈을 도중에 포기하지 않고 끝까지 지켜 나가는 것이다.

시어도어 루스벨트Theodore Roosevelt는 미국 역사상 가장 건강하고 정신력이 강인한 지도자로 여겨진다. 하지만 그도 처음부터 그랬던 것은 아니다. 어린 시절 그는 매우 병약한 아이였다. 말라깽이에 시력도 나쁘고 천식 증세가 심해 침대 옆에 놓아둔 촛불조차 혼자 힘으로 끄지 못할 정도였다. 이처럼 건강 상태가 매우 나빠서 그의 부모는 루스벨트가 오래 살지 못할 것이라고 생각했다. 루스벨트는 당시를 이렇게 회상했다.

"어릴 때부터 항상 병을 달고 다니는 허약한 아이였던 탓에 나는 자신감이 많이 부족했습니다. 그래서 일단은 훈련을 통해 건강한 몸을 만들어야 했습니다. 그것은 단순히 몸뿐만 아니라 영혼과 정신까지 훈련하는 고통스럽고 혹독한 과정이었습니다."

그는 오랜 시간 동안 혹독한 훈련을 거쳐 자신을 변화시켰다. 그의 몸은 점차 건강해졌고, 의지력은 더욱 강해졌다. 저널리스트 헨리 루터 스토다드Henry Luther Stoddard와의 인터뷰에서 그는 이렇게 말했다.

"사람들은 인생의 수많은 전투에 대해 이야기한다. 하지만 내가 겪은 가장 힘든 전투는 아무도 알지 못하는 것이다. 그것은 바로 나 자신에 대한 통제권을 차지하기 위한 전투였다. 자기 통제권을 획득하는 것은 치열한 노력을 통해서만 얻을 수 있다. 수없이 반복하며 연습해야 자신을 완벽하게 통제할 수 있다. 이것은 일종의 습관이다. 반복적인 노력과 반복적인 의지의 훈련을 통해 얻는 습관이다."

　춘추 시대에 월越나라 군대는 오吳나라 군대의 공격에 산산이 부서지고 말았다. 그러자 월나라 왕 구천勾踐은 훗날을 도모하기 위해 잠시 왕위와 국가를 포기했다. 치욕을 참으며 오나라 왕 부차夫差의 노예가 된 것이다. 3년 후에 드디어 석방되어 월나라로 돌아간 구천은 국가의 치욕을 씻어내고 국력을 향상시키고자 굳은 결심을 했다. 매일 장작더미에서 잠을 자고, 밥을 먹을 때마다 쓸개의 쓴 맛을 맛보면서 망국의 치욕을 잊지 않으려 애썼다. 그리하여 구천은 기원전 473년에 오나라를 쳐부수고 춘추 시대의 마지막 맹주가 될 수 있었다.

　죄수의 신분에서 한 시대를 호령하는 맹주가 되기까지 월나라 왕 구천은 결코 자신을 포기하지 않았다. 그는 실패했을 때 좌절하기보다는 미래의 도전을 위해 치밀하게 준비하고 계획을 세웠다. 가혹하고 치욕적인 죄수 생활을 통해 강인한 정신력을 키우고 마침내 기회가 왔을 때 그것을 성공의 발판으로 삼았던 것이다.

　맹자孟子는 "우환이 있는 곳에서는 살고, 안락한 곳에서는 죽는다."라고 했다. 안락한 환경에서는 이상을 추구하려는 용기와 투지를 잃기 쉽다. 자기를 통제할 줄 모르면 잠재력을 발휘할 수 없다. 삶의 성취를 이루고 싶다면 안식처를 박차고 나가 자신이 싫어하는 일을 할 수 있어야 한다.

　가장 간단한 예로 조깅을 들 수 있다. 나는 달리기를 즐기는 편으로, 아침마다 5킬로미터씩 조깅을 한다. 사실 아침에 일찍 일어나서 조깅을 하는 것은 '괴로운 일'이다. 엄동설한이나 세찬 바람이 불 때는 특히 더하다. 하지만 나는 단 한 번도 조깅을 멈춘 적이 없다. 물론 처음부터 그랬던 것은 아니다.

나도 한때는 아침에 일찍 일어나는 것이 끔찍하게 싫었다. 따뜻한 이불 속에서 좀 더 오래 자고 싶은 유혹을 떨쳐 내기 위해 날마다 나 자신과 싸워야 했다. 게다가 밖에 나가 한바탕 뛸 것을 생각하는 것만으로도 고역이었다. 도대체 내가 왜 이런 고생을 사서 하는지 이해가 안 될 정도였다. 아침 조깅을 하는 사람이라면 누구나 공감할 것이다. 이처럼 게을렀던 내가 어떻게 지금처럼 조깅 마니아로 변할 수 있었을까?

그것은 간단하다. 스스로 반드시 지켜야 할 규칙을 만든 것이다. '일단 결정한 일은 비가 오든 눈이 오든 적어도 한 달은 실천하자'라고 말이다. 그 후 한 달은 아침에 일어나는 것이 괴로울 만큼 힘들었다. 과연 이렇게까지 힘들게 운동을 해야 하나 싶을 정도였다. 마음이 흔들릴 때마다 나는 이를 악물었다. 어떤 일이 있어도 한 달은 버텨야 한다고 스스로 다짐했다.

그렇게 한 달이 지나자 신기한 일이 벌어졌다. 아침에 일찍 일어나는 것이 힘들지 않았고, 한바탕 뛰고 나면 오히려 몸이 가뿐해졌다. 몸이 점차 적응하자 모든 것이 수월해진 것이다. 그제야 나는 아침 조깅이 주는 상쾌한 즐거움을 누릴 수 있게 되었다.

성공하는 사람들은 안락한 환경을 미련 없이 박차고 나와 시련과 역경 속에 자신을 내던질 줄 안다. 안락한 환경을 박차고 나오는 데는 열악한 환경에 도전할 수 있는 용기와 끈기가 있어야만 한다.

사실 안락한 환경을 박차고 나오기란 매우 어려운 일이다. 자신이 일구어 놓은 성취의 결실을 포기한 채 불확실하고 난관이 첩첩산중인 새로운 길을 떠나는 것을 의미하기 때문이다. 《바람과 함께 사라지다》에는 최악의 환경에서 살아남으면 그 어떤 고난도 두렵지 않다는 구절이 있다. 조물주는 우리에게 생명을 선사하는 동시에 고통과 시련도 함께 주었다. 그것은 고통과 시련 속에서 삶의 소중함을 깨우치고 더 나은 미래를 위해 끊임없이 노력하라는 뜻이다.

성공한 사람들의 성공담은 각양각색이지만 공통점이 하나 있다. 그들은 인생의 정상에 올라섰을 때 과감하게 안식처를 버리고 새로운 세계를 개척했다는 점이다. 또 인생의 침체기에도 절대 좌절하지 않고 묵묵히 내일의 도약을 위해 준비했다. 이러한 용기가 그들을 성공으로 이끈 것이다.

03_ 새로운 잠재력을 계발하라

 평소 송충이의 습성에 관심이 많았던 프랑스 과학자 존 파버는 다음과 같은 '송충이 실험'을 했다.

커다란 화분 가장자리에 송충이들을 한 줄로 늘어놓고 머리와 꼬리가 맞물리도록 대열을 만들었다. 그러자 송충이들은 둥근 원을 그리며 화분 둘레를 빙빙 맴돌기 시작했다. 존 파버는 화분 가까운 곳에 송충이들이 즐겨 먹는 솔잎을 놓아두었다. 그는 송충이들이 당연히 먹이를 향해 나아갈 것이라고 생각했지만, 결과는 뜻밖에도 전혀 딴판이었다. 송충이들은 한 시간이 지나고 하루가 지나고 이틀이 지나도록 아무 쓸모도 없이 화분 둘레를 빙빙 맴돌았다. 그렇게 7일 밤낮을 빙빙 맴돌던 송충이들은 결국 굶어 죽고 말았다. 이러한 비극을 초래한 원인은 무조건 앞의 우두머리만 따라다니는 송충이들의 본능적인 습관이었다. 본래 송충이들은 선두

에 선 우두머리를 줄지어 따라다니는 습성이 있다. 그래서 우두머리 송충이가 먹이 앞에서 멈춰 서야만 나머지 무리도 비로소 멈춰서서 먹이를 먹을 수 있다.

당신도 송충이처럼 습관에만 얽매인 채 새로운 변화를 거부하지는 않는지 되돌아보라. 익숙한 주변 환경과 생활습관에 안주하며 살아간다면 인생이 따분해질 뿐만 아니라 내면에 숨겨진 잠재력을 계발할 기회조차 얻을 수 없다.

하버드 대학의 교수가 다음과 같은 실험을 한 적이 있다.

먼저 학생들을 A와 B조로 나누고 똑같은 그림을 보여 주었다. 그러면서 A조 학생들에게는 젊은 부인의 초상화라고 설명하고, B조 학생들에게는 중년 부인의 초상화라고 일러 주었다. 그 다음에는 학생들을 한 데 모아 놓고 다시 그 그림을 보여 주며 감상을 물었다. 그러자 A조 학생들은 젊은 부인의 초상화라고 주장하고, B조 학생들은 중년 부인의 초상화라고 우기며 치열한 공방을 벌였다.

위의 사례에서 보듯이, 변화와 발전의 원동력을 빼앗아가는 것들에는 습관이나 관습뿐만 아니라 고정관념과 선입견도 한몫 단단히 한다는 사실을 알 수 있다. 사물에 대한 관점을 크게 지배하는 첫인상이 결정되는 데는 고작 20초밖에 걸리지 않는다. 이렇게 해서 형성된 선입견은 쉽사리 변하지 않는 맹점이 있다. 또 우리는 가정과 학교, 회사, 친구, 동료, 사회의 유행 흐름과 같은 주변 환경과 주위 사람들로부터 영향을 받아 사고방식을 지배당하고 고정관념을 갖게 된다. 이러한 고정관념이나 선입견은 잠재력을 계발하는 데 큰 방해가 된다. 잠재력을 계발하고 창의력을 발휘하려면 먼저 기존의 사고방식에서 벗어나 관점의 전환을 이룰 수 있어야 한다.

어느 과학자가 원숭이들을 상대로 이러한 실험을 했다.

과학자는 천장에 바나나를 매달아 놓고 원숭이들이 바나나에 손을 댈 때마다 고압 호스로 물을 뿌렸다. 여러 차례 물벼락을 맞고 나자 원숭이들은 더 이상 바나나에 손을 대지 않았다. 그러고 나서 얼마 후에 새로운 원숭이 한 마리를 우리 안으로 들여보냈다. 새로 들어온 원숭이가 천정에 매달린 바나나에 손을 대자 나머지 원숭이들이 우르르 몰려와 마구 때리고 할퀴었다. 어느새 원숭이들 사이에는 바나나에 손을 대서는 안 된다는 규칙이 생긴 것이다.

아마도 당신은 스스로 만들어 낸 어리석은 규칙 때문에 맛있는 바나나를 먹지 못하는 원숭이들의 모습에 웃음을 터뜨릴 것이다. 그러나 바로 우리도 원숭이와 똑같은 실수를 저지르며 살고 있다는 사실을 알고 있는가? 가령 도저히 실현하기 어려운 불가능한 일이라는 고정관념이 생기면 우리는 시도조차 하지 않는 경우가 많다. 실상은 우리가 상상하는 만큼 어렵고 힘든 일이 아닌데도 말이다. 관건은 미지의 영역에 과감히 도전할 수 있는 결단과 용기이다.

피아노를 전공하는 기악과 신입생이 교수에게 지도를 받으러 연습실로 들어갔다. 교수는 학생에게 악보 하나를 주며 말했다.

"이것을 연주해 보게."

난이도가 아주 높은 악보였던 탓에 학생은 실수를 거듭했다.

"익숙해질 때까지 계속해서 연습하게."

학생은 일주일 내내 열심히 연습하고 나서 두 번째 수업에 들어갔다. 교수는 또 다른 악보를 주며 이렇게 말했다.

"이것을 연주해 보게."

지난주 내내 연습한 것보다 훨씬 어려운 악보였다. 교수는 또다시 학생에게 열심히 연습해 오라고 주문했다. 이렇게 일주일 내내 손가락이 부르트도록 연습해서 수업하러 가면 늘 더 어려운 과제가 기다리는 일이 석 달째 반복되자, 학생은 그만 자신감을 잃고 우울증에 빠지고 말았다. 학생은 결국 참지 못하고 교수에게 도대체 왜 자신을 그런 식으로 괴롭히느냐고 따져 물었다. 그러자 교수는 첫 번째 수업 시간에 보여 주었던 악보를 꺼냈다.

"다시 한번 연주해 보게."

그러자 불가사의한 일이 일어났다. 학생 스스로도 믿기지 않을 만큼 너무도 능숙하고 완벽하게 연주해 낸 것이다! 교수는 다시 두 번째 수업 때 보여 준 악보를 연주하게 했다. 이번에도 학생은 완벽하게 연주했다. 놀랄 만큼 향상된 자신의 연주 실력에 학생은 어안이 벙벙해졌고, 교수는 그런 학생을 지그시 바라보며 말했다.

"만일 자네가 가장 자신 있는 곡만 연습했다면, 자네는 아마 지금도 첫 번째 악보를 붙들고 씨름하고 있을 걸세. 지금처럼 실력이 크게 향상되지 못했을 거야."

사람은 누구나 무궁무진한 잠재력이 있다. 이러한 잠재력을 발휘하려면 먼저 '계발' 해야 한다. **잠재력을 계발하려면 자신이 전에 경험하지 못했던 새로운 일에 과감히 도전해야 한다.** 그래야만 그동안 미처 깨닫지 못했던 자신의 새로운 재능을 발견할 수 있다.

우리는 대개 자신이 익숙한 분야의 일만 파고들고, 경험하지 못한 새로운 일은 피하려는 경향이 있다. 새로운 일에 도전할 용기를 발휘하기는커녕 혹시나 실수를 저질러서 망신을 당하지는 않을까 하며 전전긍긍하기 일쑤다. 도전 자체를 포기한다면 실력 향상은 기대할 수 없고 새로운 잠재력 또한 계발할 수 없다.

우리 내면에는 무궁무진한 잠재력이 잠들어 있다. 이를 적극적으로 계발하여 끊임없이 자기 발전을 꾀한다면 당신은 그 어떠한 환경에서도 성공을 향해 나아갈 수 있다.

04_ 꿈의 청사진을 그려라

성공은 무작정 꿈꾸고 간절히 원하거나 끊임없이 외친다고 해서 이루어지는 것이 아니다. 성공하려면 용기와 피땀 어린 노력, 치밀한 계획이 뒤따라야 하고 숱한 좌절과 고통을 대가로 치러야 한다. 무엇보다 미래의 청사진을 머릿속에 그리는 것이 중요하다.

어느 잡지에 흥미로운 실험이 소개된 적이 있다.

한 연구원이 축구 실력이 비슷한 선수들을 3개 조로 나누고 각 조에 서로 다른 요구를 했다. 즉, A조에는 한 달 동안 축구 연습을 하지 말도록 지시했고, B조에는 한 달 내내 한 시간씩 슈팅 연습을 하도록 주문했으며, C조에는 한 달 내내 한 시간씩 머릿속으로 슈팅 연습을 하는 상상을 하라고 주문했다.

한 달 후 연구원은 연구 결과를 발표했다. A조의 슈팅 성공률은

39%에서 37%로 하락했고, B조의 슈팅 성공률은 39%에서 41%로 향상되었다. 두 팀의 결과는 이미 예상된 성적이므로 특별히 이상할 것이 없었다. 그러나 C조는 누구도 예상치 못한 결과를 냈다. 슈팅 성공률이 39%에서 42.5%로 향상된 것이다.

상상 속 슈팅 연습이 어떻게 실제 경기장에서의 슈팅 연습보다 훨씬 좋은 효과를 나타낼 수 있었을까? 이는 바로 상상 시뮬레이션의 효과 덕분이다. C조 선수들은 자신이 찬 공이 골인하는 상상을 수도 없이 반복했던 것이다.

성공을 원한다면 C조의 선수들처럼 머릿속으로 미래에 성공한 자신의 모습을 그려 보라. 앞으로 목표를 이루어 가는 과정에서 경험하게 될 일들, 위기에 처했을 때 슬기롭게 극복해 나가는 모습들을 구체적으로 머릿속에 그려 보면 실제로 난관이나 좌절에 부닥쳤을 때 훨씬 능숙하게 대처할 수 있다.

골프 황제 타이거 우즈Tiger Woods는 골프 시합에서 100회 이상 우승 트로피를 휩쓸며 수억 달러에 달하는 상금을 차지했다. 언젠가 취재 기자가 성공 비결을 묻자 그는 이렇게 대답했다.

"나는 연습할 때든 시합에 나갈 때든 항상 공을 치기에 앞서 머릿속으로 영화처럼 선명한 그림을 그립니다. 새하얀 골프공이 내가 원하는 위치의 새파란 잔디 위로 날아가 얌전히 멈춰 선 모습이지요. 심지어 골프공이 어떠한 곡선을 그리면서 날아가는지 그 형태까지도 머릿속으로 그려 봅니다."

타이거 우즈의 설명에서 알 수 있듯이 상상 시뮬레이션은 우리가 성공을 이루는 데 큰 도움이 된다. 첫째로 대뇌의 사고 과정이 목표를 실현하는 데 집중하게 한다. 둘째는 창의력을 자극하고, 셋째는 자신이 하는 일에 적극성과 자신감을 북돋아 준다.

목표가 세밀하고 구체적일수록 상상 시뮬레이션의 효과도 크다. 가령 당신이 영업사원이라면 당연히 판매 실적을 올리는 것이 가장 큰 목표가 될 것이다. 그렇다면 이러한 상상을 해 보는 것도 좋다. 당신이 판매하는 상품을 수많은 고객이 주문해 주문서가 밀린다거나 혹은 1년 목표액을 앞당겨 달성해서 상사에게 능력을 인정받는 모습을 상상하는 것이다. 이 얼마나 흥분되고 가슴 벅찬 미래의 모습인가?

이러한 상상 시뮬레이션에도 연습이 필요하다는 사실을 잊어서는 안 된다. 만일 당신이 농구선수라면 장거리 슛을 깔끔하게 해치우는 모습을 수도 없이 상상하라. 연설가라면 무대 위에서 당당하고 호소력 있는 어조로 강연하는 모습을 상상하라. 신참 영업사원이라면 신뢰가 가는 표정으로 고객을 설득하는 자신의 모습을 상상하고 또 상상하라.

끊임없이 미래의 성공한 모습을 그린다면 언제 어디서든 목표 의식을 잃지 않고 꾸준히 자신을 독려할 수 있게 된다.

한 가지 주의할 점은, 미래의 성공적인 모습을 상상하며 머릿속에 그려 내는 것은 좋지만 지나치게 완벽을 추구하면 오히려 불필요한 부담을 준다는 사실이다.

크루즈가 IBM 인턴사원으로 일할 때였다.

크루즈는 일개 인턴사원에서 입사 2년 만에 IBM의 아시아·태평양 지역 총괄 책임자로 고속 승진한 입지전적인 인물이다. 그가 이처럼 성공할 수 있었던 비결은 무엇일까? 바로 자신에 대한 냉철한 평가와 그에 맞는 명확한 목표를 세웠기 때문이다. 그는 인턴 시절을 이렇게 회상했다.

"나는 간단한 업무를 복잡하게 처리해서 스스로 곤란한 상황에 빠지는 실수 따위는 저지른 적이 없습니다. 당시 주위의 인턴사원 동기들은 어떻게든 뛰어난 업무 능력을 발휘해 인정받고 싶어서 안달이었지요. 그래서 직장 상사가 처음 우리에게 업무를 맡겼을 때 저마다 자신의 실력과 재능을 뽐내고 싶어 했습니다. 사소한 부분까지 완벽하게 일을 처리하려고 했지요. 하지만 전 상사가 지시하는 요구 사항대로만 신속하게 일을 처리했습니다. 여러분도 알다시피 이처럼 크나큰 규모와 시스템을 갖춘 회사는 가장 적합한 기간 안에 적합한 생산 원가와 기회비용으로 최대의 효율성을 얻는 것을 추구합니다. 여기서 '적합'이란 '완벽함'이 아니라 바로 '적절함'을 의미하지요. 그런 의미에서 공연히 완벽하게 일을 처리하려다가 오히려 방만하고 굼뜨게 행동하는 여느 인턴사원보다 필요한 일만 신속하게 처리하는 제가 눈에 띈 것입니다."

이처럼 크루즈가 일을 간단하고 효율적으로 처리할 수 있었던 것은 바로 업무의 기본에 충실했기 때문이다. 바꿔 말하면, 지나치게 완벽을 추구하느라 불필요한 부담을 늘리고 귀중한 시간을 허비하여 상사에게 능력을 의심받는 우를 범하지 않았다. 대부분 상사가 바라는 것은 완벽한 결과보다는 정해진 기간 안에 업무가 순조롭게 완수되는 것이다.

크루즈의 사례에서 보듯이 상상 시뮬레이션에서도 난이도가 지나치게 높거나 완전무결한 성공을 그리는 사람이 많다. 그러나 그렇게 하는 것은 오히려 정력을 낭비하거나 자기 자신에 대한 믿음에 큰 타격을 입을 수 있다는 사실을 명심해야 한다.

성공을 원한다면 무대 위에서 리허설을 하듯 자신의 미래 모습을 머릿속으로 그려 보라. 그러면 당신이 원하는 성공에 훨씬 쉽게 다가갈 수 있을 것이다.

05_ 당신의 꿈은 무엇인가?

 당신의 꿈은 무엇인가?

이 질문에 아마도 수백 수천 가지 대답이 쏟아질 것이다. 성공의 척도를 돈이라 여기는 사람은 억대 연봉과 풍성한 보너스를 바랄 것이고, 명성이라 여기는 사람은 자신이 일하는 분야에서 일인자가 되기를 바랄 것이며, 권력이라 여기는 사람은 유명한 정치가를 꿈꿀 것이다.

사실 돈이나 명예, 권력은 그 자체로는 나쁘다고 할 수 없다. 가령 돈이 많으면 세계 여행을 마음대로 즐기고, 호화롭고 쾌적한 집에서 남들보다 풍요롭고 여유로운 삶을 누릴 수 있다. 또 높은 명성을 얻으면 수많은 사람에게 부러움과 존경을 한 몸에 받고 자부심과 만족감을 느낄 수 있다.

어떤 의미에서 보면 재물이나 명예, 권력은 확실히 성공의 상징이라고 할 수 있다. 그러나 이 세상 모든 사람이 이를 성공의 척도로 여기는 것은 아니다. 사람마다 추구하는 것이 다르고 정신적 충족감을 느끼는 것이 다르기 때문이다. 그러나 한 가지 중요한 점을 간과해서는 안 된다. 추구하는 목표가 무엇이든 간에 자신이 가장 간절히 원하는 것이어야 하며, 성실하게 노력하여 그 목표를 이루어 나가야 한다는 사실이다.

대부분 성공한 사람은 자신이 서 있는 위치와 원하는 목표가 무엇인지를 명확히 파악하고 그 목표를 향해 꾸준히 나아갔다. 자신이 원하는 것이 무엇인지를 알아야만 그 꿈을 이루는 데 원동력이 생기기 때문이다. 또 꿈을 이루는 과정이 제아무리 힘들더라도 즐거움과 만족감을 얻을 수 있다. "꿈이 있는 사람은 가장 고통스러운 순간에도 행복을 느낄 수 있다."라고 프랑스의 소설가이자 극작가인 로맹 롤랑Romain Rolland도 말하지 않았는가?

예로부터 영웅들은 숱한 고난을 겪었다. 그들을 괴롭힌 좌절과 고통이 평범한 한 인간을 시대의 획을 가르는 영웅으로 만들어 주었다. 영웅은 그 어떤 난관에도 꿈을 포기하지 않고 기적을 만들어 냈다. 그러나 평범한 사람은 그와 반대로 작은 난관 앞에서도 쉽게 포기한다. 그들이 꿈을 포기하는 순간, 꿈도 그들을 버린다는 사실은 모른 채.

브라질 후벤스 아루다의 빈민가에 축구를 좋아하는 남자 아이가 있었다. 집이 가난해서 제대로 된 축구공을 구할 수 없자, 아이는 쓰레기통에서 주운 야자 껍데기나 음료수 캔을 축구공 삼아 열심히 연습했다.

어느 날, 아이는 여느 때처럼 메마른 저수지 바닥에서 야자 껍데기로 축구 연습을 하고 있었다. 마침 그곳을 지나던 축구 코치가 남자 아이의 발차기 솜씨가 예사롭지 않은 것을 보고 물었다.

"꼬마야, 지금 뭐 하는 거냐?"

"축구 연습하고 있어요!"

눈을 동그랗게 뜨고 또랑또랑 대답하는 아이의 모습에 코치는 웃음을 터뜨렸다.

"그 야자 껍데기로 말이냐? 내가 너에게 진짜 축구공을 선물해 주마."

축구공을 얻은 남자 아이는 날마다 더욱 열심히 축구 연습을 했다. 100미터 밖에 있는 물통 안에 정확히 공을 골인시킬 정도로 피땀 어린 노력을 쏟았다. 그로부터 3년 후 남자 아이는 열일곱이라는 어린 나이에 제16회 월드컵에 출전했다. 그는 21골을 득점하여 브라질에 우승컵을 안겨 주고 세계 최고의 명성도 얻었다. 그가 바로 축구 황제 펠레다.

이 세상 모든 일은 어느 것 하나 미리 결정된 것이 없다. 모든 결과는 우리가 얼마나 노력하느냐에 달렸다. 풍족한 환경이든 궁핍한 환경이든 혹은 평온하고 안정된 시대이든 불안한 변혁의 시대이든, 그 어떤 환경 아래서도 강인한 인내심과 긍정적인 마음가짐으로 꿈을 좇아야 한다.

　물론 우리는 주변 환경의 영향을 크게 받는다. 하지만 현실에 안주하거나 좌절과 고난에 무릎을 꿇어서는 안 된다. 꿈을 잃으면 삶의 열정을 잃게 되고, 결국에는 자신이 꿈꾸던 삶과는 전혀 다른 인생을 살게 된다.

　이탈리아의 전설적인 바이올리니스트이자 작곡가인 파가니니 Niccolo Paganini는 어린 시절부터 바이올린 연주에 천재적인 재능을 보였지만 보통사람들은 상상도 할 수 없는 고통을 겪었다. 파가니니는 네 살 때 홍역에 걸린 것을 시작으로 평생 병마에 시달렸다. 일곱 살 때는 성홍열로 하마터면 목숨을 잃을 뻔했고, 열세 살 때는 폐렴에 걸려서 죽다 살아났다. 또 마흔 살에는 심한 치주염으로 치아 대부분을 뽑아야 했고, 이어서 심각한 안질로 고통을 겪었으며, 쉰 살을 넘어서는 관절염과 위장병, 결핵으로 고통스러운 나날을 보냈다.

　이처럼 병마에 시달리면서도 파가니니는 음악에 대한 집념을 포기하지 않았다. 그는 세 살 때부터 피아노를 배우기 시작했는데, 때로는 하루에 열두 시간이 넘도록 연습할 만큼 지독한 연습 벌레였다. 그는 열두 살이 되던 해에 첫 바이올린 연주회를 열어 세상을 놀라게 했다. 그 후에는 오스트리아, 독일, 프랑스, 영국 등지를 돌아다니면서 순회 연주회를 열어 유럽 전역에 명성을 떨쳤다. 괴테는 "유성流星 같은 무언가를 들은 듯싶은데 도저히 그것에 대해 이야기할 수가 없다."라고 찬사를 내뱉었다. 또 작곡가 리스트Liszt는 파가니니의 귀신 들린 듯한 연주 솜씨에 큰 충격을 받고 이렇게 말했다. "그가 튕기는 바이올린의 현 속에는 참으로 헤아릴 수 없는 고난과 아픔, 그리고 핍박받은 영혼이 담겨 있다!"

파가니니는 병마와 고통스러운 삶 속에서도 음악에 대한 꿈을 포기하지 않았기에 위대한 바이올리니스트로 역사에 발자취를 남길 수 있었다. 꿈이 있으면 절망 속에서도 희망을 볼 수 있다. 또 꿈은 인생의 바다를 항해하는 데 필요한 방향타가 되어 당신을 올바른 길로 인도해 줄 뿐만 아니라 성공의 원동력이 된다.

꿈은 당신의 인생을 특별하게 만들어 줄 것이다. 큰 소리로 꿈을 외쳐 보라. 그러면 삶의 원동력을 얻을 수 있을 것이다.

06_ 변화의 선구자가 되라

때로는 경험이 창의적인 사고력과 영감을 발휘하는 데 독이 될 수 있다. 성공한 사람들은 경험을 흡수하는 동시에 이를 토대로 새로운 것을 창조하는 데 게으르지 않다.

변혁의 시대를 살아가는 우리는 끊임없이 새로운 문제에 부딪힌다. 이때 과거의 준칙을 그대로 적용한다면 어떻게 새로운 문제를 해결할 수 있겠는가? 과거의 경험은 말 그대로 과거의 시간, 장소, 환경에 맞게 만들어진 방법이다. 시간과 장소, 환경이 변한 현재에는 이미 낡고 진부한 경험에 불과하다. 그러므로 우리는 끊임없이 새로운 경험과 방법을 탐색하고 창조하면서 변화의 속도에 맞춰 가야 한다.

시대의 변화에 적응하지 못하는 사람은 도태되기 마련이다. 반면에 변화의 흐름에 맞춰 따라가는 사람은 낙오자 신세를 면할 수 있다. 그리고 이들보다 반 발짝 앞서서 새로운 길을 개척하는 사람은 시대의 변혁을 주도하며 위업을 창조할 수 있다. 변혁의 선구자가 되어야만 다채롭고 성공적인 인생을 살 수 있다.

원칭文卿은 어렵게 모은 창업 자금으로 케이크 전문점을 열었다. 하지만 장사가 잘될 것이란 처음 기대와는 달리 가게는 파리만 날렸다. 경쟁이 치열한 업종인 데다 애초 외진 골목에 가게를 차리는 치명적인 실수를 저질렀기 때문이다. 반년도 채 되지 않아 그의 케이크 전문점은 파산 상태에 이르고 말았다.

어느 날 여자 손님이 들어와 남자 친구에게 줄 생일 케이크를 골랐다.

"손님, 케이크에 어떤 메시지를 남길까요?"

여자 손님은 부끄러운 듯 머뭇거리다가 대답했다.

"그냥 '자기야, 사랑해.' 라고 적어 주세요."

이를 지켜보던 원칭은 여자 손님의 속마음은 그게 아니라는 걸 대번에 눈치챌 수 있었다. 그녀는 좀 더 적극적인 사랑의 메시지를 남기고 싶었지만 차마 말을 꺼내지 못한 것이 분명했다. 이때 원칭에게 기발한 아이디어가 떠올랐다. 케이크에 천편일률적으로 그려 넣는 '생일 축하합니다' 라는 메시지 대신 좀 더 독특하고 개성적인 축하 메시지로 바꾸는 것이 어떨까 하고 말이다.

원칭은 고민 끝에 새로운 영업 방식을 생각해 냈다.

"그래 맞아! 케이크를 구매하는 고객들에게 케이크 장식용 식용 펜을 하나씩 나눠 주는 거야. 그러면 고객들은 아무에게도 들키지 않고 자신이 하고 싶은 말을 케이크에 직접 써 넣을 수 있잖아?"

원칭은 자신의 아이디어를 대대적으로 광고했다. 그러자 놀라운 일이 벌어졌다. 광고가 나간 이후로 매출이 두 배로 급증한 것이다. 그 후 사업이 나날이 발전하여 원칭은 여러 곳에 체인점을 보유할 만큼 성공한 사업가로 성장했다. 고객의 구미에 맞춰 식용 펜이라는 획기적인 아이디어를 고안해 낸 덕분에 큰 성공을 거둔 것이다.

위의 일화에서 보듯이 **고정적인 사고방식에서 벗어나야만 도약과 창조적인 발전을 이룰 수 있다.** 그래야 직장생활이나 학업, 혹은 일상생활에서 창의적인 사고력을 토대로 성공을 향해 나아갈 수 있다.

이 세상 만물은 끊임없이 발전하고 변화한다. 기존의 문제 해결 방식이나 갈등을 해결할 수 있는 조건도 시간과 환경의 변화에 따라 달라지기 마련이다. 그러나 과거의 관습이나 고정관념에 사로잡혀 변화에 대처하지 못한다면 당신은 영영 낙오자 신세를 면할 수 없다. 고정관념에서 벗어나 새로운 변화에 민첩하게 부응할 수 있는 사람만이 경쟁사회에서 살아남을 수 있다.

성공한 사람들은 항상 남들보다 많은 생각을 하고, 모두 황당하다고 손가락질하는 일들을 과감히 실행으로 옮긴다. 그들은 현실에 안주하지 않고 남들보다 한 발짝 앞서 시대의 변혁을 이끌어 냈다.

미국에 있는 한 고층빌딩은 나날이 늘어나는 관광객으로 엘리베이터가 붐비기 일쑤였다. 이 문제를 해결하기 위해 엔지니어는 엘리베이터 한 대를 추가 설치하기로 했다. 공사를 본격적으로 시작하기에 앞서 엔지니어는 건물을 주의 깊게 둘러보다 우연히 청소부와 얘기를 나누게 되었다. 청소부가 말했다.

"듣자 하니 엘리베이터를 새로 설치한다고 하던데, 그럼 층마다 바닥을 다 뜯어야 하는 거요?"

"네. 그것 말고 다른 방법이 있겠습니까?"

"그럼 한동안 건물은 임시 폐관하는 거요?"

"어쩔 수 없죠. 그렇다고 엘리베이터를 늘리지 않고 이대로 놔두면 더 골치 아픈 문제가 생길 겁니다."

"나라면 복잡하게 건물 바닥을 뜯고 말고 할 것 없이 아예 건물 밖에다 새 엘리베이터를 놓겠구만……."

청소부가 무심코 내뱉은 말에 엔지니어는 기발한 아이디어를 떠올렸다. 이래서 탄생한 것이 바로 관광용 엘리베이터이다.

사소한 잡담에 불과했지만, 엔지니어는 여기서 혁신적인 아이디어를 얻어 실행에 옮겼다. 그렇지 않았다면 아마 관광용 엘리베이터는 탄생하지 못했을 것이다. 이렇듯 창의적인 사고력을 발휘하려면 날카로운 통찰력이 필요하다. 사물이나 일의 배경, 현상,

구조를 다각적으로 관찰할 수 있어야만 미래의 발전 방향을 가늠하여 남들보다 한발 앞서 나아갈 수 있다.

미국에 작은 규모의 재봉틀 공장이 있었다. 제2차 세계대전이 한창인 때라서 경기가 침체해 하루하루 입에 풀칠하는 것도 힘들었다. 공장주인 잭은 군수품 생산업종을 제외한 모든 업종이 침체 일로를 달리는 것을 보고 한숨을 푹푹 쉬었다. 그렇다고 재봉틀 공장을 때려치우고 무기를 만들 수는 없지 않은가? 오랜 고심 끝에 그는 앞으로 5년 후를 내다보고 새로운 업종으로 전환하기로 했다.

그의 아들이 물었다.

"아버지, 그럼 앞으로 재봉틀 대신 무엇을 만들죠?"

"장애인용 휠체어를 만들 작정이다."

아들은 아버지의 뜻을 이해할 수 없었지만 일단은 시키는 대로 따랐다. 새로운 생산 설비를 갖춰 마침내 휠체어를 생산하기 시작했다. 마침 전쟁이 끝나고 부상을 당한 상이용사들이 쏟아져 들어오면서 휠체어 주문이 나날이 늘어났다. 휠체어는 국내뿐만 아니라 국외까지 불티날 정도로 팔려 나갔다.

공장 규모가 점차 커지고 매출액이 나날이 늘어나자 아들은 아버지의 선견지명에 놀라움을 금치 못했다.

"아버지, 지금 당장은 주문량이 넘쳐 나지만 이제 전쟁도 끝난 마당에 언젠가는 휠체어 수요도 줄어들게 될 겁니다. 앞으로 10년

이후 시장은 어떻게 변할까요?"

이미 그 문제를 오래전부터 생각하고 있었던 잭은 이렇게 반문했다.

"전쟁이 끝난 지금 사람들이 가장 원하는 것이 무엇일 것 같으냐?"

"전쟁 통에 불안하고 무서운 경험을 지긋지긋하게 겪고 난 뒤라 모두 편안하고 안정된 생활을 꿈꾸지 않을까요?"

"그럼 안정된 생활은 기본적으로 무엇이 뒷받침되어야 할 것 같으냐?"

"그… 글쎄요."

"그건 바로 건강한 신체다. 앞으로는 건강관리가 세간의 화두가 될 것이다. 그러니 그에 맞춰서 업종을 바꿔 헬스기구를 생산할 준비를 하자."

그리하여 잭은 기존의 설비를 과감히 뜯어내고 새로운 설비를 들여서 헬스기구를 생산하기 시작했다. 처음 몇 년 동안은 사업이 신통치 않았다. 잭도 어느덧 나이가 들어 세상을 하직하고 말았다. 홀로 남은 아들은 아버지의 선견지명을 굳게 믿고 계속해서 헬스기구를 생산했다.

전쟁이 끝나고 10여 년이 지나자 전국적으로 헬스 열풍이 불기 시작하면서 헬스기구는 히트 상품이 되었다. 당시 미국 내에서 헬스기구를 생산하는 공장은 잭의 아들이 운영하는 회사 한 군데뿐이었다. 당연히 잭의 회사는 헬스기구 판매 시장을 독점하면서 엄청난 돈을 벌어들일 수 있었다.

그러나 잭의 아들은 여기서 멈추지 않았다. 고객의 수요에 맞춰 끊임없이 제품 디자인을 개선하고 기능을 추가하여 품질을 높였다. 덕분에 얼마 지나지 않아 그의 회사는 세계 각지에 지점을 거느린 다국적기업으로 발전했고, 그는 억만장자 대열에 합류했다. 작은 규모의 재봉틀 공장에서 불과 10여 년 만에 억만장자가 될 수 있었던 것은 미래를 내다볼 줄 아는 잭의 날카로운 통찰력과 창의적인 사고력이 있었기에 가능했다. 잭 부자는 시장의 변화를 미리 예측하고 그 변화에 발 빠르게 대비했기에 성공을 거둘 수 있었다.

성공한 사람들은 항상 남들보다 더 먼 곳을 바라보고 앞장서서 걸어간다. 반면에 실패자는 그저 남이 지나간 발자국을 따라다니기만 한다. 또 성공한 사람들은 남이 미처 생각해 내지 못한 것을 생각하고 실천에 옮기는 창의력과 용기를 갖췄다. 반면에 실패자는 앞날을 내다보지 못하고 그저 현실에만 안주하는 겁쟁이다. 기적은 미래를 내다보고 과감히 앞장서서 걸어가는 사람이 만들어 낸다.

2장

기회를
놓치지 마라

인생은 한 편의 드라마처럼 1분 1초마다 놀라운 기적을 만들어 낸다. 기회는 당신이 무심코 지나치는 일상생활 곳곳에 숨어 있다. 현명한 통찰력을 발휘하여 기회를 붙잡는다면 행운의 여신이 당신의 인생을 특별하게 만들어 줄 것이다.

07_ 기회가 운명을 결정한다

성공적인 인생을 살려면 개인의 노력도 중요하지만 성공의 기회를 잡는 것이 더욱 중요하다. 사실 기나긴 인생의 여정에서 우리의 삶을 크게 변화시킬 관건이 되는 순간은 몇 걸음에 불과하다. 그 중요한 순간에 당신에게 찾아온 기회를 단단히 거머쥔다면 당신의 인생은 크게 도약할 것이다.

인생의 기회를 잘 잡는 사람은 운명에 지배당하지 않고 자신의 의지대로 삶을 개척해 나간다. 반면에 매번 기회를 놓치는 사람은 운명의 노예가 되어 운명이 이끄는 대로만 살아간다. 그들이 하는 일이라곤 삶이 불공평하고 고단하다고 하늘을 원망하고 불평하기만 할 뿐 운명을 바꿔 나갈 엄두조차 내지 못한다.

제임스와 존이라는 두 청년이 있었다. 두 사람은 각각 고향을 떠나 새로 금광이 발견된 섬으로 향했다. 섬으로 가는 배는 보름에 한 번씩 운항하고 있었는데, 그들이 부두를 100미터 앞둔 곳까지 도착했을 때 배는 이미 닻을 올리고 운항할 채비를 하고 있었다. 무더운 여름날 서둘러 길을 달려온 두 사람은 모두 갈증에 시달렸다. 마침 길목에는 노점 상인이 시원한 레몬주스를 팔고 있었다. 그런데 바로 그때 배의 경적소리가 들려왔다. 제임스는 갈증을 참고 황급히 배가 있는 곳을 향해 달려갔다. 하지만 존은 노점상으로 달려가 레몬주스부터 집어 들었다. 주스 한 잔 마실 여유는 있을 거라고 생각했던 것이다.

배가 출항하는 순간 부두에 도착한 제임스는 곧장 바다로 뛰어들어 간신히 배에 올라탈 수 있었다. 하지만 레몬주스를 사 마시느라 늦어진 존은 저 멀리 사라지는 배를 멍하니 쳐다봐야만 했다. 그로부터 수년 뒤, 섬에서 금광을 찾은 제임스는 백만장자가 되었다. 반면에 보름 뒤에야 가까스로 섬으로 들어온 존은 이미 앞서 온 사람들이 금광을 차지하는 바람에 제임스가 부리는 광부로 일하며 겨우 생계를 이어갔다. 극단적인 예이기는 하지만, 이처럼 기회를 잡느냐 놓치느냐에 따라 불과 몇 초 만에 운명이 크게 달라진다.

기회를 잡느냐 놓치느냐도 중요하지만 기회가 왔을 때 이를 선택하는 방식도 중요하다. 기회는 보통 새로운 변화와 함께 찾아온다. 그래서 그 변화가 자신을 성공으로 이끌어 줄 기회가 될지 단번에 알아보는 사람은 그다지 많지 않다. 이러한 변화가 찾아왔을 때 사람들은 저마다 다양한 선택을 한다. 무작정 변화를 맞이하는 사람도 있고, 의구심을 품으며 방관하는 사람도 있으며, 고집스럽게 완강히 거부하는 사람도 있다. 물론 선택의 방식에 따라 결과는 매우 달라진다. 정확한 선택을 하느냐에 따라 성공과 실패가 갈리는 것이다.

산에서 땔감을 주워서 겨우 생계를 이어하던 갑과 을이 있었다. 그날도 산속을 헤매며 땔감을 줍던 두 사람은 우연히 커다란 보따리 두 개를 발견했다. 보따리 안에는 새하얀 목화솜이 잔뜩 들어 있었다. 두 사람은 보물을 발견한 것처럼 껑충껑충 뛰며 좋아했다. 목화솜을 시장에 내다 팔면 온 가족이 한 달 내내 배불리 먹을 수 있을 만큼의 큰돈을 벌 수 있기 때문이다. 두 사람은 목화솜을 짊어지고 산에서 내려가기 시작했다.

한참을 걸어가던 두 사람은 산길 한쪽에 뭔가가 쌓여 있는 것을 발견했다. 가까이 다가가서 보니 귀한 삼베 10여 필이 쌓여 있는 것이 아닌가? 갑이 을에게 말했다.

"삼베를 시장에 내다 팔면 목화보다 더 많은 돈을 벌 수 있으니 우리 솜 보따리는 버리고 이걸 짊어지고 내려가세."

그러나 을은 고개를 저었다.

"난 싫네. 이제 와 저 산꼭대기에서부터 애써 짊어지고 내려온 솜 보따리를 내던진다면 여기까지 고생해서 짊어지고 온 보람이 없지 않은가?"

결국 갑만 목화솜 대신 삼베를 짊어지고 다시 산에서 내려가기 시작했다.

한참 동안 길을 가던 두 사람은 앞에서 무언가가 번쩍번쩍 빛나는 것을 보았다. 가까이 가서 살펴보니 놀랍게도 황금 덩어리가 땅바닥에 깔려 있었다. 두 사람은 눈이 휘둥그레졌다. 그야말로 횡재했다고 생각한 갑은 삼베를 내던지고 허겁지겁 황금을 주워 담기 시작했다. 그러나 을은 의심 어린 눈빛으로 황금을 힐끗 쳐다만 볼 뿐 주워 담을 생각을 하지 않았다. 괜히 가짜 황금을 무겁게 짊어지고 내려갔다가 손해만 볼지도 모른다는 생각 때문이었다. 그럴 바엔 차라리 목화솜을 그대로 갖고 내려가 파는 것이 훨씬 이익이라고 생각했다.

그렇게 갑은 황금을, 을은 목화솜을 각각 짊어진 채 산에서 내려갔다. 그런데 산기슭까지 내려왔을 때 갑자기 먹구름이 밀려오더니 소나기가 쏟아졌다. 그 바람에 비에 흠뻑 젖은 목화솜은 천근만근 바위 덩어리처럼 무거워지고 말았다. 을은 결국 목화솜을 버리고 빈손으로 집으로 돌아갈 수밖에 없었다. 반면에 갑은 황금 덩어리를 내다 팔아 큰 부자가 되었다.

인생에서 기회는 과연 몇 번이나 찾아올까? 만일 기회가 영영 찾아오지 않는다면 능력이 뛰어나더라도 운명을 탓하며 안타까운 탄식만 늘어놓아야 하는 걸까? 그건 절대 아니다. 스스로 자신의 재능을 발휘할 기회를 찾아 나서야 한다.

천위성陳雨升은 어느 유명 웹사이트에 웹 디자이너로 취직하겠다는 목표를 세웠다. 그래서 매번 그 회사의 구인 광고가 뜰 때마다 이력서를 보냈지만 도통 회신이 없었다. 그는 직접 회사의 사장을 만나려고 찾아갔지만 안내데스크에서는 전화 연결조차 시켜 주지 않았다. 사장의 이메일 주소를 물어도 외부인에게는 알려 줄 수 없다며 번번이 거절당했다.

그러나 천위성은 포기하지 않았다. 그는 회사의 홈페이지에 들어가 회사 조직도를 꼼꼼히 살펴보다 각 부서 책임자들의 이메일 주소가 대부분 영문 이름에 사원 고유번호로 보이는 숫자가 조합되어 있다는 점을 발견했다. 그는 사장의 이메일 주소를 추측해 메일을 보냈다. '해묵은 경력 따위는 필요 없다' 라는 다소 과격한 제목 아래 경력 사원을 위주로 뽑는 회사의 채용 방침을 비판하는 내용의 메일이었다.

메일을 보낸 지 8시간 만에 놀랍게도 회사 사장에게서 회신이 왔다. 덕분에 면접시험 기회를 얻은 천위성은 회사의 웹 디자이너로 채용되는 행운을 거머쥐었다.

기회를 얻기 어렵다고 푸념하지 마라. 충분한 용기와 날카로운 관찰력, 냉철한 판단력을 발휘한다면 스스로 기회를 '창조' 해 낼 수 있다. 기회가 오기를 기다렸다가 제때에 잡는 것도 하나의 지혜지만, 스스로 기회를 창조하는 것은 더 큰 지혜다.

성공과 실패는 종이 한 장 차이다. 우리는 자신도 모르는 사이 성공과 실패의 경계선에 서 있을 때가 많다. 조금만 더 노력하고 인내심을 발휘한다면 성공을 얻을 수 있음에도 대부분의 사람은 가장 중요한 순간에 포기한다. 철강 왕 앤드루 카네기Andrew Carnegie는 "가장 성공한 사람은 똑똑한 사람이 아니라 기회를 잡고 절대로 포기하지 않는 사람이다."라고 말했다.

신발을 제조하는 A사와 B사는 새로운 시장을 개척하기 위해 태평양의 작은 섬으로 영업사원을 각각 파견했다. 그러나 열대 기후대에 속한 섬의 원주민들은 사계절 내내 맨발로 다니는 것이 습관이 되어 신발이 전혀 필요치 않았다. A사의 영업사원은 크게 실망했다.

"섬에는 신발을 신는 사람이 없어서 시장을 개척하는 것 자체가 불가능합니다."

그는 본사로 전보를 치고는 다음날 곧장 귀국했다. 그러나 B사의 영업사원은 달랐다. 그는 섬에 신발을 신는 사람이 단 한 명도 없는 것을 보고 뛸 듯이 기뻐했다.

"섬에 신발을 신는 사람이 없어서 시장 잠재력이 무궁무진합니다. 지금 당장 슬리퍼 100켤레를 보내 주십시오."

B사의 영업사원은 슬리퍼 100켤레가 도착하자 섬의 원주민들에게 하나씩 선물로 나눠 줬다. 원주민들은 생전 처음 신어 보는 신발이 신기하기만 했다. 비가 내려도 발이 젖을 염려가 없고, 모기에도 잘 물리지 않으며, 돌부리에 발이 채어도 생채기가 나지

않자 열광적인 반응이 나타났다. 그제야 시기가 무르익었다고 판단한 영업사원은 다시 회사에 신발 제품을 대량 요청하고 정식으로 판매를 시작했다. 그의 예상대로 신발은 불티나게 팔렸다. 그로부터 1년이 지났을 때 이 섬에서 맨발로 다니는 사람은 찾아볼 수 없게 되었다.

섬의 원주민들이 신발을 신지 않는다는 사실은 영업사원에게 두 가지 가능성을 의미했다. 하나는 신발을 아예 팔 수 없거나 또 하나는 사람들이 신발을 신게 해서 새로운 시장을 만드는 것이다. 똑같은 가능성 앞에서 A사와 B사의 영업 사원은 전혀 다른 선택을 했고, 그 결과 성공과 실패가 갈렸다.

성공의 비결은 기회를 창조하는 능력과 과정에 있다. 약자들은 무작정 기회가 찾아오기만을 기다리지만, 강자들은 기회를 찾아 나서거나 심지어 직접 만들어 낸다. 전자는 소극적인 삶의 태도 때문에 항상 주위 사람이나 주변 환경의 지배를 받기 일쑤지만, 후자는 적극적이고 낙관적인 태도로 자신이 삶의 주인이 되어 적극적으로 인생을 이끌어 나간다.

소극적인 삶의 태도는 선수가 싸워 보기도 전에 패배를 인정하는 것처럼 스스로 넘을 수 없는 장애물을 만드는 것과 같다. 반면에 적극적인 삶의 태도는 눈앞이 캄캄한 절망 속에서도 희망을 비추어 준다.

08_   기회는 바로 옆에 있다

　　대부분 기회는 '우연히' 혹은 '예기치 못한' 순간에 찾아온다. 독일 물리학자 뢴트겐Roentgen이 X선을 발견한 것처럼 아주 우연한 기회에 위대한 발견을 하여 인류 문명에 지대한 공헌을 한 과학자도 있고, 갑작스런 기회로 자신의 재능을 발휘하여 세계적인 거부로 발돋움한 사업가도 있다. 이처럼 뜻밖의 기회로 한 사람의 인생이 뒤바뀌는 모습을 종종 보면서 우리는 '기회'에 대해 막연한 경이로움과 신비감을 품게 되었다. 더불어 가슴 부푼 기대와 불안감 속에서 언제쯤 나에게도 일생일대의 기회가 찾아올까 애타게 기다리게 되었다. 기회만 거머쥔다면 전심전력으로 매진하여 성공의 발판을 만들 수 있다고 믿게 되었다. 그렇다면 과연 기회는 무엇일까?

　　맥도널드 목사는 경건하고 정성스러운 마음으로 하나님의 뜻을 받드는 사람이었다. 그는 40여 년 동안 교구의 신자들을 보살피며, 세례와 장례, 혼례 의식을 주관하고, 병자와 외로운 노인들을 위로했다. 한마디로 모범적인 목회자였다.

어느 날, 연속으로 20일이나 폭우가 계속되자 목사는 차오르는 물을 피해 교회 지붕 위로 피신할 수밖에 없었다. 그가 지붕 위에서 추위에 몸을 떨고 있을 때, 누군가가 배를 저어와 그에게 말했다.

"목사님, 빨리 배에 타세요. 제가 다른 곳으로 모셔다 드리겠습니다."

목사는 물끄러미 그를 쳐다보고서 말했다.

"나는 지난 40여 년 동안 하나님의 뜻에 따라 세례와 장례, 혼례 의식을 주관하고, 병자와 외로운 노인들을 보살폈네. 일 년 내내 휴가라고는 일주일밖에 안 되지만, 그나마 일주일의 휴가도 내가 무엇을 하며 보냈는지 아나? 고아원에서 밥 짓는 일을 도우며 보냈다네. 이렇듯 정성을 다해 하나님을 믿고 그의 뜻을 따르는 것은 내가 바로 하나님의 종이기 때문이라네. 자네는 그냥 배를 몰고 가게나. 난 하나님께서 나를 구해 주실 것이라고 굳게 믿고 있으니 이곳에 그대로 머물러 있겠네."

그 사람이 배를 몰고 떠난 지 이틀이 지났다. 물은 더욱 빠른 속도로 차올라 목사는 교회 종탑 꼭대기에 간신히 몸을 의지할 수밖에 없었다. 이때 헬리콥터 한 대가 날아오더니 조종사가 그에게 외쳤다.

"목사님, 저희가 줄사다리를 내려보낼 테니 그것을 꼭 붙들고 계십시오. 안전한 곳까지 모셔다 드리겠습니다."

그러자 목사가 고개를 저었다.

"아니, 그럴 필요 없소."

그러고는 자신이 평생 실천해 온 목회자로서의 삶과 하나님에 대한 신앙심을 한바탕 늘어놓았다. 결국 헬리콥터는 그대로 떠나갔고, 몇 시간 지나지 않아 목사는 물에 빠져 익사하고 말았다.

그는 착한 일을 많이 했기 때문에 곧바로 천당으로 갈 수 있었다. 그러나 목사는 자신이 물에 빠져 죽었다는 사실에 너무 화가 났다. 천당에 오고 나서도 내내 기분이 좋지 않았던 그는 화를 누른 채 천당을 거닐다가 우연히 하나님과 마주쳤다. 하나님은 목사를 보고 깜짝 놀란 듯 말했다.

"아니, 맥도널드 목사 아닌가? 정말 이상하군!"

그러자 목사도 하나님을 쳐다보며 말했다.

"하나님, 정말 이상한 일이죠? 지난 40여 년 동안 나는 당신의 뜻을 받들고 최선을 다해 일했습니다. 그런데 정작 내가 당신을 가장 절실하게 원할 때 어째서 나를 외면하고 물에 빠져 죽게 한 겁니까?"

하나님은 그를 바라보고 이해할 수 없다는 듯 고개를 갸우뚱거렸다.

"네가 물에 빠져 죽었다고? 난 너의 말을 믿을 수가 없구나. 나는 분명히 너를 구하려고 배 한 척과 헬리콥터 한 대를 보냈는데, 보지 못했단 말이냐?"

위의 일화에서 보듯 배와 헬리콥터 같은 기회는 일상생활 속에서 항상 우리 곁에 있다. 이렇듯 기회는 손만 뻗으면 닿는 곳에 있지만 누구나 기회를 차지하는 것은 아니다. 일단은 기회를 알아볼 수 있는 날카로운 통찰력이 필요하며, 그 다음에는 그 기회를 자신의 것으로 만들 수 있는 전문지식과 결단력, 창의력, 풍부한 경험이 필요하다. 다시 말해서 기회는 준비된 자만이 차지할 수 있다.

비극적인 인생은 삶의 목표를 실현하지 못하는 것이 아니라 추구할 목표조차 없는 삶이다. 우리 주위에는 이런 불평을 늘어놓는 사람들이 많다.

"에이, 나는 왜 이렇게 재수가 없을까? 왜 작은 행운조차 오지 않는 거지?"

이런 불평만을 늘어놓는 사람들은 배와 헬리콥터를 기회인 줄도 모르고 놓쳐 버린 목사와 마찬가지 실수를 저지르는 것이다. 바로 옆에 기회가 있는데도 알아차리지 못하고 좌절이나 패배감에 빠져 불평불만을 쏟아내고 있지 않은가? 우리는 기회를 활용할 뿐만 아니라 기회를 창조할 능력이 있다. 주변을 돌아보며 새로운 가능성을 찾아보라. 우리는 주변에서 일어나는 거의 모든 일에서 기회를 창조해 낼 수 있으며, 대수롭지 않게 여긴 우연한 사건들을 인생의 기회로 변화시킬 수 있다. 일생일대의 기회가 오기를 기다리지 말고 평범한 계기를 특별한 기회로 만드는 것이 바로 성공하는 인생이다.

지위자紀宇家는 국내 명문 대학 화학공학과를 졸업했다. 그는 중고등학교 시절부터 줄곧 우수한 성적을 유지했고, 교내에서는 작은 발명가로 유명했다. 기발한 아이디어로 경보기나 자동 실험기기 등을 발명했지만 그저 심심풀이에 불과했다. 그러다가 우연한 발명으로 그는 평생 돈 걱정하지 않아도 될 만큼 큰돈을 벌었다.

대학 여름방학 때의 일이었다. 지위자는 친구들과 교외로 캠핑을 가려고 준비하고 있었다. 그때 어머니가 날씨가 쌀쌀하다며 털조끼를 챙겨 주었다. 평소 지위자는 털 스웨터의 보풀이 날리는 것을 싫어해서 즐겨 입지 않았지만 어머니의 권유를 거절할 수 없었다.

털조끼를 입고 벽에 기대어 신발을 신은 지위자는 문득 페인트가 벗겨진 낡은 콘크리트 벽면에 털 보푸라기가 잔뜩 달라붙은 것을 발견했다. 그의 털조끼에서 떨어져 나온 보풀들이었다. 순간 지위자는 기발한 아이디어가 떠올랐다. 콘크리트 벽면의 구조를 응용하면 털 스웨터의 보풀을 없애는 새로운 브러시를 만들 수 있을지도 모른다는 생각이었다.

'그런 브러시가 있다면 겨울 스웨터를 관리하는 데 큰 도움이 될 거야. 어머니도 매우 좋아하실 거고.'

그날 지위자는 온통 새로운 발명품 생각에 빠져서 친구들과의 피크닉조차 지루하게 느껴질 정도였다. 지위자는 집으로 돌아오자마자 곧장 발명품을 만들기 시작했다. 두꺼운 캔버스 천에 접착제를 바르고 그 위에 연마석 가루를 뿌렸다. 접착제가 굳고 나서 캔버스 천을 나무토막에 붙이고 빗질하듯 스웨터를 쓸어내리자 보푸라기가 바로 달라붙었다.

지위자가 어머니에게 자신의 새로운 발명품을 보여 주려고 서재에 들어갔을 때 마침 어머니는 제자와 이야기를 나누고 있었다. 사업가인 어머니의 제자는 지위자의 발명품이 상품 가치가 매우 크다는 것을 단번에 알아보고 특허를 신청하라고 권유했다. 어머니는 처음에 아들의 발명품을 대수롭지 않게 여겼지만 제자가 적극적으로 설득하자 특허 신청을 준비했다. 그리고 시장의 반응을 살피려고 샘플 상품을 만들어 판매했다. 시장의 반응은 예상 외로 매우 뜨거워 준비한 상품은 금세 동났다. 게다가 어머니의 제자를 비롯해 여러 사업가가 특허권을 양도받으려고 앞다투어 찾아와 높은 가격을 제시했다. 지위자와 어머니는 어머니의 제자에게 특허권을 양도했다. 더 높은 가격을 제시한 사업가도 있었지만 처음에 발명품의 시장 가치를 알고 특허 신청을 권유한 그에게 고마움을 표시하고 싶어서였다. 이렇게 해서 우연히 콘크리트 벽에 달라붙은 털 보풀을 보고 아이디어를 얻은 지위자는 큰돈을 벌었다.

"기회의 여신은 항상 베일을 쓰고 있어서 진짜 모습을 보기가 어렵다."라고 프랑스 대문호 발자크 Honore de Balzac는 말했다. 대다수 사람은 기회를 '하늘의 뜻'이라고 여기며 아주 머나먼 곳에 있는 신비한 것이라고만 생각한다. 사실 기회는 멀리 있는 것이 아니라 항상 당신 곁에 있다.

운명의 주인은 바로 당신 자신이다. 당신은 자신의 삶에 책임을 져야 하며 동시에 현재의 삶은 당신 자신이 만든 것임을 잊어서는 안 된다. 인생이 괴롭고 하는 일마다 뜻대로 풀리지 않을 때, 왜 행운의 기회가 찾아오지 않는지 원망하지 마라. 하늘은 공평하다. 하늘은 우리에게 아름답고 행복한 미래를 창조할 힘을 주었다. 적극적이고 긍정적인 사고방식으로 최선을 다해 노력한다면 그만큼의 대가를 얻게 되는 것이 인생임을 기억하라.

09_ 당신에겐 선택의 기회가 있다

때때로 출구가 보이지 않는 막다른 골목에 갇혀 절망에 빠질 때가 있다. 하지만 바로 그 순간에도 희망의 씨앗이 자라고 있다는 사실을 당신은 아는가? "행복의 한쪽 문이 닫히면 다른 문이 열린다."라고 헬렌 켈러Helen Adams Keller는 말했다. 좌절감에 빠지는 것은 현실이 절망적인 것이 아니라 당신 마음이 절망하기 때문이다. 실상 현실은 그렇게 절망적이지 않다. 인생은 언제나 당신을 위해 또 다른 길을 열어 두고 있다. 문제는 그 새로운 희망을 찾아내느냐 찾지 못하느냐이다.

여우 한 마리가 사냥개에게 쫓기고 있었다. 이미 기력이 다해서 금방이라도 쓰러질 것만 같았다. 하늘에서 이 광경을 내려다본 독수리는 불쌍한 여우를 도와주고 싶은 생각이 들었다. 독수리가 큰 고목에 내려앉자 마침 여우도 나뭇가지 위로 껑충 뛰어올랐다. 뒤쫓아 오던 사냥개는 나무 아래서 위쪽을 올려다보며 미친 듯이 짖어 댔다. 여우는 한숨을 내쉬며 중얼거렸다.

"나도 하늘을 날 수 있다면 얼마나 좋을까?"

"지금도 늦지 않아. 너에겐 선택의 기회가 있으니까."

독수리의 말에 여우가 고개를 갸우뚱했다.

"선택이라니?"

"하나는 나무에서 내려가 다시 도망치는 거고, 또 하나는 이대로 이 나무에 매달려 있는 거야."

"이대로 이 나무에 매달려 있으면 조금 있다가 뒤쫓아 온 사냥꾼에게 잡히고 말 거야. 하지만 나무에서 내려가서 다시 도망친다면 너에겐 또 다른 선택의 기회가 있어."

"그게 뭔데?"

"하나는 오른쪽으로 도망치는 거고, 또 하나는 왼쪽으로 도망치는 거지."

독수리의 말에 여우는 화가 머리끝까지 치밀어 올라서 하마터면 나뭇가지에서 떨어질 뻔했다.

"대체 지금 무슨 소리를 하는 거야?"

"내 말을 끝까지 들어봐. 오른쪽으로 가면 큰 길이 나오니까 무조건 달려가면 될 거야. 하지만 왼쪽으로 가면 낭떠러지가 나타나서 아마 뛰어내려야 할 거야. 물론 낭떠러지에서 뛰어내려도 너에겐 선택의 기회가 있어."

"그건 또 뭔데?"

"하나는 낭떠러지에서 떨어져 죽는 거고, 또 하나는 계곡물에 빠지는 거지."

그 말을 들으니 여우는 온몸에 힘이 쭉 빠지는 것만 같았다.

"계곡물에 빠져도 너에게는 또다시 선택의 기회가 있어."

"그게 뭔데?"

"하나는 물에 빠져 죽는 거고, 또 하나는 용케 목숨을 구하는 거지."

"목숨을 구하면 어떻게 되는데?"

"계곡은 추우니까 얼어 죽든지, 아니면 용케 동굴을 찾아서 몸을 녹일 수 있을 거야."

"뭐가 그렇게 복잡해?"

"어쩔 수 없어. 야생동물은 원래 그렇게 살아가는 거니까. 몸을 녹일 동굴을 찾는다면, 또다시 선택의 기회가 기다리고 있을 거야."

"그건 뭔데?"

"굶어 죽거나, 먹을거리를 찾아내는 거지."

"뭐 쥐나 새끼 새를 찾아서 잡아먹으면 되지 않을까?"

"글쎄, 깊은 계곡에서 먹을거리를 찾는 게 그렇게 쉽진 않을걸? 어차피 넌 굶어 죽고 말 거야. 지금 죽으나 나중에 굶어 죽으나 마찬가지겠다."

여기까지 듣고 난 여우는 더 이상 무서울 게 없어졌다. 어떻게

든 살아야겠다고 결심하고 사냥개를 향해 날카로운 이를 드러내며 으르렁거렸다. 여우에게 삶의 희망을 준 독수리는 하늘 높이 날아갔다.

희망을 포기한 사람에게는 그 어떤 도움도 소용이 없다. 그런 반면에 난관에 부딪혀도 긍정적인 마음가짐을 잃지 않는다면 항상 새로운 선택의 기회를 얻을 수 있다. 그 기회는 새로운 희망의 불꽃이 되어 좌절의 늪에서 당신을 꺼내 줄 것이다.

일상생활에서 실패하는 것은 대부분 마음가짐의 문제이다. 실패하는 이들은 난관에 부딪히면 바로 주저앉는다.

"난 안 돼. 여기서 그만둬야 해!"

그러고는 결국 실패의 나락으로 떨어지고 만다. 그러나 성공한 사람들은 다르다.

"난 할 수 있어! 반드시 난관을 헤쳐나갈 방법이 있을 거야!"

그들은 긍정적인 마음가짐으로 자신을 격려하며 문제를 해결할 방법을 찾아내려 안간힘을 쓴다. 그렇게 끊임없이 앞만 바라보고 나가 마침내 성공에 이르는 것이다. 적극적이고 긍정적인 마음가짐을 갖추면 이미 절반의 성공을 거둔 것과 마찬가지이다.

긍정적인 마음가짐은 내면의 적극성을 끌어내고, 이와 반대로 비관적인 마음가짐은 소극성을 이끌어 낸다. 비관적이고 소극적인 사람은 적극적이고 긍정적인 사람과 엄청난 차이가 있다. 전자는 항상 운명이 이끄는 대로만 움직일 뿐, 자신의 인생을 주도적으로 이끌어가지 못한다. 그래서 주변 환경과 주위 사람들의 영향에 휘둘리기 일쑤다. 반면에 적극적인 사람은 외부 환경의 변화에 별다른 영향을 받지 않는다. 자기 자신의 원칙과 가치관에 따라 주도적으로 삶을 이끌어 나간다.

설사 0.01%의 가능성일지라도 희망을 놓지 마라. 무슨 일이든 기회와 위험 부담이 함께 존재하는 법이다. 도전하지도 않고 자신의 잠재력이 어느 정도인지 어떻게 알 수 있겠는가? 기회는 경험에서 나온다. 그러므로 도전하기도 전에 포기하거나 부정적으로 판단해서는 결코 안 된다.

쑹쯔칭宋子靑은 보수적인 가정에서 자랐다. 그의 부모는 물론이거니와 그 자신도 이 세상의 모든 일은 하늘의 뜻에 따라 운명적으로 결정된 것이라고 믿었다. 그가 사는 마을에는 유명한 관상쟁이가 있었는데 워낙 입담이 좋아서 손님이 끊이지 않았다. 어느 날 쑹쯔칭이 사주팔자를 보려고 관상쟁이를 찾아갔다. 관상쟁이는 그의 얼굴을 한참 쳐다보더니 말했다.

"거 참, 덕스럽고 복이 많은 관상이로구먼."

이어서 쑹쯔칭의 사주팔자를 물어본 관상쟁이는 무릎을 치며 감탄했다.

"참으로 최고의 사주팔자를 타고났구먼. 자네는 서른다섯이 되기도 전에 큰 재산을 모을 걸세."

당시 열아홉 살이던 쑹쯔칭은 관상쟁이의 말에 가슴이 벅차오르면서 온몸에 힘이 불끈 치솟는 느낌이었다. 그 후 쑹쯔칭은 더욱 열심히 일해서 약간의 돈을 모으고 약방을 차렸다. 장사는 나날이 번창했다. 쑹쯔칭은 매일 밤 잠들기 전에 관상쟁이의 말을 떠올리며 새로운 힘을 얻었다. 그리고 이튿날에는 더욱 용기백배해서 정성과 노력을 다해 손님을 대했다. 덕분에 그의 약방은 나날이 번창해 분점을 여러 군데 개설할 정도로 규모가 커졌다.

서른다섯이 되기도 전에 쑹쯔칭은 친구들 가운데 가장 성공한 사업가가 되었다. 그런데 그가 서른네 살이 되던 해, 중병에 걸린 어머니가 임종이 다가오자 숭쯔칭을 불러서 말했다.

"애야, 사실 네가 태어난 시각은 새벽 두 시란다. 당시 진통이 워낙 심해서 잠시 기절한 탓에 아침 여덟 시쯤에 너를 낳은 걸로 그동안 착각했구나."

쑹쯔칭은 자신의 바뀐 사주팔자가 궁금해서 또 관상쟁이를 찾아갔다. 예전의 관상쟁이는 이미 죽고 그의 제자가 관상을 보고 있었다.

"흐음, 사주팔자가 상당히 고약합니다. 평생 가난뱅이로 고생만 하다가 죽기 십상이니 선행을 많이 해서 덕을 쌓으십시오."

잔뜩 풀이 죽어서 집으로 돌아온 쑹쯔칭은 밤새도록 잠을 이룰 수가 없었다.

"아, 이를 어쩌면 좋지? 앞으로 내게 불행한 일만 생기면 어떡하지?"

그날 이후 쑹쯔칭은 약방을 점원에게 맡기고 매일 실의에 빠져 보냈다. 그가 사업을 등한시하면서 가세는 나날이 기울어갔다. 그렇게 5년이 지나자 쑹쯔칭은 결국 땡전 한 푼 없는 무일푼 신세가 되었다. 그는 자신의 처지를 위안하며 이렇게 말했다.

"이건 다 운명이야."

무릇 마음가짐은 사물을 대하는 태도에 영향을 미친다. 태도는 곧 행동으로 이어지고, 행동은 인격이 되며, 인격은 운명을 만든다. 그러므로 당신이 바라는 운명이 있다면 먼저 마음가짐부터 제대로 단속해야 한다. **우리를 둘러싼 주변 환경은 혼자만의 힘으로는 바꿀 수 없다. 대신, 우리에게는 환경에 완벽하게 적응할 수 있는 능력이 있다.** 살다 보면 뜻하지 않는 여러 가지 난관에 부딪히고 좌절을 겪기 마련이다. 그러나 좌절과 절망 속에서 하늘을 원망해 봤자 어떤 문제도 해결할 수 없다. 당신 스스로 긍정적인 마음가짐으로 문제를 해결할 방법을 적극적으로 찾아내야 한다.

어느 날 주인이 하인에게 생선 한 마리를 사다가 생선찜을 먹음직스럽게 만들라고 시켰다. 이윽고 점심때가 되자 주인은 생선찜 먹을 생각에 벌써 군침이 도는 것만 같았다. 그런데 정오가 지나도록 하인이 점심을 차려 오지 않았다. 이상한 생각에 주방 안으로 들어간 주인은 화가 머리끝까지 치밀고 말았다. 생선이 여전히 날것인 채로 도마 위에 그대로 얹혀 있었던 것이다. 주인이 노발

대발하며 이유를 다그치자 하인은 풀이 죽은 채 이렇게 대답했다.

"주인님, 실은 집에 생선을 통째로 요리할 만한 솥이 없어서 생선찜을 요리할 수가 없었습니다."

하인은 시장 곳곳을 헤매며 일부러 작은 생선을 골라왔지만 집에 있는 솥이 너무 작아서 생선을 요리할 수가 없었던 것이다. 주인은 결국 그날 생선찜을 맛볼 수 없었다.

위의 일화가 우리에게 말하려는 것은 무엇일까? 그것은 생선을 찔 만한 솥이 없어서 생선을 먹지 못한 것처럼, 우리 일상생활에서 마주치는 기회도 마찬가지임을 뜻한다. 기회를 발견하고 활용할 수 있는 준비가 된 사람만이 우연히 찾아온 기회를 성공의 발판으로 만들 수 있는 법이다.

인생의 굽이굽이에는 일련의 만남과 기회가 숨어 있다. 어쩌면 그것은 우리 힘으로 선택하거나 바꿀 수 없는 운명일 수도 있다. 하지만 '운명'이라는 글자 속에는 행운을 뜻하는 '운運'이 있음을 잊어서는 안 된다. 그 행운의 기회는 순전히 우리 자신의 노력 여하에 따라 찾아서 개발할 수 있다. 그뿐만 아니라 자신의 의지대로 인생을 바꿔 나갈 수도 있다. 설사 낭떠러지가 가로막고 있더라도 긍정적이고 적극적인 마음으로 난관을 헤쳐 나갈 수 있는 용기를 잃지 않는다면, 당신은 행복한 인생의 주인이 될 것이다.

10_ 끈기도 능력이다

너나 할 것 없이 부러워하는 화려한 성공도 처음 그 시작은 참으로 보잘 것 없고 미미하다. 일상생활의 잡다한 일이든, 혹은 취미생활이든 상관없다. 무엇이든 중도에 포기하지 않고 꾸준히 하면 언젠가는 성공을 거둘 수 있다. 유명한 위인들을 보라. 그들은 어땠는가? 레오나르도 다빈치Leonardo da Vinci는 날마다 달걀 그림을 서너 시간씩 그리다가 나중에는 천재적인 화가가 되었고, 펠레는 하루도 빠짐없이 다섯 시간씩 고된 훈련을 한 끝에 마침내 축구 황제로 우뚝 섰으며, 빌 게이츠Bill Gates는 세계적인 거부가 되기 전 하루에 10여 시간씩 컴퓨터 앞에 앉아서 프로그래밍 작업을 밥 먹듯이 했다. 그들이 과연 달콤하고 편안한 휴식을 누릴 줄 몰라서 그토록 고생을 했을까? 성공한 사람들은 처음부터 자신이 하는 일이 성공을 거둘 것이라는 사실을 알고 있었을까? 천만의 말씀이다. 그들은 성공하려면 끈기 있게 끝까지 매달려야 한다는 사실을 남들보다 좀 더 명확하게 알고 있었을 뿐이다.

1948년에 옥스퍼드 대학에서는 세계적 명성을 누리던 처칠의 '성공 비결'에 관한 강연이 있었다. 세계 각국의 취재진과 학생들이 열렬히 박수를 치며 지켜본 강연회에서 위대한 정치가 처칠은 단 네 문장으로 자신의 강연을 마쳤다.

"저의 성공 비결은 단 세 가지입니다. 첫째는 절대 포기하지 마라. 둘째는 절대로, 절대로 포기하지 마라. 그리고 셋째는 절대로, 절대로, 절대로 포기하지 마라! 이것으로 제 연설을 마치겠습니다."

말을 마치자마자 처칠은 연단을 내려왔다. 일순간 강연장에는 쥐 죽은 듯 침묵이 흐르는가 싶더니 곧 우레와 같은 박수소리가 터져 나왔다.

누구나 성공을 꿈꾸지만, 신념이나 목표를 끝까지 포기하지 않고 지켜 나가는 사람은 드물다. 그러나 끈기를 하나의 습관으로 만든다면 그 어떤 난관도 헤쳐 나갈 수 있다.

제2차 세계대전이 끝나가던 무렵, 미국 국기인 성조기에는 48개 주를 상징하는 별 48개가 그려져 있었다. 그러나 1950년대 이후 새로 2개 주가 연방 정부로 편입되자 성조기를 수정하는 일이 불가피해졌다. 그렇다면 50개 주를 상징하는 별 50개가 배열된 지금의 성조기를 창안한 사람은 누굴까? 그 주인공은 뜻밖에도 오하이오 주 랭커스터 시에 살던 열일곱 살의 고등학생이었다.

1958년, 따사로운 봄 햇살이 비치는 금요일 오후였다. 고등학교에 다니는 로버트 헤프트Robert Heft는 학교 버스를 타고 집으로 돌아가고 있었다. 그는 역사 수업 시간에 선생님이 내준 과제를 골똘히 생각했다. 선생님은 역사라는 과목에 대한 관심과 흥미를 담아 뭔가 창의적인 것을 만들어 오라는 과제를 내주었다. 간단하면서도 정말 어려운 과제였다.

이때 마침 학교 버스가 랭커스터 시의 번화가를 달렸다. 로버트는 시 청사의 지붕에서 휘날리는 성조기를 무심코 바라보다가 기발한 아이디어가 떠올랐다.

"그래, 바로 저거야! 새로운 국기를 디자인하는 거야!"

당시 미국은 알래스카를 49번째 주로 편입시킬 준비를 하고 있었고, 머잖아 하와이도 50번째 주로 편입될 예정이었다. 로버트는 별 48개가 그려진 기존의 국기 대신에 별 50개가 그려진 새로운 국기가 필요할 것이라고 예상했다. 그래서 집으로 돌아오자마자 새로운 국기를 그리기 시작했다. 가능한 한 기존의 국기와 별다른 차이가 나지 않도록 주의를 기울인 끝에 별이 6열 5줄과 5열 4줄로 배치된 국기를 만들었다.

당연히 'A'를 받을 거라고 생각한 로버트의 과제물은 'B-'를 받는 데 그쳤다. 과제물이 그다지 창의적이지 못하고 현재 연방정부는 48개 주에 불과한데 별 50개를 그려 넣어 현실에 맞지 않다는 것이 이유였다. 로버트가 점수에 불만을 토로하자 역사 선생

2장 기회를 놓치지 마라 75

님은 새로운 제안을 했다. 별 50개를 그린 로버트의 새로운 성조기가 미국의 공식 국기로 인정된다면 학점을 A로 바꿔 주겠다는 것이었다.

로버트는 선생님의 제안에 좌절하는 대신, 그 제안을 실현하기 위해 지역 하원의원을 찾아갔다. 그리고 왜 별 50개가 그려진 새로운 국기가 필요한지를 설명했다.

"제가 그린 이 국기를 가지고 워싱턴으로 가 주시겠습니까? 만일 50개 연방을 상징하는 새로운 국기 디자인 공모전이 열린다면 제가 그린 이 국기를 추천해 주세요."

어리지만 당찬 로버트의 말에 하원의원은 고개를 끄덕이며 그의 부탁을 들어주겠노라고 약속했다.

그 후 2년이라는 시간이 흐르는 동안에도 로버트는 희망을 버리지 않고 기다렸다. 마침내 1959년 1월, 미국 아이젠하워Eisenhower 대통령이 알래스카가 미국의 49번째 주가 되었음을 정식으로 선포했다. 그리고 그해 8월에는 하와이가 미국의 50번째 주로 편입되었다. 로버트의 예상이 현실이 된 것이다.

당시 로버트는 이미 고등학교를 졸업하고 어느 회사의 지도 제작사로 근무하고 있었다. 의회에서는 특별 위원회를 조직해 수천수만 건에 달하는 새로운 국기 디자인을 심사했다. 그리고 최종적으로 디자인 견본 다섯 개를 선정해 아이젠하워 대통령에게 보고했다.

그날도 로버트는 여느 때처럼 사무실에서 작업하고 있었다. 그런데 갑자기 비서가 허겁지겁 달려와 소리쳤다.

"의회에서 전화가 왔습니다!"

전화를 건 사람은 다름 아닌 고등학교 시절에 그가 찾아간 하원 의원이었다.

"자네가 참으로 자랑스럽네. 아이젠하워 대통령께서 자네가 디자인한 성조기를 미국의 공식 국기로 결정하셨네. 축하하네!"

로버트는 뛸 듯이 기뻤다. 그는 당장에 워싱턴으로 날아가서 그가 디자인한 성조기가 국회 의사당에 게양되는 모습을 지켜보았다. 사실, 당시 로버트가 디자인한 것과 비슷하게 별 50개가 그려진 성조기 디자인은 매우 많았다. 그러나 로버트는 그들보다 한발 앞서 디자인을 창안한 덕분에 그가 그린 성조기가 공식 국기로 선정되는 영광을 안을 수 있었다. 그의 성조기는 미국 전역의 관공서는 물론, 세계 각 지역에 주재하는 미국 대사관 지붕에서 휘날리게 되었다.

그럼, 로버트의 역사 선생님은 그의 점수를 고쳐 주었을까? 물론이다. 로버트가 고향으로 돌아온 날 선생님은 특별히 그를 위해 학적 기록부의 점수를 고쳐 주었다. 이때 로버트는 이런 생각을 했다.

'만일 그때 내가 기대했던 대로 A를 받았다면 난 하원의원을 찾아가지도 않았을 거야. 하원의원 역시 내가 그린 성조기를 의회에

제출하지 않았을 테고, 그러면 지금 새 국기로 제정되지도 않았겠지…….'

국기는 한 나라를 상징하는 로고이자 정치, 문화, 민족, 사회적 의미를 담고 있다. 이처럼 자유와 민주를 상징하는 성스러운 국기의 디자인을 어린 고등학생이 창안한 위의 일화는 우리에게 많은 생각을 하게 한다. 기회란 무엇인지, 또 일생일대의 기회를 거머쥘 수 있는 '행운아'는 어떤 사람인지에 대해 최적의 답안이기도 하다. 불굴의 신념, 꿈에 대한 열정, 창의적 도전정신이 있는 사람이 바로 그 주인공이다. 기회를 잡는 것은 순간적인 '영감'만으로 이루어지지 않는다. 오랜 시간에 걸쳐 끊임없는 노력이 쌓여서 이루어지는 것이다.

성공도, 실패도 당신의 손에 달렸다. 실패자는 성공한 사람보다 **천부적인 재능이 부족하거나 혹은 유리한 조건을 갖추지 못했기** 때문에 실패한 것이 아니다. 역경이나 절망적인 순간에 부딪혔을 때 성공한 사람들은 실패자보다 1분 더 참거나 한 걸음 더 앞으로 걸어 나갔기 때문에 성공을 거둘 수 있었던 것이다. 사람들이 말하는 성공의 비결은 수없이 많다. 자신감이나 빠른 두뇌 회전, 행운의 기회 등 끝이 없다. 그러나 궁극적으로는 꿈을 포기하지 않고 집념을 갖고 목표를 향해 나아가야만 성공을 거둘 수 있다는 사실을 잊어서는 안 된다.

11_ 1%만 더 노력하라

　　　　　　　99°C에서 1°C만 더하면 물이 끓는다. 단 1°C 차이로 끓는 물과 온수로 나뉘는 것이다. 마찬가지로 우리 인생도 1%가 부족해 천지차이의 결과를 얻는 때가 많다. 이 1%의 차이에 주의를 기울인다면 아마 상상하는 것 이상의 결과를 얻을 것이다.

　언젠가 조간신문에 추닝丘寧이라는 명문 대학 졸업생이 이력서 한 장 때문에 면접시험에서 떨어진 일화가 소개되었다.

　취직 준비를 하던 추닝은 취업 박람회에 이력서를 제출하려고 외출 준비를 했다. 그런데 실수로 탁자에 놓인 물컵을 엎지르는 바람에 그만 이력서가 물에 젖고 말았다. 추닝은 시간이 촉박하자 물에 젖은 이력서를 대충 말려서 가방에 넣고 서둘러 나갔다.

　박람회장에 도착한 추닝은 평소에 관심 있게 지켜보던 광고 회사의 부스를 찾아가 인사 담당자와 면담했다. 인사 담당자는 추닝에게 몇 가지 질문을 던지고 이력서를 요구했다. 추닝이 무심코 꺼낸 이력서는 물에 젖어 얼룩덜룩한 데다 가방에 급히 쑤셔 넣은 탓에 잔뜩 구겨져 있었다. 추닝이 이력서를 반듯하게 펼쳐 보려고 노력했지만 인사 담당자는 눈살을 찌푸리고 말았다.

그로부터 며칠 뒤 마침내 면접시험 날이 다가왔다. 추닝은 포트폴리오를 꼼꼼하게 준비해 광고 상품을 추천하는 구두 면접을 완벽하게 치렀다. 면접 시험장을 떠날 때 담당자 한 명이 추닝에게 "아주 훌륭했다!"라고 특별히 칭찬까지 해 줄 정도였다.

그러나 일주일이 지나도록 채용 통지서는 날아오지 않았다. 추닝은 궁금증을 견디지 못하고 광고 회사로 전화를 걸어 문의했다. 인사 담당자는 한참을 망설인 끝에 자초지종을 설명해 줬다.

"사실 지난번 취업 박람회에서 당신과 면담한 분은 우리 회사의 사장님이셨습니다. 사장님께서는 면담 내용은 매우 만족스러웠지만 구겨진 이력서를 보고 크게 실망하셨습니다. 자신의 이력서조차 제대로 관리하지 못하는 사람에게 직책을 맡길 수 없다고 하셨습니다."

추닝의 취업 실패는 언뜻 보면 우연한 일로 억울한 상황에 이른 경우로 볼 수도 있지만, 실제로는 필연적인 결과라고 할 수 있다. 물에 젖어 엉망이 된 이력서는 다른 의미에서는 평소 덜렁거리고 깔끔하지 못한 성격을 반영한 것이기 때문이다. 요즘과 같은 치열한 경쟁 사회에서는 사소한 실수도 치명적인 단점이 될 수 있다. 추닝 역시 물에 젖은 이력서 한 장 때문에 직장을 구하기는커녕 능력마저 의심 받게 되었으니, 이 얼마나 어리석은 실수인가?

이와 반대로 사소한 1%의 중요성을 알고 소홀히 하지 않는다면 그만큼의 보답을 얻을 수 있다.

퇴직한 두 여성이 각각 노점상을 차렸다. 두 사람 모두 출근길의 직장인을 상대로 샌드위치를 만들어 팔았는데, 한 가게는 손님의 발길이 끊이지 않아 나날이 번창했고 다른 가게는 한 달 만에 문을 닫고 말았다. 그 이유는 바로 달걀 한 개에 있었다.

성공한 샌드위치 가게는 손님마다 달걀 프라이 한 개를 추가할 것인지를 물었다. 샌드위치에 달걀 프라이가 들어간 것을 좋아하는 손님을 위한 특별 서비스였다. 대부분 손님은 달걀 프라이 서비스에 아주 만족스러워했다. 반면에 장사에 실패한 샌드위치 가게는 특별한 서비스 없이 그저 샌드위치만 팔았다.

달걀 한 개를 더 서비스하느냐, 안 하느냐로 가게 매출에 크게 차이가 나면서 한 가게는 거리의 맛집으로 자리매김했고, 한 집은 문을 닫았다. 성공과 실패가 달걀 하나의 차이에서 비롯된 것이다.

세계적인 음료수 코카콜라는 99%가 물과 설탕, 탄산, 카페인이다. 아마 이 세상의 모든 음료수도 이와 마찬가지일 것이다. 그러나 코카콜라에는 그 어떤 음료도 흉내 낼 수 없는 1%가 있다. 신비한 그 1%의 성분 덕분에 코카콜라사는 다른 음료 제조회사가 연간 8,000만 달러 수입에 감지덕지하는 사이, 무려 4억 달러 이상의 순이익을 창출하고 있다.

이 세상의 대부분 성공과 실패는 이처럼 1%의 차이로 갈린다. 지극히 사소하고 작은 1%이지만 성공의 비결은 바로 이 속에 있다. 옆의 친구보다 1%만 더 열심히 공부하고, 회사 동료보다 1%만 더 최선을 다해 일하라. 그 1%가 당신에게 성공을 가져다줄 것이다.

피어스와 네이트는 대학을 졸업하자마자 같은 회사에 나란히 입사했다. 두 사람 모두 열정적으로 회사 일에 매달렸지만 결과는 사뭇 달랐다. 네이트는 입사한 지 얼마 지나지 않아 사장에게 능력을 인정받고 고속 승진해 사장의 직속 비서가 되었다. 반면에 피어스는 수년이 지나도록 평사원 직급을 벗어나지 못했다. 어느 날, 억울함을 참을 수 없던 피어스는 사장실로 찾아가 사직서를 내고 그동안 쌓인 울분을 터뜨렸다. 회사의 인사 정책이 불공평한 데다 인재를 발탁하는 안목도 없고, 열심히 일하는 직원보다는 오로지 아첨을 늘어놓는 사람만 편애한다고 질타했다. 사실 사장은 평소 피어스가 불평불만 없이 우직하게 일해 왔다는 사실을 익히 알고 있었다. 그러나 그에게는 무언가 1%가 부족했다. 그러한 사실을 설명해 봤자 피어스가 이해하지 못할 것이 뻔했기에 묵묵히 그의 불만을 경청하고 나서 이렇게 말했다.

"글쎄, 어쩌면 자네 말대로 내가 뛰어난 인재를 제대로 알아보지 못한 것일 수도 있겠지. 하지만 그것이 아니라는 걸 증명해 보이겠네. 자, 지금 당장 대형 마트에 가서 오늘의 특가 상품이 무엇인지 알아보고 오게."

피어스는 쏜살같이 대형 마트에 가서 살펴보고 왔다.

"오늘 특가 상품으로 맥주가 나와 있었습니다."

"그 맥주는 한 병에 얼마에 팔던가?"

사장의 질문에 피어스는 다시 헐레벌떡 대형 마트로 달려갔다.

"1병에 1달러입니다."

"어떤 상표의 맥주였지?"

사장의 질문에 피어스가 또다시 대형 마트로 가려고 하자 사장이 불러 세웠다.

"피어스, 이제 네이트가 어떻게 하는지 지켜보게."

사장은 네이트를 사장실로 불러 지시를 내렸다.

"네이트, 지금 당장 대형 마트에 가서 오늘 특가 상품이 무엇인지 알아오게."

잠시 후 네이트가 다녀와 보고했다.

"지금 마트에는 하이네켄 맥주를 특가로 1병에 1달러에 판매하고 있습니다. 하지만 특가 상품이 총 50상자에 불과해서 1인당 5병까지 한정 판매하는데, 맛이 어떨지 몰라서 1병 사왔습니다. 그 밖에도 지금 마트에서는 올리브 오일을 특가로 판매하고 있습니다."

옆에서 네이트의 보고를 지켜보던 피어스는 부끄러운 나머지 얼굴이 벌겋게 달아올랐다. 자신과 네이트의 차이점을 비로소 깨달은 그는 사장에게 사죄하며 사표 수리를 취소해 달라고 부탁했다.

당신이 한 걸음 내딛는 것을 포기하지 않는 이상, 이 세상에 막다른 골목은 없다. 또 당신이 좌절하고 절망하지 않는 이상 기회는 항상 가까이에서 기다리고 있다. 실패와 성공은 단 1%의 차이이다. 가령 실패자는 아흔아홉 번 문을 두드리고 나서 이렇게 말하고 포기한다.

"이 문은 열리지 않을 것이다."

반면에 성공한 사람은 백 번째로 문을 두드리며 이렇게 말한다.

"언젠가는 반드시 문이 열릴 거야."

그리고 그가 백한 번째 문을 두드리는 순간 성공의 문이 활짝 열린다.

온갖 고통과 난관을 헤치고 성공의 문에 다가섰을 때 우리에게 필요한 것은 1%의 변함없는 노력이다. 모든 사람이 불가능하다고 말할 때, 당신 자신조차 의심이 들고 포기하고 싶은 마음이 간절할지라도 조금만 더 노력하고 참아라. 그러면 바로 앞에 성공이 기다리고 있을 것이다. 남들이 똑똑한 척 잔머리 굴리며 대충대충 일을 할 때도 조금만 더 최선을 다해 성실히 일하라. 그 1%의 노력만큼 성공의 기회가 당신에게 가까이 다가올 것이다.

12_ '우연'의 힘을 우습게 보지 마라

기회는 항상 우연히 찾아오는 법이다. 뜻밖의 만남이나 무심코 지은 미소 혹은 퍼뜩 떠오른 영감이나 깨달음처럼 말이다. **우연한 순간에 찾아온 기회는 우리의 생활은 물론이거니와 심지어 인생까지도 바꿔 놓는다.** 그래서 우리는 그 우연한 기회가 찾아오기를 절실히 바란다. 하지만 우연한 기회는 '우연' 그 자체처럼 아무런 예고조차 없이 불현듯 나타나서 연기처럼 사라지기 일쑤다.

존은 뉴욕 시의 택시 운전기사였다. 아침 식사로 무엇을 먹었는지는 기억하지 못할망정 그때의 일만큼은 지금도 선명하게 기억한다.

봄빛이 따사로운 어느 날 아침이었다. 존은 택시를 몰고 거리로 나가 승객을 기다렸다. 그때 마침 근사한 정장 차림의 신사가 맞은편 병원에서 나와 그의 택시를 향해 손을 흔들었다.

"공항으로 가 주시오."

택시는 곧장 공항을 향해 출발했다. 존은 택시 안의 어색한 침묵을 없애려고 평소처럼 손님에게 말을 건넸다. 그러자 신사도 흔쾌히 말 상대를 해 줬다.

"택시 영업은 할 만합니까?"

"그럼요. 이걸로 돈도 벌고, 때로는 고객들과 유쾌한 대화도 나누는 걸요. 하지만 주급 100달러 이상의 일자리가 있다면 지금 당장에라도 그만둘 겁니다."

"아하, 그래요?"

"헌데, 손님은 직업이 뭡니까?"

"아, 저요? 뉴욕 병원 신경외과에서 근무합니다."

한참 이야기를 나누던 존은 문득 한 가지 부탁을 했다.

"사실 제 아들 로빈이 열다섯 살인데, 심성도 착하고 공부도 아주 잘한답니다. 이번 방학 때 캠프에 보내 주려고 했는데 아르바이트로 용돈을 벌겠다고 고집을 피우는군요. 요즘은 아르바이트 자리를 구하기도 어려운 데다 보증인까지 요구하는 데가 많아서 무척 까다롭지 않습니까? 그래서 말씀드리는 건데, 혹시 병원에 여름방학 동안 아르바이트로 일할 만한 자리가 없을까요?"

신사는 잠시 말문을 닫고 뭔가를 골똘히 생각했다. 그 모습에 존은 괜스레 난처한 부탁을 한 것은 아닌지 후회가 밀려왔다. 그런데 신사는 뜻밖에도 흔쾌히 수락했다.

"그렇잖아도 병원에 사무 보조직 하나가 비어 있는데, 잘 됐군요. 아드님의 학적 기록부를 저에게 보내 주세요."

주머니에서 명함을 찾던 신사가 말했다.

"이런, 명함을 깜박 잊고 집에 두고 나왔군요. 혹시 메모지 있습니까?"

존은 서둘러 수첩 한 장을 찢어서 건넸다. 공항에 도착하자 신사는 뭔가를 휘갈겨 쓴 메모지와 차비를 주고 총총히 사라졌다.

그날 저녁 식사 시간이었다. 존은 식탁에 앉아서 이런저런 이야기를 나누다가 호주머니에서 메모지를 꺼냈다.

"로빈, 드디어 아르바이트 일자리가 생긴 것 같구나."

존은 의기양양해하며 큰 소리로 메모지에 적힌 글을 읽었다.

"프레드 브라운, 뉴욕 병원."

이때 그의 아내가 물었다.

"의사예요?"

딸도 덩달아 물었다.

"좋은 사람이에요?"

아들은 의심 어린 표정으로 물었다.

"그 사람이 괜한 허튼소리로 우리를 갖고 노는 건 아니겠죠?"

다음날 아침 로빈은 자신의 학적 기록부를 뉴욕 병원으로 보냈다. 그러나 며칠이 지나도록 병원에서는 아무런 회신이 없었다.

존의 가족들은 점차 그 일을 잊어버렸다.

이주일이 지난 어느 날이었다. 존이 퇴근해서 집으로 돌아오자 로빈이 뛸 듯이 기뻐하며 편지 한 장을 보여 주었다. 편지 봉투에는 '뉴욕 병원 신경외과 과장 프레드 브라운'이라고 적혀 있었다. 로빈 앞으로 온 편지에는 자신의 비서에게 전화를 걸어 면접 약속을 잡으라는 내용이 담겨 있었다.

마침내 로빈은 이 병원에서 주급 40달러의 아르바이트 일자리를 구했다. 덕분에 색다른 경험을 하며 추억에 남을 여름방학을 보낼 수 있었다. 로빈은 이듬해 여름에도 그 병원에서 청소 아르바이트를 했다. 그렇게 고등학교를 졸업할 때까지 로빈은 방학 때마다 병원에서 아르바이트했다. 그러는 동안 로빈은 점차 의사라는 직업에 매력을 느꼈다. 그래서 뉴욕의 의과대학에 진학했고, 우수한 성적으로 학업을 마치고 개인 병원을 개업했다. 로빈은 물론이거니와 그의 아버지조차 미처 알지 못했을 것이다. 병원에서의 아르바이트 경험을 계기로 의사라는 직업에 관심이 생기고, 평소 우수한 학업 성적 덕분에 순탄하게 의과대학을 졸업하여 의사로 탄탄대로를 걷게 될 줄 말이다.

손님과의 어색한 침묵을 깨려고 무심코 시작한 대화가 결과적으로는 아들의 장래를 결정하는 기회를 가져다주었다. 물론 당초에 존이 무례를 무릅쓰고 신사에게 아르바이트 일자리를 부탁하지 않았다면, 혹은 그 신사가 존의 부탁에 별다른 관심을 보이지 않았다면 로빈의 장래가 어떻게 됐을지 아무도 장담할 수 없다. 그러나 한 가지 확실한 것은, 그 '우연'한 대화가 한 사람의 인생을 바꾸는 기회가 되었다는 사실이다.

어느 날 아침, 경찰관이 도로 순찰을 하던 중에 자전거 한 대가 쏜살같이 달려오는 것을 발견했다. 경찰관은 무의식적으로 속도계를 꺼내 들어 과속으로 달리는지 속도를 측정하다가 눈이 휘둥그레지고 말았다. 자전거는 거의 자동차와 맞먹는 속도로 야생마처럼 도로를 질주하고 있었던 것이다. 경찰관이 순찰차를 타고 뒤따라가 자전거를 세우고 보니 겨우 열대여섯 살 정도밖에 보이지 않는 소년이었다. 사이클 클럽 회원으로 활동하던 경찰관은 흥미로운 표정으로 소년에게 말을 건넸다.

"얘야, 속도위반이구나."

소년은 난처해하며 수업 시간에 늦어서 서둘러 달리느라 자기도 모르게 과속했다고 해명했다. 그러자 경찰관이 웃으며 말했다.

"학생이었구나. 그럼 일단은 학교랑 이름 알려 주고 수업에 들어가렴. 내가 나중에 연락하마."

얼마 뒤 소년의 학교로 한 통의 편지가 날아왔다. 세계적인 사이클 선수를 배출했고 코펜하겐에서 가장 유명한 사이클 클럽에서 보내온 편지였다. 스카즈데일Scarsdale이라는 소년에게 사이클 클럽에 들어오면 프로 선수로 훈련 받을 수 있는 일체의 지원을 해주겠다는 내용과 함께 과속 위반 딱지가 끼워져 있었다.

학교에서는 소년에게 사이클 클럽에 들어갈 것을 적극적으로 권유했다. 그로부터 4년 후 스카즈데일은 덴마크 국내 사이클 대회에서 우승컵을 안았고, 나중에 올림픽에도 출전해 사이클 종목에서 금메달을 땄다.

덴마크 사이클 역사상 최초의 올림픽 금메달은 도로 속도위반으로 맺어진 경찰관과 소년의 인연으로 탄생한 것이다. 물론 여기서도 우리는 이러한 가설을 생각해 볼 수 있다. 만일 그때 마주쳤던 경찰이 평소 사이클에 관심이 많고 인정 많은 경찰관이 아니었다면, 혹은 원리원칙대로 직무를 수행하는 엄격한 경찰관이었다면 아마도 소년의 운명은 전혀 달랐을 것이다. 이렇듯 우리의 인생 궤적은 극히 사소한 일이나 혹은 예기치 못한 우연한 만남으로 크게 변하는 것을 알 수 있다.

윌리엄 프록터William Procter는 어느 잡화점의 판매 사원이었다. 그는 사장 제임스 갬블James Gamble과 친구처럼 지내면서 곧잘 커피를 마시며 담소를 나누었다.

어느 무더운 여름날이었다. 두 사람은 상점 앞에 나와 이야기를 나누고 있었는데, 마침 제임스의 아내가 빨래를 하고 있었다. 이때 프록터는 무심코 거무튀튀한 비누를 쥔 그녀의 부드럽고 새하얀 손에 시선이 머물렀다. 새까만 비누와 새하얀 손이 선명한 대비를 이루는 모습을 보자니 문득 기발한 아이디어가 떠올랐다. 프록터는 제임스에게 향기롭고 새하얀 비누를 만들자는 혁신적인 제안을 했다.

 그 후 두 사람은 각자의 이름을 따서 '피앤지P&G' 사를 설립하고, 수차례 실패를 거듭한 끝에 마침내 '상아'란 뜻의 '하얀 비누White Soap'를 만드는 데 성공했다. 두 사람은 특허를 신청하고, 유명 화학자를 초빙해 비누의 성분 분석 결과를 공개함으로써 제품의 신뢰성을 높이고 적극적인 홍보 활동을 펼쳤다. 이 '하얀 비누'는 출시되자마자 선풍적인 인기를 끌면서 '피앤지P&G' 사는 단번에 대기업으로 성장할 수 있었다.

 애초 프록터가 우연히 빨랫비누를 쥔 제임스 아내의 손을 쳐다보지 않았다면 어땠을까? 어쩌면 오늘날 우리가 사용하는 향기로운 비누가 탄생하기까지 좀 더 오랜 시간이 걸렸을지도 모른다.

 시간은 도도한 강물처럼 흘러간다. 그 시간 속의 1분 1초에는 인생의 가장 큰 기회가 될 수 있는 수많은 '우연'이 숨어 있다. 이러한 우연들은 우리의 삶은 물론이거니와 인류의 역사를 발전시켜 나간다.

13_ 성공한 사람의 20%는 미래를 내다볼 줄 아는 이들이다

성공한 사람의 80%는 대개가 행운아이다. 그들은 새로운 변화에 재빠르게 보조를 맞춰 부와 성공을 쟁취한다. 반면에 나머지 20%는 단순히 행운아인 것만은 아니다. 그들은 누구도 흉내 낼 수 없는 창의력과 미래를 내다볼 줄 아는 통찰력으로 시대의 주역이 되어 새로운 미래를 창조해 나간다.

영국에 재봉점이 유행인 시절이 있었다. 당시 가난한 집의 아이들은 재봉사가 되기 위해 학교 대신 재봉점에서 허드렛일을 하며 도제 생활을 했다. 그들은 재봉일을 배우는 것 외에 잡일을 도맡아 했기 때문에 그야말로 재봉사들의 하인과도 같은 생활을 견뎌야 했다.

어느 날, 훤칠하게 생긴 신사가 셔츠의 소매를 줄이려고 재봉점을 찾았다. 재봉사는 간단한 수선이기에 어린 제자에게 그 일을 맡겼다. 이 제자는 재봉사 밑에서 1년 동안 도제 생활을 해 소매를 수선하는 일 정도는 자신이 있었다. 신사의 요구 사항대로 의기양양하게 소맷부리를 수선하던 제자는 그만 가위질을 잘못해 셔츠에 구멍을 내고 말았다. 마침 창밖 풍경을 바라보고 있던 신사는 제자의 '아이쿠!' 하는 소리에 뒤돌아보고 셔츠에 구멍이 뚫린 것을 발견했다. 재봉사는 서둘러 달려와 신사에게 연방 사과하면서 제자를 호되게 나무랐다. 그러자 신사는 재봉사를 말리며 안타깝다는 듯 탄식했다.

"이런, 내가 가장 좋아하는 옷이라서 수선해서 입으려고 가져왔는데 망치고 말았군. 하지만 어쩔 수 없지. 어린 제자를 너무 나무라지 마시오. 이 셔츠는 그냥 버리고 새로 한 벌 맞추기로 하죠."

재봉사는 제자에게 신사의 넓은 아량에 감사를 드리라고 했다. 그러자 제자는 자신의 실수를 자책하며 이렇게 말했다.

"선생님, 저의 실수로 폐를 끼쳐서 정말 죄송합니다. 괜찮으시다면 저에게 한 번 더 기회를 주시겠습니까? 제가 얼마 전부터 자수를 배우기 시작했는데, 셔츠의 구멍을 어떻게 수선해 보도록 하겠습니다."

제자의 성실하고 진심 어린 모습에 감동한 신사는 어차피 버릴 바에야 한 번 더 기회를 주기로 했다.

"정 그렇다면 솜씨를 발휘해 보거나. 새로 맞춘 셔츠를 찾으러 오는 날 수선한 셔츠를 보여 주게."

이틀이 지나 신사가 다시 재봉점으로 찾아왔다. 제자는 자신이 수선한 셔츠를 신사에게 펼쳐 보였다. 소맷부리의 구멍은 온데간데없고 기다란 펜싱 검이 교차하는 자수 문양이 근사하게 수놓아져 있는 것이 아닌가? 깜짝 놀란 신사는 제자의 솜씨를 칭찬하며 재봉사에게 말했다.

"이 아이가 사내대장부답게 자존심도 강하고 솜씨도 좋은 것이 꽤 마음에 드오. 앞으로는 이 아이에게 내 옷 수선을 전담시키겠소."

대부분 사람은 재봉사의 제자와 같은 상황이 되었을 때 일단은 고객의 아량으로 위기를 모면한 데만 만족하며 다행으로 여길 것이다. 그러나 재봉사의 제자는 달랐다. 그는 위기를 대충 넘길 수 있는 요행을 거부하고 정정당당히 실력을 발휘하여 자신의 실수를 보완했다. 또 다른 의미에서 볼 때, 그는 현실에만 안주하지 않고 미래를 준비할 줄 아는 현명한 사람이기도 했다. 단순히 잡일을 하는 데만 그치지 않고 시간을 쪼개 자수를 배우며 틈틈이 기술을 쌓아 갔던 것이다. 현대 사회에서 성공한 사람들도 이와 비슷하다. 항상 남보다 한발 앞서 미래를 내다보며 치밀한 준비를 하기 때문에 성공의 기회도 그만큼 빨리 거머쥘 수 있다.

미국 서북부 몬태나 주의 다비 사람들에게 크리스털 산은 고개만 들면 보이는 아주 익숙한 산이었다. '크리스털'이라는 산 이름은 비바람에 침식된 봉우리 사이로 암염 덩어리 비슷한 광물이 빛을 반사하는 것이 꼭 수정처럼 반짝인다고 해서 붙여진 것이다.

그러나 막상 그 산봉우리의 광물에 관심을 기울이는 사람은 아무도 없었다.

1995년, 컴리와 톰슨이라는 다른 주 출신의 두 청년이 시내에서 열린 광물전시회에 참관했다가 베릴륨Beryllium 샘플과 그 아래에 적힌 설명을 보고 흥분에 휩싸였다. 설명에 의하면 베릴륨은 원자력 에너지 연구에 필수적인 원소였는데, 광석 샘플이 햇살에 반사되어 반짝이는 크리스털 산봉우리의 빛과 비슷했기 때문이다. 두 사람은 크리스털 산봉우리의 광물이 큰 쓰임새가 있을 것이라 판단하고 즉시 산의 소유권을 사들였다. 그리고 전문가에게 성분 검사를 의뢰한 결과, 크리스털 산봉우리의 광물이 베릴륨인 것으로 판명되었다. 크리스털 산은 세계 최대의 베릴륨 생산지 가운데 하나가 되었고, 두 청년은 엄청난 부를 쌓았다. 이는 남들과는 다른 세심한 관찰력과 날카로운 안목이 있었기에 가능한 일이었다.

그렇다면 안목이란 무엇인가? 안목이란 남들이 대수롭지 않게 여기는 것에서 중요한 가치를 찾아내는 것이다. 즉, 모두 무심코 밟고 지나가는 자갈돌이 실상은 다이아몬드 원석임을 간파할 줄 아는 사람이다.

이 세상의 80%를 차지하는 사람들은 눈앞의 사물이나 이익만을 바라본다. 사회의 지도자나 혹은 시대의 조류를 벌떼처럼 우르르 따라갈 줄만 안다. 그들이 막상 행동에 옮길 때는 이미 기회는 사라지고 난 뒤다. 미래를 내다보고 변화를 주도하는 선구자들이 이미 성공의 기회를 차지해 버렸기 때문이다.

오래전의 일이다. 최초의 대서양 횡단 케이블이 가설되었을 때다. 작은 보석상점의 주인이 케이블을 가설하고 남은 잔여분을 몽땅 사들였다. 사람들은 쓸모없는 전선을 사들이는 그의 행동을 이해하지 못하고 오히려 미쳤다고 수군거렸다. 그러나 보석상점의 주인은 전선 조각을 깨끗하게 세척하고 황동으로 장식해서 기념품을 만들었다. 최초의 대서양 횡단 케이블 개통을 기념하는 기념품으로 상점에 내놓자 기념품은 날개 돋친 듯이 팔렸다. 보석상점 주인은 기발한 아이디어 덕분에 큰돈을 벌 수 있었다.

이어서 그는 2월 혁명을 피해 미국으로 건너온 프랑스 귀족으로부터 프랑스 왕가의 진귀한 보석을 대거 사들여 보석 전시회를 개최하여 보석상점의 인지도를 크게 높였다. 이어서 1878년에는 남아프리카 공화국의 한 광산에서 어마어마한 크기의 '옐로 다이아몬드'를 사들여 독창적인 세공법으로 '티파니 다이아몬드'를 완성했다. 이 다이아몬드는 전 세계에서 가장 크고 화려한 옐로 다이아몬드로 기록되었으며, 그가 '다이아몬드의 왕'으로 자리매김하는 데 결정적인 역할을 했다. 그는 바로 보석의 명품으로 꼽히는 티파니의 창업주 찰스 루이스 티파니 Charles Lewis Tiffany였다.

통찰력 있는 안목은 부를 창출하는 원천이다. 더구나 오늘날과 같은 지식화, 정보화 시대에는 생존 경쟁의 필수 조건이 된다. 이러한 안목은 지식과 창의력, 과감한 도전 정신의 결정체라고 할 수 있다. 여기서 말하는 지식은 단순히 책을 통한 지식뿐만이 아니라, 삶의 경험을 통해 체득한 지혜도 포함한다.

싱가포르의 유명한 화교 사업가 리광첸李光前은 가난한 하급 노동자 출신으로 독학으로 자수성가한 인물이다. 1928년 그가 난이南益 고무회사를 창업했을 때의 이야기다. 당시 리광첸이 본국으로 철수하는 영국 상인에게 고무농장을 헐값에 사려고 하자 주위에서 반대가 심했다. 호랑이가 자주 출몰해서 고무농장에서 일하려는 노동자가 없으니 제아무리 헐값에 사더라도 황무지만도 못한 땅이라는 이유에서였다. 그러나 리광첸은 주위의 만류에도 부근의 고무농장을 몽땅 사들였다. 고무농장 부근에 도로가 들어서면 차량이 들락거려 호랑이가 사라질 것이라는 것을 예견하고 있었기 때문이다.

과연 그의 예상대로 고무농장 주변에 도로가 들어서자 그 지역의 땅값이 2, 3배로 폭등하여 그는 큰 차익을 남기고 농장을 되팔 수 있었다. 이때 마련한 돈을 사업 자금으로 삼아 고무회사를 창업했으니, 그의 선견지명에 놀라지 않을 수가 없다.

안타깝게도 리광첸처럼 통찰력 있는 안목을 갖춘 사람은 그다지 많지 않다. 그러나 창의적인 사고습관과 주변 사물에 대한 관심을 잃지 않는다면, 당신도 생활 곳곳에 숨어 있는 성공의 기회를 쉽게 발견할 수 있을 것이다.

14_ 인맥은 재산이다

좋은 인맥은 작은 투자로 수십 배의 투자 이익을 얻는 것과 같다. 사람들과 교류하고 인간관계를 형성하는 데도 세심한 관찰과 정성이 필요하다. 무작정 많은 사람과 교류한다고 해서 좋은 인간관계가 아니기 때문이다. 막상 난관에 부딪혔을 때 그들 가운데서 진심으로 당신을 도와줄 사람이 과연 얼마나 될까? 그러므로 어떤 사람들을 만나서 어떻게 교류하고 또 어떻게 돈독한 인맥을 형성하는지 하는 것에는 많은 노력과 배움이 필요하다.

미국 버지니아 주 요크타운에 덴버라는 자동차 수리공이 있었다. 그는 매일 새벽부터 밤늦게까지 일하면서 근근이 생계를 유지해 갔지만, 그에게는 누구와도 바꿀 수 없는 삶의 즐거움이 있었다. 바로 사랑스러운 아내 메리와 쌍둥이 딸, 그리고 아침마다 사다 보는 〈버지니안 파일럿The Virginian-Pilot〉지였다. 그는 신문에 연재되는 홈 쿠킹 칼럼을 즐겨 읽었는데, 시간이 날 때는 직접 요리 솜씨를 발휘하여 음식을 만들었다. 메리는 덴버의 요리 솜씨가 예상 밖으로 특색 있고 맛있다는 사실을 알고 어느 날 문득 이런 말을 했다.

"우리도 돈만 많으면 레스토랑을 차려서 당신 요리 솜씨를 마을 사람들에게 선보일 수 있을 텐데, 참 안타까워요."

메리가 무심코 내뱉은 말에 덴버는 기발한 아이디어가 떠올랐다. 그는 곧장 신문사 편집국으로 전화를 걸었다.

"안녕하십니까? 다름이 아니라 귀사의 신문에 연재되는 홈 쿠킹과 연계하여 레스토랑을 열고 싶은데, 어떻습니까? 레스토랑 이름도 '파일럿 레스토랑' 이라고 지어서 신문에 소개된 요리들을 선보이고 싶은데요."

신문사는 자신들의 신문을 홍보하고 폭넓은 구독자를 확보할 수 있는 절호의 기회로 여기고 흔쾌히 수락했다.

"참으로 좋은 아이디어입니다. 저희 신문사에서 소개하는 요리법과 요리 메뉴를 사용하십시오. 저희 신문도 무료로 공급하겠습니다."

1999년 마침내 덴버 부부는 신문사의 전폭적인 지원 아래 '파일럿 레스토랑' 을 개업했다. 덴버 부부는 자신들에게 무한한 신뢰를 베풀어 주는 신문사에 조그마한 성의나마 보답하고 싶었다. 그래서 식당 벽면에는 그날의 주요 신문 내용을 스크랩한 것과 최근 3

개월 동안 신문에 연재된 홈 쿠킹 요리의 요리법과 영양 성분 분석표로 장식했다. 레스토랑은 주민들의 큰 호응을 얻으면서 요크타운에서 가장 유명한 식당으로 자리 잡았다. 물론 레스토랑이 유명세를 타면서 〈버지니안 파일럿〉지 역시 발행 부수가 크게 늘어 최고의 매출액을 달성했다.

행운은 숨바꼭질하듯 좀처럼 모습을 드러내지 않다가도 어느 순간 '짠!' 하고 우리 앞에 나타날 때가 있다. 이러한 행운은 남들보다 뛰어난 아이큐나 권력과는 전혀 상관이 없다. 덴버 부부에게 찾아온 행운은 메리로부터 자극을 받은 덴버의 창의적인 아이디어 때문이었다. 덴버 부부와 신문사 서로에게 도움을 주는 협력 파트너가 될 수 있는 아이디어였기에 크나큰 행운으로 발전할 수 있었다.

인간관계에서 신의와 양심은 매우 중요하다. 인생은 변화무쌍하며 살아가다 보면 누구나 좌절이나 실의에 빠지기 마련이다. 어려운 난관에 부딪혔을 때 서로 외면하지 않고 사심 없이 도움을 주고받을 수 있는 우정을 쌓아야 한다. 이들과의 인간관계를 굳이 주식에 비유한다면, 지금 당장은 볼품없지만, 미래에 크게 성장할 가치가 있는 '가치주' 와도 같다. 인간관계에서 이러한 가치주에 유의하여 폭넓고 신의 있는 인맥을 쌓는다면 훗날 큰 도움을 얻게 될 것이다. 중국 청대 말기의 정치가이자 학자인 증국번曾國藩은 그물망을 짜듯 인맥을 쌓고 실력을 키우는 것은 인생의 성패가 달린 문제라고 말했다.

미국에서 거주하던 화교 출신 목수가 있었다. 1945년의 어느 봄날, 그는 새로 주문받은 나무 상자들을 만드느라 정신이 없었다. 교회에서 중국 고아원에 기부할 옷을 담는 데 사용할 상자였다. 종일 상자를 만들고 나서 집으로 돌아가던 목수는 무심코 셔츠를 더듬다가 깜짝 놀라고 말았다. 호주머니 안에 있어야 할 새 안경이 보이지 않았던 것이다. 목수는 그날의 행적을 곰곰이 되짚어 본 끝에 나무 상자에 못질할 때 셔츠 호주머니 속의 안경이 상자 속으로 미끄러져 들어간 것을 깨달았다. 목수는 화가 나고 속상해서 견딜 수가 없었다. 당시는 미국 경제가 전반적으로 침체한 데다 목수는 여섯 아이를 키우느라 가뜩이나 살림이 빠듯한 상황이었다. 그래서 한동안 망설이다가 결국 큰맘 먹고 거금 20달러를 들여서 새로 산 안경이었기에 목수는 더욱 상심했다. 그는 집으로 돌아가는 길 내내 하늘이 너무 불공평하다며 투덜댔다.

그로부터 반년이 지난 어느 날이었다. 중국 고아원 원장이던 미국인 선교사가 여름휴가를 이용해 목수가 사는 시카고 지역 교회로 찾아왔다. 그는 고아들을 후원해 준 사람들에게 감사하며 이렇게 말했다.

"특히나 저에게 안경을 보내 주신 점에 깊이 감사를 드립니다. 당시 중국은 일본과의 전쟁으로 고아원이 엉망이었습니다. 저의 하나뿐인 안경도 망가지는 바람에, 저는 앞이 잘 안 보여 일도 제대로 하지 못하고 설상가상 심한 두통에 시달리고 있었지요. 그래서 저는 날마다 주님께 기도했답니다. 안경 하나 구할 수 있게 해 달라고 말입니다. 그런데 기적 같은 일이 벌어졌습니다. 바로 여러분께서 보내 주신 옷상자 안에 안경이 담겨 있지 않겠습니까? 신기하게도 마치 나를 위해 만든 안경처럼 도수까지 똑같아서 저는 눈뜬장님과도 같은 생활과 지독한 두통에서 벗어날 수 있었습니다. 저희에게 베풀어 주신 여러분의 사랑과 후원에 다시 한번 감사드립니다.”

선교사의 말에 모두 고개를 갸우뚱거렸다. 그들은 안경을 보낸 적이 없었기 때문이다. 오로지 한 사람만이 그 내막을 잘 알고 있었다. 바로 교회 뒷자리에 앉은 채 감격의 눈물을 흘리는 목수였다.

“하느님께서는 내 안경을 나보다 더 필요한 사람에게 선물했던 게야.”

하느님은 선교사에게는 그가 절실히 원하는 안경을, 그리고 목수에게는 삶과 사랑에 대한 심오한 깨달음을 선물하여 새로운 삶의 의미를 찾을 수 있도록 도와주었다. 선교사와 목사는 서로에게 '인생의 스승'이 되었던 것이다.

3장

성공을 위해
스스로 변화하라

인생에서 성공과 실패는 태어난 순간부터 결정되는 것이 아니다. 성공한 사람들은 고난의 세례를 통해 더욱 강인해지거나 혹은 오랜 기간의 노력을 통해 우수한 성과를 이룩해 냈다. 성공하고 싶다면 먼저 좋은 생활 습관과 강인한 인내력, 자신감과 같은 성공한 사람들의 필수적인 자질을 갖추도록 스스로 변화하라.

15_ 인격 소양이 행운을 가져다준다

행운은 다양한 요소가 한데 어우러져 만들어진 산물이다. 가령 하늘의 운도 따라야 하고 개인적인 노력이나 재빠른 임기응변 능력도 뒷받침되어야 한다. 그 가운데서도 특히 진심 어린 마음, 인내심, 원칙을 지키는 굳건한 의지력과 같은 기본적인 인격 소양은 절대로 없어서는 안 될 중요한 요소이다. 행운은 자유로이 날아다니는 나비처럼 오랫동안 머무는 법이 없기에 막상 잡으려고 하면 어디론가 날아가 버리기 일쑤다. 그러나 좋은 인격과 소양을 갖추고 있다면 행운의 문은 언제나 당신을 향해 활짝 열려 있을 것이다. 러시아 비평가 벨린스키V. G. Belinskii도 "인격 소양은 행운을 가져다주는 행운의 돌이다."라고 말하지 않았던가?

여러 해 전 어느 폭풍우 치는 밤이었다. 호텔 종업원이었던 조지 볼트George Bolt는 마침 당직 근무를 서고 있었다. 이때 나이 지

굿한 노부부가 호텔 로비로 들어서며 빈 객실을 찾았다. 조지 볼트는 세미나에 참석하는 단체 손님이 모든 객실을 예약해서 빈 객실이 없는 데다 근처 호텔도 모두 만원이라고 알려 줬다.

노부부가 어쩔 줄 몰라 하며 난감해하자 안타까운 생각이 든 조지 볼트는 진심 어린 말을 건넸다.

"오늘같이 폭풍우 치는 밤에 두 분이 길에서 헤맬 것을 생각하니 도저히 두고 볼 수가 없군요. 괜찮으시다면 제가 거처하는 방에서 하룻밤 묶고 가시지요. 화려한 객실은 아니지만 깨끗해서 쾌적하실 겁니다."

노부부는 겸허하고 깍듯한 태도로 조지 볼트의 호의를 받아들였다. 다음날 노부부가 숙박료를 내려고 하자 조지 볼트는 한사코 고개를 저었다.

"방은 무료로 빌려 드린 겁니다. 어젯밤에 저는 초과 근무수당도 벌었고 방 사용료도 모두 근무수당에 포함되어 있답니다."

노신사는 호텔을 나서면서 온화한 어조로 조지 볼트에게 말했다.

"이 세상의 모든 사장은 자네 같은 직원을 구하려고 애를 쓴다네. 언젠가 자네를 위해 호텔을 하나 지어 주겠네."

당시 노신사가 농담하는 거라 여겼던 조지 볼트는 그저 웃으며 한 귀로 흘려들었다.

그로부터 수년 뒤, 여전히 호텔 종업원으로 일하고 있던 조지 볼트에게 노신사가 편지 한 통을 보내왔다. 그를 맨해튼으로 초청

한다는 내용과 함께 비행기 표가 동봉되어 있었다.

조지 볼트는 맨해튼의 5번가와 34번가가 교차하는 길목에 세워진 호화로운 건축물 앞에서 노신사를 만났다. 노신사는 어리둥절해하는 조지 볼트에게 미소를 지으며 설명했다.

"내 이름은 윌리엄 월도프 아스토William Waldorf Astor일세. 이 건물은 내가 자네를 위해 지은 호텔이네. 난 자네야말로 이 호텔을 관리할 최고의 적임자라고 생각하네."

마침내 호텔의 총지배인이 된 조지 볼트는 노신사의 기대를 저버리지 않았다. 호텔을 질서정연하게 관리하여 불과 몇 년 사이에 미국 전역에 명성을 떨치는 최고의 호텔로 만들었다.

어떤 이는 조지 볼트야말로 우연한 기회에 일생일대의 행운을 거머쥔 행운아라고 말한다. 그러나 대부분의 사람은 그가 훌륭한 인격과 처세 태도 덕분에 성공했다는 사실을 잘 알고 있다. 진심 어린 마음과 관대한 사랑을 지닌 사람은 반드시 선의에 대한 보답을 얻기 마련이기 때문이다. 기회가 꽃이라면 선량한 마음은 물에 비유할 수 있다. 꽃은 풍성한 수분으로부터 생명력을 얻어 비로소 화려한 자태와 은은한 향기를 뿜어낼 수 있다. 마찬가지로 삶에 대한 열정이 있고 타인에게 관심을 기울이는 사람은 사소한 동작 하나하나에도 그대로 드러나는 법이다. 가령 작은 미소에는 타인에 대한 우호적인 마음이, 무심코 베푼 친절에는 선량함이, 그리고 사소한 안부 인사 속에는 자상함과 따뜻한 관심이 배어 나오는 것처럼 말이다.

또 기회는 준비된 자의 몫이라는 사실을 잊어서는 안 된다. 가만히 앉아서 기회가 오기만을 기다리지 말고 스스로 기회를 만들고 쟁취할 줄 알아야 한다. 평소 모든 일에 최선을 다하며 자신의 능력을 한 층 한 층 쌓아올리도록 하라. 충분히 준비를 해 두어야만 기회가 왔을 때 단번에 거머쥘 수 있다.

어느 회사의 면접시험에 참가한 여성이 있었다. 사장은 학력이 낮다는 이유로 그녀를 탈락시켰다. 몸을 돌려 시험장을 나서려던 여성은 책상의 튀어나온 못에 옷이 걸리고 말았다. 그녀는 펜치를 꺼내 못을 뽑고는 다시 걸음을 옮겼다. 이를 지켜보던 사장이 그녀를 불러 세웠다. 그녀를 고용하기로 마음을 바꾼 것이다. 못을 뽑는 바로 그 순간에 기회가 찾아온 것이다. 이렇듯 기회는 지극히 평범하고 일상적인 생활 속에 숨어 있다.

대학을 갓 졸업한 린단칭林丹晴은 어느 무역 회사에 구직서를 냈다. 그녀는 비서직을 원했지만 회사에서는 잡다한 서류를 복사하는 업무 보조직을 제안했다. 구직난으로 일자리를 찾기 어려운 시기였기에 린단칭은 잠시 망설이다 흔쾌히 일자리를 받아들였다. 회사 동료들은 복사할 자료가 있을 때마다 그녀를 찾아왔다. 때로는 복사 분량과 내용만을 알려 주고서는 아예 일감을 떠맡긴 채 자리를 뜨기도 했다. 기억력이 뛰어난 린단칭은 동료들의 요구 사항을 특별히 메모하지 않고도 한 치의 실수 없이 정확하게 복사를 했다. 그런 그녀에게 동료들은 고맙다는 인사조차 없이 가볍게 고개만 끄덕이고는 복사 자료를 찾아가곤 했다.

린단칭은 불평 한 마디 없이 항상 미소를 지으며 신속하게 자료를 복사했다. 그러던 어느 날, 사장이 허겁지겁 달려와 계약서 한 부를 복사해 달라고 했다. 사장은 빨리 서두르라며 성화를 부렸지만 린단칭은 평소처럼 꼼꼼하게 계약서 내용을 훑어보다가 숫자가 잘못 표기된 부분을 발견했다. 린단칭이 지적한 곳을 살펴본 사장은 식은땀을 주르륵 흘렸다. 하마터면 500만 위안이나 손실을 볼 뻔했던 것이다.

그 일을 계기로 린단칭은 사장의 비서로 채용되어 그녀가 꿈꾸던 자리에 오를 수 있었다. 사장은 회사 연례회의 석상에서 그녀를 칭찬하며 이렇게 말했다.

"단순한 업무를 반복해서 하려면 상당한 인내심과 날카로운 관찰력이 필요합니다. 그래야만 성공의 기회를 잡을 수 있습니다."

상냥하고 친화적이며 세심하고 참을성 있는 태도는 그 어떤 추천서보다도 강력한 힘을 발휘하여 성공의 문을 활짝 열어 준다. 인생이 한 알의 씨앗이라면 기본적인 인격 소양은 성장에 필요한 가장 필수적인 영양분이다. 땅속의 씨앗은 이 영양분을 섭취해야만 땅을 뚫고 싹을 틔울 기회를 얻는 것이다.

동서고금을 통틀어 뛰어난 인재는 수도 없이 많았다. 그 가운데는 숨겨진 잠재력을 발굴해 준 귀인을 만나 맘껏 재능을 발휘하며 성공을 거머쥔 행운아도 있었으며, 끝내 재능을 발휘할 기회를 얻지 못하고 사라져간 천재도 많았다. 현실 생활에서 누구나 행운의 주인공이 되는 것은 아니다. 그러나 행운을 얻기 어렵다고 낙담할 필요는 없다. 인격 소양을 쌓고 자신의 목표를 향해 꾸준히 노력해 나간다면 언젠가는 반드시 행운의 기회를 얻게 된다.

한 가지 주의할 점은 인격 소양은 일종의 습관이라는 사실이다. 그러므로 인격 소양을 쌓으려면 엄격한 자기 원칙을 바탕으로 꾸준히 좋은 생활 습관을 들여 나가야 한다.

어느 유명한 외과의사가 수술을 집도할 때였다. 마침 그날은 새로 들어온 간호사가 수술을 도왔다. 수술이 거의 끝나고 봉합하려던 참이었다. 갑자기 간호사가 긴장된 어조로 말했다.

"선생님, 수술하는 동안 수술용 거즈를 열다섯 개 사용했는데, 아직 한 개가 환자 몸에 남아 있는 것 같습니다."

그러나 의사는 고개를 저었다.

"아닐세. 하나도 빠뜨리지 않고 다 빼냈으니 어서 봉합 준비하게."

간호사는 단호한 어조로 고집을 피웠다.

"안 됩니다. 분명히 거즈는 열다섯 개였습니다. 나머지 하나를 빼기 전에는 봉합할 수가 없습니다."

의사는 간호사의 말을 아예 무시한 채 다른 간호사에게 말했다.

"수술은 정상적으로 진행되었느니 내가 시킨 대로 봉합을 서두르게."

그러자 간호사는 급기야 고함을 질렀다.

"절대로 안 됩니다. 환자의 안전에 대해 책임을 질 의무가 있습니다."

그때 갑자기 의사가 웃음을 터뜨리며 한쪽 손에 쥐고 있던 수술용 거즈 하나를 보여 줬다.

"자네를 시험해 보려고 일부러 그런 걸세. 앞으로 나의 담당 간호사가 되어 주게."

자기 원칙을 지켜 나가려면 용기가 필요하다. 자칫 직장 상사나 선배 혹은 권력자와 불화를 일으켜 불이익을 당할 수 있기 때문이다. 이렇듯 원칙을 지키는 것은 가장 기본적이면서 가장 어려운 일인 만큼 훌륭한 인격 소양의 토대가 필요하다. 하지만 일단 훌륭한 인격 소양을 쌓은 사람은 몸에 훈장을 단 것처럼 특별히 꾸미지 않더라도 주위 사람들에게 좋은 인상을 심어 주기 마련이다.

16_ 적극적인 마음가짐을 잃지 마라

낚싯대로 물고기를 잡는 것과 그물로 물고기를 잡는 것의 차이점은 무엇일까? 그것은 도구가 아니라 마음가짐의 차이다. 그렇다면 당신은 고요한 호숫가에 앉아 낚싯대를 드리우는 것을 좋아하는가, 아니면 파도가 출렁이는 바다로 나가 그물로 배 한가득 물고기를 잡아 올리기를 좋아하는가? 만일 호숫가에서 낚싯대를 드리우고 종일 한적한 여유로움을 만끽하기를 즐긴다면, 당신의 인생은 평온할 것이다. 반면에 평범한 삶에 만족하지 않는다면, 당신의 그물을 들고 바다로 나가라. 파도와 맞서 싸우며 당신이 원하는 삶의 항로를 개척하라.

마음가짐이야말로 삶을 결정짓는 주인이다. 평생 휠체어 신세가 될 것인지 아니면 말을 타고 신나게 질주할 것인지는 바로 당신의 마음가짐이 결정짓는다. 적극적인 마음가짐은 삶의 원동력과 활기를 샘솟게 해 주어 부와 성공, 행복, 건강을 쟁취하도록 도와준다. 반면에 소극적인 마음가짐은 삶의 의욕을 빼앗아 모든 일을 부정적이고 비관적으로 받아들여 결국엔 인생의 실패자로 만든다.

어느 날 사자가 신을 찾아가 말했다.

"신이시여, 저에게 이처럼 우람한 체격과 강력한 힘을 주어 동물의 왕으로 군림할 수 있게 해 주셔서 감사합니다."

신은 미소를 지으며 물었다.

"그래 오늘 나를 찾아온 이유가 무엇이냐? 무슨 곤란한 일이 있느냐?"

"신이시여, 실은 부탁할 것이 있어서 왔습니다. 제가 아무리 동물의 왕이라지만 새벽마다 '꼬끼오' 하는 닭 울음소리에 시끄러워 잠을 못 자겠습니다. 닭이 울지 못하게 해 주십시오."

신은 껄껄거리고 웃음을 터뜨렸다.

"그럼 코끼리를 찾아가 보려무나. 네가 원하는 해결책을 얻을 수 있을 것이다."

사자는 여기저기 찾아다니다 호숫가에서 코끼리를 찾아냈다. 코끼리는 코를 마구 휘젓고 발을 구르는 모습이 무척 화가 난 듯했다.

"코끼리야, 왜 그렇게 화가 나 있는 거냐?"

사자가 묻자 코끼리가 커다란 귀를 쉴 새 없이 펄럭거리며 툴툴

거렸다.

"에이, 모기 때문에 못살겠어. 자꾸 내 귀를 물어뜯어서 가려워 죽겠어."

사자는 호숫가를 떠나며 중얼거렸다.

"저렇게 덩치가 큰 코끼리도 좁쌀 만한 모기한테 꼼짝달싹 못하는데, 난 그에 비하면 아무것도 아니었구나! 어차피 닭은 새벽에 한 번 울면 그만인데 모기는 시도 때도 없이 코끼리를 괴롭히잖아. 그러고 보면 난 코끼리보다 훨씬 행운아야."

사자는 저만큼 멀어지는 코끼리를 뒤돌아보며 문득 이런 생각이 들었다.

"그래, 맞아. 신이 나더러 코끼리에게 가면 해결책을 구할 수 있다고 말한 건 깨달음을 주기 위해서였어. 누구에게나 힘들고 괴로운 일이 하나씩 있는 거야. 그럴 때마다 신이 나타나서 해결해 줄 수는 없는 거잖아? 그래서 무슨 일이든 먼저 내 힘으로 해결하도록 노력해야 해. 좋았어, 오늘부터는 아예 일찍 자자. 새벽에 닭 울음소리에 맞춰 일어나면 되잖아!"

살다 보면 수많은 난관과 위기에 부딪힌다. 100미터 장애물 경기처럼 하나를 넘으면 또 다른 장애물이 나타나듯이 말이다. 대부분 사람은 눈앞에 장애물이 가로막으면 그저 하늘을 원망하고 좌절하거나 혹은 새로운 돌파구가 될 행운이 어디선가 나타나기만을 애타게 기다린다. 사실상 하늘은 공평하다. 사자와 코끼리 이야기에서처럼 긍정적인 관점에서 적극적으로 대처한다면 쉽게 해결책을 얻을 수 있다. 그뿐만 아니라 그 장애물을 하나씩 넘을 때마다 한 단계씩 자기 발전을 이루게 된다.

저명한 심리학자 빅터 프랭클Viktor Emile Fankl은 일찍이 '적극적인 주도성'을 강조했다. 유대인 출신의 빅터 프랭클은 제2차 세계대전 당시 아우슈비츠 수용소에서 무섭고 비참한 생활을 했다. 이때 그는 생사의 엇갈림 속에서도 삶의 의미를 잃지 않고 인간 존엄성을 지킬 수 있었는데, 그것은 바로 '선택의 자유' 때문이었다. 즉, 인간은 모든 것을 다 빼앗길 수 있어도 선택의 자유와 선택한 것을 이뤄 가는 의지만큼은 빼앗길 수 없다는 것이었다. 그는 원만하고 행복한 인생을 살려면 무엇보다 적극적이고 주도적이 되라고 강조했다. 자신의 행위에 책임의식을 갖고, 외부 환경에 제약을 받지 않으며, 이성으로 감정을 다스릴 줄 알고, 자신의 행동 과정을 자유롭게 선택할 수 있어야 한다는 뜻이다.

작은 햄버거 가게에서 가능성을 발견하여 '맥도날드'라는 세계적인 패스트푸드 업체로 발전시킨 레이 크록Ray Kroc은 골드러시Gold Rush 시대가 막바지에 이르던 무렵에 태어났다. 총명했던 그는 꿈을 이루고자 열심히 공부를 했지만 1931년 경제 대공황으로 집안 사정이 기울자 중도에 학업을 포기할 수밖에 없었다. 부동산 사업으로 뛰어들어 점차 경제적 안정을 이루려던 차에 이번에는 제2차 세계대전이 발생하여 그의 꿈은 산산조각이 나고 말았다.

갑자기 부동산 가격이 폭락하면서 알거지 신세가 되고 만 것이다. 그렇게 온갖 불행과 고난이 끊이지 않았지만 포기할 줄 모르는 레이 크록은 오뚝이처럼 다시 일어났다.

행운의 여신은 레이 크록이 쉰여섯 살이 되었을 때 찾아왔다. 당시 레이 크록은 밀크셰이크를 만드는 믹서기를 판매하는 영업사원으로 일하고 있었다. 그는 캘리포니아 주 샌버너디노의 작은 햄버거 식당에서 유명 백화점에서도 잘 팔리지 않는 믹서기를 무려 8대나 샀다는 사실에 호기심을 느껴 직접 방문했다. 그는 식당 앞에 햄버거와 밀크셰이크를 사려는 손님이 문전성시를 이루는 것을 보고 기발한 아이디어가 떠올랐다. 그는 식당 주인이었던 맥도날드 형제에게 속전속결로 이루어지는 식당의 판매 시스템을 적용한 프랜차이즈를 설립하자고 제안한 것이다. 1955년 레이 크록은 주변이 만류에두 거금을 투자하여 맥도날드 제1호점을 개장했다. 이어서 맥도날드에 관한 모든 권리를 사들이고 사업 규모를 확장했다. 맥도날드는 수십 년 동안 전 세계적으로 매장 5,637개를 보유하고 연간 4,300억 달러를 벌어들이는 초대형 기업으로 성장했다.

오늘날 세계 곳곳에서 노란색 'M' 자의 맥도날드 로고는 햄버거와 포테이토칩의 상징이 되었다. 더불어 숱한 좌절에도 굴하지 않고 예순을 바라보는 나이에 과감한 모험에 도전한 레이 크록의 인간승리를 상징하기도 한다. 인생에는 수많은 고통과 난관이 따르기 마련이다. 관건은 그것을 견뎌 낼 마음의 준비가 되어 있느냐이다. 어떤 상황에서도 삶의 열정과 도전 정신을 잃지 않는다면 성공을 거머쥘 수 있다. 실패나 좌절은 전혀 두렵지 않다. 정작 두려운 것은 성공의 기회를 중도에 포기하고 더 이상 노력하지 않는 것이다. 레이 크록은 불운한 시대에 태어나 50여 년 동안 실패와 좌절을 거듭했지만 꿈을 포기하지 않았기에 성공할 수 있었다.

대부분 사람은 성공 가능성이 희박해서 인생의 패배자가 되는 것이 아니라 삶의 열정이 부족하기 때문에 실패한다. 미국의 사상가이자 시인 랠프 왈도 에머슨Ralph Waldo Emerson은 열정의 중요성을 이렇게 강조했다. "열정 없이 이루어진 위업은 없다. 제아무리 힘들고 어려운 순간에도 당신 옆을 끝까지 지켜 주면서 남들이 '넌 할 수 없어!' 라고 말할 때도 '난 할 수 있어.' 라고 속삭여 준다."

성공한 사람과 실패자의 차이점은 딱 하나, 바로 마음가짐이다. 실패한 사람은 대개가 과거의 실패나 좌절에 무릎을 꿇고 스스로 희망을 포기한다. 반면에 성공한 사람들은 적극적이고 긍정적인 마음의 주인이다. 그들은 실패를 막다른 골목이 아니라 잠시 길을 에둘러가는 것에 불과하다고 여기며 자기 성장의 발판으로 삼는다. 적극적인 마음가짐은 성공으로 향하는 사다리와 같다. 지금 당신 앞에 가로놓인 난관이나 위기는 잠시 스치고 지나가는 과정에 불과하다. 적극적인 마음가짐을 갖고 있으면 제아무리 불리한 환경에 처해 있더라도 새로운 도전에 과감히 도전하여 새로운 기회를 쟁취할 수 있다는 사실을 기억해야 한다.

17_ 한 걸음 바로 앞에 성공이 기다리고 있다

성공을 이루는 과정은 저마다 다르지만, 실패에는 꼭 한 가지 공통점이 있다. 그것은 바로 최후의 1분, 최후의 1미터를 견디지 못한다는 점이다. 그런 의미에서 '3피트 아래의 황금' 이야기는 우리에게 적잖은 깨달음을 준다. 3피트는 대략 0.9044미터의 길이다. 1미터도 안 되는 그 길이에 도대체 어떤 이야기가 담겨 있는 걸까?

미국이 온통 골드러시로 흥청거리던 19세기 말이었다. 달비R. V. Darby는 일확천금의 꿈을 안고 삼촌과 함께 서부의 금광을 찾아갔다. 여러 해 동안 철저히 사전조사를 한 끝에 그는 금광이 파묻혀 있다고 판단되는 작은 산을 찾아냈다. 그리고 몇 주 동안 200미터 정도를 파 내려가자 마침내 번쩍번쩍 빛나는 금맥이 나타났다. 달비는 다른 사람들에게 들키지 않게 흙으로 금맥을 덮어 두고 고향으로 돌아갔다. 금을 파서 땅 위로 운반할 채굴 장비를 마련하기 위해서였다. 고향으로 돌아가 금맥을 발견한 소문을 퍼뜨리자 수많은 사람이 앞을 다투어 돈을 투자하겠다고 나섰다.

마침내 본격적인 채굴이 시작되었다. 금광석이 쏟아져 나오자 전문가들은 미국 서부 최대의 금광 가운데 하나가 될 것이라고 단언할 정도였다. 금광석은 계속해서 나왔고 백만장자가 되는 것은 시간 문제였다. 그런데 어느 날 뜻밖의 일이 벌어졌다. 금맥이 뚝 끊어지더니 흙덩이만 나오는 것이었다. 금맥이 사라지고 더 이상 금광석이 나오지 않자 노다지를 꿈꾸던 그의 희망은 한순간에 물거품이 되었다. 설상가상 그동안 금을 캐서 번 돈마저 금맥을 찾는 데 쏟아부어 광부들에게 줄 임금마저 바닥이 났다. 광부들이 모두 떠나가자 달비는 광산을 포기하고 채굴 장비를 고철상에 팔아 버린 채 고향으로 돌아갔다.

달비에게서 채굴 장비를 사들인 고철상은 문득 호기심이 일었다. 금맥이 그처럼 허망하게 끊어진다는 사실이 이해가 되지 않았던 것이다. 그는 금광을 인수하고 나서 광산 기사를 초청했다. 산의 특성을 조사해 본 결과 금맥의 단층을 찾아야 한다는 결론이 나왔다. 금맥의 단층은 달비가 중도에 포기했던 곳에서 불과 3피트도 채 떨어지지 않는 바로 그 밑에 있었던 것이다. 고철상은 다시 광부들을 불러들여 작업을 재개한 끝에 엄청난 매장량의 금광석을 찾아내어 백만장자가 되었다.

달비는 수년에 걸친 시간과 노력, 엄청난 투자금을 쏟아부었지만, 결국에는 무일푼 신세로 남았다. 반면에 고물상은 아주 작은 노력으로 거대한 금광의 주인이 되었으니 참으로 기구한 운명이다. 운명의 장난 같기도 한 일화지만 그 속에는 절대로 포기하지 말라는 진리가 담겨 있다. 성공의 기회는 항상 끝까지 포기하지 않는 자의 몫이다. 달비가 좌절하지 않고 광산 전문가를 초청하여 새로운 시도를 해 보았더라면 행운은 그의 것이 되었을 것이다. 하지만 그는 '최후의 1분', '최후의 1미터'를 참아 내지 못했던 것이다.

한 동양 청년이 마이크로소프트사로 이력서를 들고 찾아왔다. 직원 채용 공고도 내지 않았는데 서투른 영어로 자기소개를 하는 청년에게 호기심을 느낀 인사 책임자는 면접 기회를 줬다. 그러나 면접 결과는 형편없었다. 준비가 부족한 탓이라는 청년의 말에 인사 책임자는 형식적인 인사말로 그를 떠나보냈다.

"충분한 준비가 되면 그때 다시 오게."

그런데 일주일 뒤 그 청년이 또다시 회사로 찾아왔다. 이번에도 역시 면접 결과는 좋지 않았지만, 지난주보다 훨씬 좋은 평가를 얻었다. 그렇게 청년은 다섯 차례에 걸친 도전을 한 끝에 마침내 마이크로소프트사의 정식 직원으로 채용되었다.

어쩌면 우리의 인생길은 온통 험난한 가시밭과 위험한 늪지대로 뒤덮여 있을지도 모른다. 혹은 우리가 추구하는 인생 목표는 너무나 먼 곳에 있어서 암담한 현실에 신념마저 흔들릴 수 있다. 그러나 제아무리 힘든 상황에서라도 자신감과 용기를 잃지 말고 스스로 기회를 개척해 나가야 한다.

태양이 화롯불처럼 이글거리는 7월이었다. 더운 날씨 탓인지 취업 박람회장은 썰렁하기만 했다. 각 부스의 인사 담당자들은 한가로이 잡담을 나누거나 신문을 읽으며 무료함을 달래고 있었다.

이때 대학 졸업생인 딩샤오T曉가 박람회장에 들어섰다. 딩샤오는 매우 신중하게 서너 개의 부스를 돌아보고 나서는 마음을 정한 듯 어느 유명 보험회사의 부스에 이력서를 제출했다. 딩샤오와 비슷한 연배의 인사 담당자는 흥미로운 듯 말을 건넸다.

"왜 우리 회사에 이력서를 내는 겁니까? 보험회사의 미래 전망에 대해 생각해 본 적은 있어요?"

딩샤오는 미리 준비라도 한 듯 국내 유명 보험회사의 장단점들을 쭉 열거하고, 보험 시장의 미래 전망뿐만 아니라 보험 관련학과 개설에 대한 의견을 막힘없이 늘어놓았다. 인사 담당자는 딩샤오의 보험회사에 관한 정보 수집력과 독창적인 의견에 큰 감명을 받았다.

"우리 회사 홈페이지에서도 이력서 제출이 가능한데, 이 더운 여름날 왜 여기까지 나왔어요?"

딩샤오는 웃으며 말했다.

"인터넷으로 이력서만 달랑 접수하는 것보다는 직접 와서 인사 담당자와 면담하는 것이 회사에 대한 정보도 얻고, 그만큼 채용 가능성도 클 것 같아서요. 게다가 보험 업종은 사람들을 직접 상대하는 직업이잖아요. 뭐든지 직접 행동으로 부딪히고 도전해야 할 것 같았어요."

인사 담당자는 고개를 끄덕이며 호탕하게 말했다.

"이번에 업무부서 하나가 증설되는데 당신처럼 적극적이고 도전적인 사람이야말로 담당자로 적임자인 것 같군요. 이력서는 내가 직접 사장님에게 제출하겠어요. 나중에 회사에서 봐요."

기회는 스스로 만들어 내는 것이다. 인생에 평탄한 길은 없다. 힘들고 고통스러운 모든 과정을 견디며 구불구불한 산길을 오른 사람만이 정상을 정복할 수 있다. 성공하고 싶다면 가만히 앉아서 기회가 오기를 기다리지 말고 적극적으로 노력하여 기회를 만들어라.

밥 우드워드가 처음에 기자가 되려고 〈워싱턴포스트Washington Post〉 신문사를 찾아갔을 때다. 브래들리 편집국장은 변변찮은 그를 상대조차 하지 않으며 조수를 시켜 이런 말을 전했다.

"자네에게 2주의 시간을 줄 테니 화제가 될 만한 기삿거리를 찾아오게. 물론 보수는 없네."

기한은 눈 깜짝할 사이에 지나갔다. 물론 밥 우드워드는 젖 먹던 힘까지 다해 사방팔방 뛰어다니며 기삿거리를 찾아 작성했다. 그러나 그가 작성한 기사는 단 한 편도 신문에 실리지 못했다. 편집국장은 그에게 말했다.

"자네는 영리하고 부지런해. 하지만 기자로서의 자질은 부족하네."

밥 우드워드는 당시 편집국장의 말에 마치 한 대 얻어맞은 듯 큰 충격을 받았다고 회고했다. 그는 결국 신문사에서 일자리를 구하지 못하고 워싱턴 근교에서 다른 일자리를 구했다. 그러나 꿈을 포기할 수 없었던 그는 틈만 나면 편집국장에게 한 번만 더 기회를 달라고 전화를 걸었다. 그러던 어느 날, 밥 우드워드가 여느 때처럼 전화를 걸었다. 마침 휴가를 즐기고 있던 편집국장이 노발대발하며 화를 터뜨리는데 이를 지켜보던 그의 아내가 말했다.

"여보, 저렇게 끈질기게 물고 늘어지는 근성이야말로 기자로서 반드시 갖춰야 할 자질이라고 생각하지 않아요?"

그 말에 뭔가 깨달은 듯한 표정을 지은 편집국장은 밥 우드워드를 〈워싱턴포스트〉지 기자로 정식 채용했다.

1972년 6월 어느 날이었다. 티타임을 즐기던 중에 동료들 사이에서 얼마 전에 장갑을 낀 남자 다섯 명이 민주당 전국위원회 사무실에 침입한 사건이 화제로 떠올랐다. 순간 밥 우드워드의 예리한 직감이 이를 놓칠 리 없었다. 그는 동료 번스타인과 함께 사건의 내막을 파고들어 마침내 '워터게이트Watergate'를 세상에 폭로했다. 워터게이트 사건으로 닉슨은 대통령직을 사임했고, 〈워싱턴포스트〉지는 퓰리처상을 받았으며, 밥 우드워드는 세계적인 유명

기자가 되었다.

밥 우드워드는 결코 행운아가 아니다. 처음에 〈워싱턴포스트〉지 편집국장에게 퇴짜를 맞고 나서도 끈질기게 연락하며 그의 신뢰를 얻으려고 노력하지 않았더라면 어땠을까? 아마도 워터게이트의 특종 보도는 다른 사람의 몫이 되었을 것이며, 그는 역사에 발자취를 남기지도 못했을 것이다. 그는 끊임없이 시도했고, 역사적 사건이 발생한 순간에 잽싸게 기회를 거머쥐었던 것이다.

당신 앞에 절망이 가로놓여 있더라도 결코 포기하거나 좌절하지 마라. 믿음과 용기를 갖고 과감하게 한발을 내디딘다면 새로운 세계가 당신을 기다리고 있을 것이다.

18_ 완벽하게 실력을 갖추라

우리는 누구나 미래에 대한 꿈과 희망, 불안과 공포를 동시에 갖고 있다. 성공이나 승리는 스스로 창조하는 것이며 실패와 좌절 역시 자신이 감당해야 할 몫이다. 운명의 주인은 바로 우리 자신이다. 자신을 있는 그대로 사랑하고 받아들일 줄 알아야만 자기 발전을 이룰 수 있다.

시골 고향집 맞은편에 널따란 공터가 있는데, 아버지는 이 땅을 마호가니 나무 묘목을 기르는 사람에게 임대했다. 마호가니는 수형이 대단히 아름다운 데다 하늘을 찌를 듯 곧게 자라서 매우 특별한 나무다. 어린 시절 고향 농장에서도 높이가 수 미터에 달하는 마호가니 나무를 여러 그루 키웠던 것이 기억에 선명하다. 그래서인지 막상 무릎 높이밖에 되지 않는 작은 마호가니 묘목을 봤을 때 나는 내 눈을 믿을 수가 없었다.

마호가니 묘목을 기르는 사람은 덩치가 큰 키다리였다. 그가 허리를 굽힌 채 묘목을 심을 때는 마치 모내기를 하는 것처럼 보일 정도였다. 그는 묘목을 심은 뒤 수시로 묘목장으로 물을 뿌리러 나왔다. 이상한 것은 물 주는 날짜도 물의 양도 제멋대로였다는 사실이다. 사흘이나 닷새 만에 오는 날도 있었고 심지어 열흘 만에 올 때도 있었다. 물도 한꺼번에 많이 줄 때도 있고 겨우 적실 정도만 뿌려 주는 때도 있었다.

시골에 살 때 나는 날마다 마호가니 묘목장 근처의 오솔길로 산책하러 나갔는데, 묘목을 기르는 사람도 가끔 우리 집으로 차를 마시러 왔다. 때로는 아침 일찍 찾아오기도 하고 때로는 오후 늦게 찾아오기도 했다. 이렇게 뭐든지 제멋대로인 그를 보며 나는 점점 이상한 생각이 더해졌다.

더욱 이상한 일은 마호가니 묘목이 이유 없이 메말라 죽는 것이었다. 그래서 묘목 주인은 매번 올 때마다 새로 묘목 몇 그루를 가져와 다시 심었다. 처음에는 그 사람이 게을러서 묘목을 말려 죽인다고 생각했다. 하지만, 게으른 사람이 묘목이 메말라 죽을 것을 예상하고 새로운 묘목을 가져온다는 것도 이해가 되지 않았다. 그럼 반대로 너무 바빠서 규칙적으로 물을 주지 못하는 것일까? 하지만 평소 그렇게 바쁜 사람이 한가하게 묘목을 기르는 것도 이치에 맞지 않았다.

나는 호기심을 억누르지 못해 그에게 물었다.

"도대체 언제 물 주러 오는 거죠? 날마다 와서 물을 주면 마호가니가 저렇게 말라 죽지는 않을 거 아녜요?"

묘목을 기르는 사람은 웃으며 말했다.

"나무를 심는 것은 채소를 키우거나 모내기를 하는 것과는 다르다네. 한두 달 가꿨다가 수확하는 채소와 달리, 무릇 백 년 앞을 내다보고 길러야 하네. 그래서 나무도 스스로 땅속에서 물이 나오는 곳을 찾을 줄 알아야 하네. 내가 물을 뿌려 주는 것은 하늘을 흉내 내는 것뿐일세. 하늘이 시간을 예고하고 비와 바람을 내리는 적이 있던가? 불규칙한 날씨에 적응하지 못한 묘목은 자연스레 말라 죽는 거지. 하지만 죽자 사자 땅속으로 뿌리를 파고들어 수원을 찾아내는 나무는 백 년이 지나도 거뜬히 살아남는다네."

묘목을 기르는 사람은 계속해서 깊은 이치가 담긴 말을 이어나갔다.

"만일 내가 제때 시간 맞춰 꼬박꼬박 물을 준다면 묘목은 의지하는 습관이 생길 걸세. 뿌리가 땅 표면에서만 겉돌며 밑으로 파고들지를 못해서 조금이라도 물 뿌리는 횟수가 늦춰지면 금세 말라죽게 되네. 설사 살아남는다 해도 세차게 몰아치는 바람에 견디지 못하고 쓰러지기 십상이지."

묘목을 기르는 사람의 이야기에 나는 큰 감명을 받았다. 어디 나무뿐이랴, 사람도 마찬가지다. 불확실한 현실 속에서 우리는 끊임없는 시련과 위기에 부딪힌다. 하지만 **시련을 통해 우리는**

삶을 개척해 나가는 법을 배우며 성장한다. 어떤 환경 아래서도 자신을 단련하여 외부 환경의 제약을 이겨내려고 노력한다면 당신은 삶의 강자가 될 수 있다.

흔히 우리가 말하는 '기회'는 전혀 예측할 수 없는 우발적이고 즉흥적인 상황에서 찾아온다. 언제 어디서 맞닥뜨릴지 모르는 기회를 온전히 자신의 손에 넣으려면 끊임없는 노력과 자기발전을 통해 완벽한 조건을 갖춰야 한다.

1930년 어느 초가을 아침이었다. 145센티미터 남짓한 작은 키의 청년이 일본 도쿄의 메구로 공원에서 출근 준비를 하고 있었다. 방세가 밀려 쫓겨난 그는 벌써 두 달째 공원 벤치 신세를 지고 있었다. 보험회사 영업사원이었던 그는 최선을 다해 일했지만 벌어들이는 돈이 워낙 적어서 점심을 거르는 것도 예사였다.

그러던 어느 날, 청년은 절을 찾아가 주지 스님에게 보험에 가입하라고 권유했다. 늙은 주지 스님은 참을성 있게 청년의 설명을 쭉 듣고 나더니 이렇게 말하는 것이었다.

"자네의 설명을 듣고 있자니 오히려 보험에 들 생각조차 사라지는구먼. 사람들과 마주 보고 이야기를 할 때는 상대방이 자네의 이야기에 쏙 빠져들도록 하는 매력이 있어야 하네. 그런 매력이 없다면 자네는 보험 영업사원으로 성공하기는 글렀네."

청년은 회사로 돌아오는 내내 주지 스님이 했던 말을 곰곰이 되새겨보았다. 그날 이후로 청년은 만나는 동료나 고객들에게 자신의 단점이 무엇인지 물었다.

"자네는 성질이 너무 급해서 탈이야."

"자네는 다른 사람들의 말에 귀를 기울일 줄 몰라. 맨날 콧방귀만 뀌며 너무 잘난 척하는 것 같아."

청년은 주위 사람들이 솔직하게 말해 주는 소중한 충고들을 하나하나 기록하며 자신의 단점을 고쳐 나가기 시작했다. 마치 뱀이 허물을 벗듯 자신의 단점을 한 겹 한 겹 벗겨 냈던 것이다.

더불어 청년은 각각의 상황에 맞는 미소 어린 표정 서른아홉 가지를 만들어 날마다 거울을 보며 연습했다. 또 주말 저녁에는 당시 일본에서 가장 유명한 고승에게 좌선을 배우며 정신을 수양했다.

청년은 누에고치가 수차례 허물을 벗고 매미로 성장하는 것처럼 시간이 흐르면서 전혀 새로운 모습으로 변하기 시작했다. 1939년 청년은 일본 최고의 영업 실적을 달성했으며, 1948년부터는 연속 15년 동안 일본 최고의 보험 왕으로 군림했다. 그리고 연봉 1억 원 이상의 보험전문가 클럽 '백만장자 원탁회의MDRT'의 종신회원이 되었다. 그는 바로 일본에서 '세일즈의 신神'이라 불리는 하라이치 헤이原一平였다.

"우리의 가장 위대한 발견은 인류가 스스로의 힘으로 운명을 바꿀 수 있다는 사실입니다."

하라이치 헤이는 몸소 실천으로 이를 증명했다. 자신을 바꾸는 것은 머나먼 여행길을 다녀오는 것처럼 많은 시간과 노력이 필요하다. 하지만 내면 깊숙이 숨어 있는 잠재력을 개발하여 자신감을 갖고 주변 환경의 제약에서 벗어난다면 새로운 인생을 창조할 수 있다.

19_ 성공은 사소한 습관에서 시작한다

습관이란 무엇인가? 습관은 오랫동안 되풀이하는 과정에서 저절로 익혀진 행동 방식을 뜻한다. 그러면 습관은 좋은 걸까 나쁜 걸까? 습관은 때로는 당신을 편안하고 익숙하게 만들어 주지만, 때로는 인생의 실패를 초래하는 화근이 된다. 다음 코끼리의 일화는 습관이 얼마나 중요한 것인지 우리에게 말해 주고 있다.

아기 코끼리는 서커스단에서 태어났다. 장난기가 유난히 많던 아기 코끼리는 단 한시도 얌전히 있지 못했다. 온 사방을 제멋대로 돌아다니며 말썽을 피우기 일쑤였다. 그래서 서커스 단장은 하는 수 없이 커다란 말뚝에 쇠사슬을 매달아 아기 코끼리를 묶어 놓았다.

처음 쇠사슬에 묶인 아기 코끼리는 벗어나려고 발버둥 쳤지만,

도무지 쇠사슬로부터 벗어날 수가 없었다. 그러나 아기 코끼리는 포기하지 않았다. 쇠사슬에서 벗어나려고 며칠 동안 계속해서 몸을 뒤틀며 온갖 방법을 다 써 봐도 소용이 없었다.

시간이 지나면서 아기 코끼리는 점차 쇠사슬에 묶여 지내는 것에 익숙해지기 시작했다. 그리고 언제부터인가는 이런 생각이 들었다.

"어차피 엄마 아빠 코끼리도 이렇게 쇠사슬에 매여 평생 살잖아."

이렇게 체념하며 아기 코끼리는 어느덧 쇠사슬에서 벗어나려는 시도조차 하지 않게 되었다.

그 후 세월이 지나면서 아기 코끼리는 어른 코끼리로 자라났다. 쇠사슬 따위는 단숨에 끊어 버릴 만큼 육중한 몸무게의 거구가 되었지만, 여전히 쇠사슬로부터 벗어나려는 생각조차 하지 않았다. 어린 시절 그토록 몸부림을 쳐도 벗어날 수 없던 쇠사슬이 어느새 코끼리의 머릿속에서 결코 빠져나갈 수 없는 하나의 울타리로 자리 잡았기 때문이었다. 그래서 이젠 충분한 힘이 있음에도 시도조차 하지 않게 된 것이다.

습관은 이렇듯 자유롭게 뛰어놀고 싶은 아기 코끼리의 본성뿐만 아니라 자유에 대한 희망마저 빼앗아갔다. 그렇다면 우리 인간들에게 습관은 어떤 영향을 미칠까?

업무를 처리할 때 전심전력으로 몰두하는 것이 아니라 두서없이 대충 처리하는 사람이 있다. 효율적인 업무 습관은커녕 자기

관리조차 소홀히 한다. 그뿐만 아니라 매사에 양철 냄비처럼 금세 싫증을 내어 무엇을 하든 도중에 그만두기 일쑤다. 이들은 이러한 나쁜 생활 습관 때문에 결국엔 자신의 장래마저 망치기 십상이다.

잭은 어느 회사의 비서였다. 그는 사소한 일까지도 꼼꼼하게 챙기며 최선을 다해 일했지만 항상 일에 치여 하루하루를 보냈다. 본래 성격이 우유부단한 데다 자기관리 능력이 부족해서 일의 경중과 완급을 제대로 파악하지 못했기 때문이다. 설상가상 중요한 일이나 익숙하지 못한 일은 무조건 피하거나 혹은 미루다 시간이 급해지면 그제야 허겁지겁 대충 처리하는 나쁜 버릇도 있었다.

어느 날 사장이 일주일 예정으로 출장을 떠나면서 그에게 이사회에 제출한 보고서 초안을 작성하라고 지시했다. 시간적 여유가 충분했기에 잭은 이 기회에 실력을 발휘하여 사장으로부터 인정받기로 마음먹었다.

그러나 이후 며칠 동안 그는 다른 일들을 처리하느라 보고서를 작성하는 데 시간을 할애할 수 없었다. 협력 회사에 보낼 서신과 팩스를 작성하고, 사장의 친구에게 보낼 화환을 주문했으며, 친구들과의 모임에도 참석했다. 그렇게 일주일을 보내고 나서야 잭은 문득 내일 사장이 돌아온다는 사실을 깨달았다. 아직 보고서는 단 한 줄도 작성하지 않았는데 말이다.

그제야 발등에 불이 떨어진 잭은 서둘러 보고서를 작성하려고 했지만, 오전에는 고객과의 면담 약속이 잡혀 있고 오후에는 공항으로 사장을 데리러 가는 문제를 논의해야 했다. 설상가상 다른 부서에서 내일 이사 회의에 관한 문의를 해오는 바람에 그는 퇴근 시간이 훨씬 지나고 나서야 업무를 마칠 수 있었다.

집으로 돌아온 잭은 식사하는 중에 TV에서 월드컵 중계를 하자 자신도 모르게 TV에 빠져들었다. 밤 11시가 되어서야 보고서를 작성하려고 책상 앞에 앉은 그는 중요한 문서를 회사에 두고 왔다는 사실을 깨달았다. 결국 보고서 절반 분량은 내일 회사에 가서 작성할 수밖에 없었다. 이렇게 해서 잭은 자신의 실력을 발휘해 보겠다는 애초의 다짐과 달리 시간에 쫓겨 대충 작성한 보고서를 제출할 수밖에 없었다.

일을 자꾸 미루는 나쁜 습관은 잭의 업무 태도에 지장을 주었다. 이는 업무력을 떨어뜨릴 뿐만 아니라 장래의 발전에도 심각한 영향을 초래했다. 평소 대수롭지 않게 여기던 나쁜 습관들이 중요한 순간에 심각한 결과를 초래하는 사례는 아주 많다.

한 투자가가 합작 계약을 체결하기 위해 외국의 대형 의료기기 공장을 시찰 방문했다. 그는 공장 내부를 살펴보다 공장장이 바닥에 가래를 뱉고 신발로 문지르는 모습을 보았다. 무엇보다 청결이 중요한 공장 안에서, 책임자라는 사람이 너무도 자연스럽게 가래를 뱉는 모습에 투자가는 경악하고 말았다. 계약서 체결이 물 건너간 것은 두말할 나위도 없었다.

위의 사례에서 보듯이 습관은 엄청난 파괴력을 갖고 있다. 그래서 아주 사소한 나쁜 습관으로 미래를 망칠 수도 있다. 그러나 습관은 동전의 양면과 같다. 나쁜 습관이 사회생활과 인간관계를 망칠 수 있는 것처럼 좋은 습관으로 일생일대의 행운이나 성공의 기회를 거머쥘 수 있다.

어느 심리학자가 있었다. 그는 입학 첫날 어린 딸을 학교까지 바래다 주면서 학교에서 잘 지낼 수 있는 비결을 알려 주었다. 그것은 학교에서는 무조건 손을 잘 들어야 한다는 것이었다. 특히나 화장실에 가고 싶을 때는 말이다. 어린 딸은 아버지의 당부대로 화장실 가고 싶을 때나 혹은 선생님이 질문할 때는 항상 맨 먼저 손을 들었다.

그렇게 하루하루가 지나면서 어린 딸은 선생님에게 깊은 인상을 심어 주었다. 질문이 있을 때나 선생님이 무엇을 물었을 때 항상 맨 먼저 손을 드는 아이에게 관심이 가는 것은 당연한 현상이었다. 선생님이나 친구들의 관심은 긍정적인 자극이 되어 심리학자의 어린 딸은 학교 내에서 가장 적극적이고 사교성이 좋은 우등생이 되었다.

학교에서 손을 잘 들어야 한다는 심리학자의 충고는 어린 딸이 일상생활에서 좋은 습관을 갖도록 해 주었다. 더 나아가 이는 아이의 자기발전에 큰 도움이 되었다.

습관은 이렇듯 한 사람의 인생을 쥐락펴락할 수 있다. 습관은 단순히 눈에 보이는 행동이나 말에만 국한된 것이 아니다. 진정한

습관은 내면에서 비롯된다. 즉 성격이 습관을 만들고, 습관은 성공을 결정짓는다. 습관은 한순간에 이루어지는 것이 아니다. 많은 시간과 노력, 반복을 통해 만들어진다. 마찬가지로 자신감이나 진취성과 같은 긍정적인 마음가짐도 반복과 노력을 통해 만들어 나갈 수 있는 일종의 좋은 습관이다. 이러한 좋은 습관이 많아질수록 그만큼 인생에서 성공의 기회를 얻을 가능성도 커진다. 성공적인 미래를 원한다면 먼저 좋은 습관을 길러라.

20_ 포기도 일종의 지혜로운 전술이다

인생에서 우리는 수많은 기회와 도전에 직면한다. 그렇다면 무엇을 선택하고 무엇을 포기해야 하는 걸까? 선택과 포기의 문제는 그 자체만으로도 상당히 곤혹스러운 데다 주변 환경이나 그때그때의 상황에 따라서 선택의 기준이 수시로 변하기 때문에 대단히 복잡한 문제라고 할 수 있다. 그러나 어찌 되었든 우리는 인생길을 완주해야 한다. 설사 예측 불가능한 난관이 기다리고 있더라도 자신감을 잃지 않는다면 항상 희망의 문이 열려 있을 것이다.

모든 방면에서 완벽을 추구하는 청년이 있었다. 학자가 되기를 꿈꾸는 청년은 운동이나 음악, 댄스 등 다방면에서 탁월한 기량을 발휘했지만 유독 학업 방면에서는 별다른 진전이 없었다. 고민에 빠진 청년은 유명한 스님을 찾아가 해결책을 물었다. 그러자 스님은 이렇게 말했다.

"나와 함께 산에 올라가 보세. 정상에 오르면 해답을 얻을 수 있을 걸세."

청년은 스님과 함께 산에 오르기 시작했다. 그 산은 눈이 부실만큼 반짝거리는 크리스털로 뒤덮인 아름다운 산이었다. 스님은 청년에게 마음에 드는 크리스털 조각이 있으면 배낭에 주워 담아도 된다고 말했다. 청년은 눈에 띄는 대로 크리스털을 주워 담았고 배낭은 금세 미어터질 듯 무거워졌다. 정상까지는 아직 한참이 남았지만 배낭 무게 때문에 청년은 자꾸 뒤처지면서 숨을 헉헉댔다.

"스님, 배낭을 짊어지고 더 이상 못 올라가겠습니다. 산꼭대기는커녕 여기서 한 발자국도 못 움직이겠어요."

스님은 미소를 지으며 수염을 어루만졌다.

"허허, 까짓것 무거우면 배낭을 벗어던지면 그만 아니겠나? 그렇게 많은 돌덩어리를 짊어지고 산을 오를 수야 없지!"

스님의 말 속에 담긴 깊은 뜻을 그제야 깨달은 청년은 넙죽 절을 올리며 작별인사를 했다. 그 후 청년은 오로지 공부에만 모든 시간과 노력을 투자했다. 그랬더니 놀랍게도 성적이 하루가 다르게 향상되었다.

우리에게 부여된 시간과 능력은 한계가 있기 때문에 모든 일에 완벽을 꿈꾸는 것은 불가능하다. 모든 것을 얻으려고 노력한다면 결국엔 아무것도 얻을 수 없다. 위의 일화에 나오는 청년은 학자를 꿈꾸면서도 모든 일에서 최고가 되고 싶은 강렬한 승부욕을 버리지 못했다. 이렇듯 능력은 한정되어 있는데 집중력이 분산된다면 어떻게 꿈을 이루겠는가?

영화 〈와호장룡〉에는 이런 말이 나온다. "주먹을 쥐고 있을 때는 아무것도 가질 수 없지만 그것을 펴는 순간 모든 것을 가질 수 있다." 때때로 고집이나 편협한 사고방식, 눈앞의 작은 이익을 포기하면 오히려 더욱 많은 것을 얻을 수 있다. 포기는 일종의 해탈이며 경지이다. 더욱 큰 것을 얻으려면 포기가 필요할 때가 있다. 낚시를 즐기는 사람들은 대어를 낚으려면 훨씬 크고 군침 도는 미끼를 사용해야 한다는 사실을 알고 있다. **남보다 더 큰 성취를 거두고 싶다면 그만큼의 희생을 대가로 치러야 한다.**

앞으로 나아가야 할 방향을 선택하면, 바다에서 등대의 도움을 받아 수월하게 항구로 입항하는 배와 같다. 또 사막 한가운데서 신기루에 미혹되는 일 없이 나침반의 도움으로 순조롭게 목적지까지 가는 것과 같다. 우리의 인생에는 수많은 선택이 놓여 있으며, 앞으로 걸어가야 할 여정도 너무 길다. 조금이라도 머뭇거리거나 우유부단하면 낙오하여 인생의 실패자가 되기 쉽다. 그러므로 목표를 선택하고 명확한 방향을 올바르게 찾아가는 것은 성공의 시작이며, 좋은 시작은 절반의 성공이라고 할 수 있다.

모두 알다시피 빌 게이츠Bill Gates는 마이크로소프트사의 창업자이자 세계적인 거부이고 전 세계 젊은이들의 우상이다. 빌 게이츠는 누구보다도 선택에 탁월한 사람이었는데, 그의 일생에서 최고의 선택은 아마도 대학 자퇴였을 것이다. 어린 시절 빌 게이츠는 평범한 아이였지만 수학 과목에서는 뛰어난 성적을 나타냈다. 그는 처음 컴퓨터를 보자마자 순식간에 매료되어 밥 먹는 것조차 까먹을 만큼 컴퓨터 프로그래밍에 푹 빠져들었다.

이후 빌 게이츠는 주변 사람들의 기대를 저버리지 않고 하버드 대학 법학과에 진학했다. 그러나 컴퓨터에 대한 그의 열정은 좀체 사그라지지 않았다. 컴퓨터를 구경하기조차 어렵던 당시에 그는 이미 앞으로 퍼스널 컴퓨터가 사무실은 물론이거니와 집마다 보급될 것이라고 예견했다.

그런 확신을 바탕으로 그는 대학 3학년이 되던 해에 미련 없이 휴학계를 내던지고 친구 폴 앨런과 함께 회사를 창업했다. 바로 오늘날 거대한 소프트웨어 왕국으로 자리매김한 마이크로소프트사였다. 누구나 부러워하는 일류 명문 대학을 과감히 자퇴하고 자신이 하고 싶은 일을 하는 것은 보통의 결심이나 용기로는 엄두조차 내기 어려운 일이다. 그러나 빌 게이츠는 과감히 실행에 옮겼다.

"인생을 커다란 화재에 비유한다면 우리는 그 불길 속에서 딱 한 가지만 가지고 나올 수 있습니다." 빌 게이츠는 바로 이런 생각으로 포기해야 할 것과 선택해야 할 것을 과감히 결정하여 자신의 인생을 바꾸고 현대 문명의 대변혁을 이끌어 냈다.

선택하고 포기하는 것은 경제학에서 말하는 '기회비용' 과도 관련이 있다. 이른바 기회비용이란 어느 한 가지를 선택했을 때 포기한 것에서 얻을 수 있는 이익의 평가액評價額을 뜻한다. 매번 인생의 갈림길에서 선택할 때는 먼저 기회비용을 계산하고 나서 결정하는 것도 매우 현명한 방법이다.

인생에서 포기는 일종의 지혜로운 선택이다. 지혜롭게 선택하고 용감하게 포기할 줄 아는 사람은 후회 없는 삶의 주인공이 될 수 있다.

4장

인생의 꿈을 펼쳐라

사람은 나약하고 소심한 존재이다. 또한 무수한 실패를 하고 실수를 저지른다. 그러나 실패나 실수를 저지르는 것은 중요하지 않다. 정작 중요한 것은 이러한 경험을 자기 발전의 토대로 삼느냐 하는 것이다. 우리는 과거의 잘못이나 실수를 교훈으로 삼아서 한 단계 더 자기발전을 이룰 수 있다. 끊임없이 자신을 발전시키면서 용감하게 꿈을 주는 사람만이 무지갯빛처럼 아름다운 인생의 주인이 될 수 있다.

21_ 기회를 놓치지 마라

세상에서 가장 고귀한 사랑의 맹세도 요즘은 이벤트 상품화 되어 흔하고 유치하기까지 하다. 하지만 누구나 사랑의 고백을 떠올릴 때면 가슴 한구석이 설레고 마음이 아리는 이유는 뭘까?
"그때 그 사람을 왜 좀 더 아끼고 사랑하지 않았을까? 막상 떠나보내고 나서 얼마나 가슴을 치고 후회했는지 모른다. 만일 하느님이 한번만 더 기회를 준다면 반드시 내 마음을 고백할 텐데……."
지나가 버린 사랑에 대한 이러한 회한이나 안타까움에는 '기회'에 대한 가장 근본적인 깨달음이 담겨 있다.

우리는 바로 눈앞에 사랑이 있지만 제대로 깨닫지 못하고 소홀할 때가 많다. 한번 떠나고 나면 다시는 되돌아오지도 않는데 어리석게도 떠나보내고 나서야 가슴을 치고 후회한다. 성공 역시 마찬가지다. 선택이든 시기든, 기회든 일단 놓치고 나면 두 번 다시 주어지지 않는다. 그러므로 후회하고 싶지 않다면 절대로 기회를 놓쳐서는 안 된다. 포기하지 않고 성공을 좇는 것이 신념이라면 기회를 발견하고 쟁취하는 것은 일종의 능력이다.

대부호 러셀이 친구 랜디와 함께 어느 도시에 다다랐을 때 러셀이 말했다.

"아주 오래전에 이곳에서 사경을 헤매다 겨우 목숨을 건진 적이 있다네. 그때 마침 이 도시를 지나던 중이었는데 갑작스레 발작을 일으키면서 길거리에서 쓰러지고 말았지 뭔가? 다행히 이 도시에 사는 마음 착한 사람이 나를 발견해서 병원으로 데려다 줬네. 참 재수가 좋았지. 아주 솜씨가 뛰어난 의사가 나를 치료해 줬거든. 그런데 아쉽게도 내 목숨을 구해 준 은인들에 대해 나는 아는 것이 하나도 없다네. 이름이나 연락처를 전혀 모른 채 이곳을 떠났거든. 시간이 지나고 큰돈을 벌어서 경제적으로 여유가 생기니까 자꾸 이곳이 생각나더군. 내 목숨을 구해 준 은인들을 위해 뭐라도 보답을 해 주고 싶어서 말이야."

"그렇다면 이 도시를 위해 뭘 할 작정인가?"

"내가 가장 아끼는 보석 세 개를 이 도시에 사는 마음 착한 사람들에게 주고 싶네."

다음날, 러셀은 어느 집 앞에 가판을 깔고 반짝반짝 빛나는 보석 세 개를 펼쳐 놓았다. 그 옆에는 다음과 같은 표지판을 세웠다.

"착한 사람에게 이 진귀한 보석을 공짜로 드립니다."

그러나 행인들은 그것을 잠시 들여다볼 뿐 아무도 보석에 관심을 보이지 않았다. 하루가 지나고, 이틀, 사흘이 지나도 모두 보석을 본체만체했다. 도무지 이 상황을 이해하지 못해 곤혹스러워하는 러셀을 보고 랜디가 말했다.

"우리, 시험 삼아 이렇게 한번 해 보세."

랜디는 갈대를 한 줄기 주워 오더니 정교하게 세공한 유리 상자 안에 붉은색 융단을 깔고 그 위에 갈대를 놓았다. 그리고 표지판에 이렇게 적었다.

"갈대 한 줄기 1만 달러에 팝니다."

표지판이 세워지자마자 사람들이 구름떼처럼 몰려들었다. 그들은 호기심에 가득 찬 표정으로 갈대의 내력을 물었다. 그러자 랜디는 어느 국왕으로부터 하사받은 가보로, 부귀영화를 가져다주는 이 세상에 하나밖에 없는 갈대라고 설명했다. 놀랍게도 갈대는 8,000달러에 팔려 나갔다. 값비싼 진짜 보석은 여전히 사람들의 관심을 끌지 못하고 한쪽 구석 자리를 차지하고 있었다. 모두 반짝반짝 빛나는 보석은 그저 큐빅으로 만든 모조품으로만 여겼던 것이다.

갈대 잎을 팔고 나서 랜디가 설명했다.

"사람들은 구하기 어려운 것들에는 항상 군침을 흘리기 마련이라네. 설사 그것이 갈대 잎이라도 말이야."

그렇다. 사람들은 쉽게 얻는 것일수록 소중하게 여길 줄 모른다. 그래서 보물을 모조품으로 취급하는 어처구니없는 경우가 생기는 것이다.

성공의 기회도 마찬가지다. 바로 눈앞에 있지만 우리는 제대로 깨닫지 못하고 스쳐 지나갈 때가 많다. 기회를 얻는 첫 번째 시험은 바로 그 기회를 발견하는 법이다.

미국의 석유왕 존 데이비슨 록펠러John Davison Rockefeller가 젊은 시절 석유회사에서 일할 때였다. 학력이 변변치 못한 데다 별다른 기술도 없었던 그는 자동 용접기가 석유통 덮개를 용접하는 상태를 확인하는 일을 맡았다. 어린아이도 할 수 있을 만큼 아주 단순한 작업이었다.

록펠러는 날마다 생산 벨트 위의 석유통 덮개가, 자동 용접기에서 용접제가 떨어진 다음 벨트를 따라 이동하는 모습을 지켜봤다. 무미건조하고 따분하기 그지없는 일이어서 조금씩 지겹기 시작했다. 그러나 직장을 구하기 어려운 시기였던 만큼 그는 묵묵히 자신이 맡은 일에 최선을 다했다. 더욱 열심히 용접 상태를 관찰하고 확인했던 것이다.

당시 회사에서는 에너지 절약 프로젝트를 추진하고 있었는데, 록펠러는 자신이 맡은 작업 부문에서라도 원가를 절감할 방법을 찾아보기 시작했다. 그러다 문득 왜 자동 용접기는 석유통 덮개를 용접하는 데 용접제 서른아홉 방울을 사용하도록 설계되어 있는지 호기심이 생겼다. 세밀히 관찰해 본 결과, 서른일곱 방울만으로도 충분히 가능하다는 계산이 나왔다. 그러나 실제로 용접제 서른일곱 방울만으로는 작업이 불가능했다. 록펠러는 포기하지 않고 계속해서 테스트를 거듭한 끝에 마침내 서른여덟 방울만 사용해도 되는 용접제를 만드는 데 성공했다. 단순한 공정 하나를 고쳐서 1년에 5만 달러의 가치를 창출한 것이다.

회사 내 수많은 사람이 날마다 용접기 옆을 지나쳤지만, 그것을 유심히 관찰하고 성공의 기회를 만들어 낸 사람은 록펠러 한 사람뿐이었다. 이 한 방울의 용접제로 록펠러의 인생은 단번에 바뀌었다.

실상 일상생활에서 보잘것없는 사소한 일이라도 정성을 다하면 뜻밖의 수확을 얻을 때가 많다. 성공에는 기회가 필요하지만 기회는 씨앗을 뿌려 수확하는 것처럼 시간과 노력이 필요하다.

발명왕 에디슨Thomas Alva Edison도 이렇게 말했다. "기회는 작업복을 입고 찾아온 일감처럼 보여서 많은 사람이 이를 놓치고 만다." 철강왕 앤드류 카네기Andrew Carnegie는 또 이렇게 말했다. "좋은 기회를 만나지 못한 사람은 하나도 없다. 다만 그것을 잡지 못했을 뿐이다."

록펠러가 세운 스탠더드 오일Standard Oil 회사에는 존 아치볼드라는 말단 직원이 있었다. 그는 출장을 나갈 때마다 호텔이든 여관이든 숙박부 서명란에 반드시 이름과 함께 '한 통에 4달러, 스탠더드 오일'이라고 적었다. 그게 무슨 소용이 있느냐는 동료들의 핀잔에도 그는 자신의 사소한 일이 회사에 도움이 될지도 모른다고 고집을 피웠다. 그래서 회사 내에서 그는 '한 통에 4달러'라는 별명으로 통했다.

그러던 어느 날 그가 캘리포니아의 작은 도시로 출장을 나갔는데, 그날도 평소와 마찬가지로 숙박부에 '한 통에 4달러, 스탠더드 오일'이라고 적었다. 마침 곁에서 이를 지켜보던 신사가 그에게 이유를 물었다. 존 아치볼드는 회사에 도움이 되고 싶은 평소의 바람을 설명했다.

그 일이 있은 얼마 후 갑작스레 회장실로 불려간 존 아치볼드는 눈이 휘둥그레지고 말았다. 그때 캘리포니아의 작은 호텔에서 만난 신사가 바로 록펠러 회장이었던 것이다. 록펠러는 말단 직원임에도 회사를 위해 노력하는 존 아치볼드의 모습에 크게 감명해 그를 비서로 승진시켰다. 그리고 록펠러가 퇴임하고 나서 존 아치볼드가 스탠더드 오일 회사의 2대 회장으로 취임했다.

대부분 사람은 성공이란 깊은 산골짜기에 숨어 있는 귀한 산삼 쯤으로 생각한다. 가파른 계곡과 위험천만한 암벽을 타고 다니며 이리저리 찾아 헤매도 찾기 어려운 아주 귀한 것으로 말이다. 그러나 실상 성공은 야생화처럼 당신이 지나온 길목 곳곳에 피어 있다. 너무도 흔하고 보잘 것 없어서 지나쳐 버린 것들이 바로 성공의 기회이다.

이 세상은 항상 기회로 넘쳐나지만 정작 그것을 발견할 수 있는 예리한 관찰력과 민첩한 행동력을 두루 갖춘 사람은 그다지 많지 않다. 무릇 성공은 새로운 도전을 두려워하지 않는 용감하고 준비된 자의 몫이다. 아무런 준비를 해 두지 않은 사람은 설사 기회가 와도 그것을 붙잡을 힘이 없다. 또 도전을 두려워하는 사람은 기회 앞에서 망설이다 번번이 놓치기 일쑤다. 성공하고 싶은가? 그렇다면 과감한 행동력으로 제때에 기회를 잡아라.

22_ 기회를 발견하는 법

기회는 일상생활 곳곳에 숨어 있기 때문에 지혜롭고 현명한 통찰력을 발휘한다면 쉽게 발견할 수 있다. 그러나 안타깝게도 대부분 사람은 기회를 발견하기는커녕 하루하루 무료하고 따분한 일상을 보낸다. 만일 지혜를 알아보는 혜안이나 혹은 민첩한 행동력이 없다면 바로 앞에 있는 기회조차도 잡을 수가 없다.

린판林凡은 어린 시절 할아버지와 함께 숲으로 새를 잡으러 간 적이 있었다. 할아버지는 실이 매달린 작은 나무 막대 위로 바구니를 비스듬히 기대어 놓은 채 그 주변에 쌀알을 뿌렸다. 새들이 쌀알을 먹으러 바구니 안으로 들어오는 순간 줄을 잡아당기면 꼼짝없이 바구니에 갇히는 신세가 되는 것이었다.

린판이 수풀 뒤로 숨기가 무섭게 참새 열 마리가 바구니 주변으로 날아와 정신없이 쌀알을 쪼아 먹었다. 그 가운데 참새 여섯 마리가 바구니 안으로 들어왔지만 린판은 줄을 잡아당기지 않았다. 나머지 네 마리가 마저 바구니 안으로 들어오기를 기다렸던 것이다. 그러나 린판의 예상과 달리, 오히려 바구니 안에 있던 참새 세 마리가 밖으로 나갔다. 린판은 후회했지만, 다시 참새들이 바구니 안으로 들어가기를 기다렸다. 그러나 참새들은 다시 바구니 안으로 들어오기는커녕 나머지 한 마리마저 밖으로 나갔다. 진즉에 줄을 잡아당겼으면 참새 한 마리는 잡을 수 있었을 것이다. 린판은 그날 참새를 잡는 데는 실패했지만 중요한 삶의 이치를 배웠다. 바로 '기회'는 한번 놓치면 그만이므로 제때에 잡아야 한다는 사실이었다.

'기회'는 아무런 예고 없이 우연히 나타나서 우리의 삶에 결정적인 영향을 미친다. 대부분의 사람들은 성공한 사람들이 위대한 위업을 쌓을 수 있었던 가장 큰 이유는 누구도 쉽게 얻을 수 없는 행운의 기회를 얻었기 때문이라고 여긴다. 물론 '기회' 자체는 사람의 힘으로 통제할 수 없지만, 그렇다고 해서 그것을 얻으려는 노력조차 하지 말라는 뜻은 아니다.

이런 우스개 이야기가 있다. 어느 날 산신령이 금과 은, 동으로 각각 만든 벽돌 세 개를 사람들이 지나다니는 길가에 놓고는 나무 뒤에 숨어서 지켜보았다. 잠시 뒤 첫 번째 행인이 지나가다 벽돌을 보았다.

"이게 뭐야? 누가 사기 치려고 일부러 미끼 삼아 여기에 둔 거 잖아?"

그는 거들떠보지도 않고 지나갔다. 이어서 직장인으로 보이는 두 번째 행인이 나타났다. 휴대전화로 통화하며 바삐 걸어가던 그는 벽돌에 발이 걸려 잠시 휘청거렸지만 대수롭지 않은 듯 그냥 지나쳐 갔다. 세 번째 행인은 멍한 표정으로 벽돌을 쳐다보며 배시시 웃고는 역시 그대로 지나갔다. 안경을 쓰고 지팡이를 쥔 채 나타난 네 번째 행인 역시 벽돌을 본체만체 스쳐갔다. 다섯 번째 행인은 벽돌을 한참 동안 뚫어지게 쳐다보더니 이렇게 중얼거리며 지나갔다.

"길거리에 쓸모없는 고철덩이가 뒹굴어도 고물 장수가 집어 가는 세상인데, 이런 금은 덩어리가 버젓이 놓여 있는 걸 보면 가짜가 분명해."

다섯 명 모두 금, 은, 동으로 만든 벽돌을 그저 바라만 보고 지나갔다. 첫 번째는 머리가 지나치게 영특한 사람이었고, 두 번째는 시간에 쫓겨 주위를 돌아볼 겨를이 없는 사업가였으며, 나머지는 바보, 장님, 그리고 매사에 의심만 품고 사는 사람이었다. 사실상 우리는 일상생활에서 이처럼 수많은 '기회'를 지나치며 살고 있다. 우리 주변을 조금이라도 주의 깊게 살펴보면 쉽게 성공의 기회를 찾을 수 있는데도 말이다.

켈리는 호수에 빠진 골프공을 발견하기 전까지만 해도 난파선에서 보물을 찾는 평범한 잠수부였다. 어느 날 그는 골프공이 호수로 빠지는 장면을 목격했다. 순간 호기심이 발동한 그는 잠수복을 입고 호수로 뛰어들었다. 호수 바닥을 살피던 그는 깜짝 놀라고 말았다. 수천수만 개 정도 됨직한 골프공이 솜뭉치를 깔아 놓은 듯 호수 바닥에 가득했던 것이다. 켈리는 즉시 골프장 사장과 협의하여 골프공 1개당 10센트를 받기로 하고 골프공을 건졌다. 그날 하루 그는 골프공 2,000여 개를 주워 일주일 주급과 맞먹는 수당을 벌었다.

여기서 사업 아이템을 얻은 켈리는 호수에서 건진 골프공을 씻어서 칠을 다시 하고, 포장해서 절반 가격에 파는 사업을 시작했다. 사업이 나날이 번창하여 인근 잠수부들이 몰려들자 그는 아예 잠수부들에게 개당 8센트에 골프공을 사들여 가공 판매했다. 이렇게 해서 하루에 8만 개에서 10만 개에 달하는 골프공이 생산되기 시작했고 그의 연간 수익은 800만 달러에 달하게 되었다.

"나는 남들이 저지른 실수에서 기회를 얻었습니다."

대부분 사람은 호수에 빠진 골프공을 보고 안타까움과 한숨을 내쉬었지만 켈리는 달랐던 것이다.

삶에 대한 열정과 긍정적인 사고방식을 가진 사람에게는 항상 기회가 넘쳐 난다. 반면에 진취심도 목표의식도 없이 하루하루를 습관적으로 살아가는 사람에게는 기회는커녕 불행만 따를 뿐이다. 우리에게 부족한 것은 기회가 아니라 성공의 기회를 낚아챌 수 있는 날카로운 통찰력과 판단력, 행동력이다.

존 돌턴John Dalton은 영국의 유명한 화학자이자 물리학자이다. 흥미로운 점은 의학계에서 색맹을 돌터니즘Daltonism이라고 부르는데, 바로 존 돌턴의 이름에서 따온 말이다. 돌터니즘의 유래에는 이러한 일화가 있다.

그날은 크리스마스였다. 돌턴은 엄마에게 드릴 크리스마스 선물로 양말 한 켤레를 샀다. 엄마는 대단히 기뻐하며 선물 상자를 열었다. 상자 안에는 빨간색 양말이 들어 있었다.

"존, 너의 선물은 고맙지만, 이 빨간색은 너무 화려해서 엄마에게는 어울리지 않는단다."

"화려하다고요?"

돌턴은 이상하다는 듯 되물었다.

"짙은 파란색이 화려해요?"

"뭐라고? 존, 이 양말은 앵두처럼 빨간색이란다."

"아니에요, 엄마. 제가 직접 짙은 파란색 양말을 골랐단 말이에요."

"존, 이건 빨간색이야. 자, 보렴. 빨간색이잖니?"

돌턴은 자신의 눈에 문제가 있다는 사실을 인정할 수 없었다. 그래서 형에게 양말을 보여 주며 색깔을 물었다.

"어, 이거 파란색 맞는데."

형도 돌턴처럼 양말 색깔이 파란색이라고 말했다. 그러나 두 형제를 제외한 나머지 사람들은 한결같이 양말 색깔이 빨간색이라고 말했다.

　그제야 돌턴은 자신의 눈이 다른 사람과 다르다는 사실을 깨달았다. 시력엔 문제가 없지만 색깔을 구별하는 데 문제가 있었던 것이다. 돌턴은 이 사실을 그대로 지나치지 않았다. 나중에 어른이 되어서 자신의 체험을 기초로 수많은 연구와 조사를 진행했다. 그리고 마침내 《색맹론》이라는 과학 논문을 작성했다. 그는 인류 최초로 색맹을 발견한 동시에 최초로 공식적인 색맹 환자가 되었다. 돌턴의 연구는 그가 죽고 나서야 발견되었지만, 색맹 연구의 길을 개척한 그의 업적을 기리고자 색맹증을 '돌터니즘'이라고 부르게 되었다.

　자신의 시력이 일반 사람과 다르다는 사실을 깨달았을 때 돌턴의 기분은 어땠을까? 아마 뭐라 표현하기 어려운 공포심과 불안감에 휩싸였을 것이다. 돌턴은 색맹증을 앓았지만 결코 비탄하거나 절망하지 않았다. 대신 병의 원인을 연구 분석한 끝에 과학적 업적을 세워서 오히려 불행을 행운으로 만들었다. 그의 일화는 삶에서 부딪치는 행운이나 불행은 어디까지나 도화선에 불과할 뿐 최종적인 결과는 아니라는 사실을 깨우쳐 준다. 궁극적인 결과는 그에 대처하는 마음가짐과 노력에 따라 달라지므로 불행 속에서도 성공의 기회는 얼마든지 찾을 수 있다. 만일 돌턴이 긍정적인 사고방식과 강인한 인내심을 발휘하지 않았다면 어찌 《색맹론》과 같은 저서가 탄생했겠는가?

23_ 남들보다 더 노력하라

성공하려면 다음의 두 가지 준비가 필요하다. 첫째는 지식을 쌓아야 한다. 다방면에 걸친 해박한 지식이 없다면 성공의 기회를 발견할 수도, 붙잡을 수도 없다. 둘째는 시대에 맞는 사고방식을 갖춰야 한다. 과거의 고리타분한 전통이나 관습에 얽매여서는 기회를 놓치기 십상이다. 눈부신 속도로 변하는 현대사회에 맞춰 융통성 있고 긍정적인 사고방식을 갖춰야 한다.

중국의 최대 온라인 기업인 알리바바닷컴의 마윈馬雲 회장을 예로 들어보자. 대학을 졸업하고 어느 회사에 입사한 마윈은 한 가지 사실을 깨달았다. 동료들보다 지식이나 경험 면에서 자신이 매우 뒤떨어진다는 사실이었다. 그때부터 그는 다양한 방식으로 자기계발에 힘을 쏟았다. 업무가 산적해 눈코 뜰 새 없이 바빴지만 새로운 지식과 기술을 배우는 데 한시도 게을리하지 않았다. 그가 영업부에서 근무하던 시절이었다. 프랑스 고객과 연락을 취하는 일이 잦았는데 불어를 할 줄 모르던 그는 곤란을 겪었다. 매번 고객과 이메일이나 계약서를 주고받을 때마다 사내 통역요원의 도움을 받느라 번거로울 뿐만 아니라 업무에도 지장을 주었다. 그래서 마윈은 아예 불어를 배우기 시작했다. 이렇듯 적극적인 자기계발 덕분에 그의 업무 능력은 나날이 향상되었고 회사 내에서도 승승장구하게 되었다.

마윈 회장뿐만이 아니다. 대부분의 성공한 사람들은 끊임없는 노력으로 지식과 능력을 쌓으면서 경쟁력을 키워간다. 만일 하루에 한 시간씩 자기계발에 투자한다고 가정해 보자. 5년 후에는 그동안의 투자가 당신의 생활에 큰 변화를 가져왔다는 사실을 발견할 수 있을 것이다. 성공하고 싶다면, 풍요로운 삶을 살고 싶다면 끊임없이 노력하라. 남들보다 좀 더 많이 노력할수록 더욱 많은 것을 얻을 수 있다.

물론 남들보다 무조건 많은 시간을 투자한다고 해서 모두가 참된 노력은 아니다. 발명왕 에디슨의 일화는 좋은 사례이다. 에디슨은 평생 전구, 축음기, 전화의 송화기, 전신 자동 수신 장치 등 1,000여 가지에 이르는 발명품을 만들어 인류 생활에 크게 이바지했다.

어느 날, 평소처럼 연구실에서 실험하던 에디슨은 급한 일이 생겨 조수에게 전구의 부피를 알아내라고 지시하고 자신은 다른 일을 했다. 그런데 반나절이 지나도록 조수로부터 아무런 말이 없자 가까이 다가가 살펴본 에디슨은 그만 한숨을 내쉬고 말았다. 조수는 땀을 뻘뻘 흘리며 노트 가득 숫자를 빽빽하게 채워 가며 전구의 부피를 계산하고 있었던 것이다.

"전구 안에 물을 부으면 부피가 얼마인지 간단히 알 수 있지 않나?"

에디슨이 시킨 대로 조수가 전구의 부피를 계산해 오자 에디슨이 말했다.

"이렇게 간단하게 알아내는 방법이 있는데, 그래 반나절 내내 그걸 계산하느라 시간을 낭비했나? 그래서야 내 조수가 될 자격이 있다고 생각하나?"

조수는 그만 얼굴이 새빨개지고 말았다.

어쩌면 조수는 시간이 얼마나 걸리든 그저 전구의 부피를 계산하기만 하면 된다고 생각했는지도 모른다. 그러나 1분 1초가 금싸라기 같은 에디슨에게는 무의미한 시간 낭비였다. 단 1분도 허비할 수 없는 그에게는 맹목적인 행위의 반복이 아니라 창의적이고 자유로운 사고력을 발휘하여 효율적으로 일을 처리하는 것이야말로 참된 노력이었던 것이다.

남들보다 더 노력한다는 것은 모두 희망이 없다며 포기할 때도 절망하지 않고 끝까지 밀고 나가는 것을 의미한다.

중국 지질학계의 태두인 류둥성劉東生은 1942년 시난西南 연합대학 지질학과를 졸업하고 화석 연구에 몰두했다. 그러던 어느 날, 그는 황허 강에 인접한 싼먼샤三門峽로 학술 시찰을 나섰다. 저녁 무렵 무심코 맞은편 계곡을 바라보던 그는 이상한 점을 발견했다. 산골짜기에 가로등처럼 길게 줄을 지어선 불빛이 보였던 것이다. 호기심에 잠을 이룰 수가 없었던 그는 다음날 아침 일찍 산골짜기로 시찰을 나갔다가 깜짝 놀라고 말았다. 간밤에 그가 본 불빛은 길게 뻗은 동굴에서 나온 것이었다. 동굴 천정에 붉은색 황토로 이루어진 지층이 띠처럼 이어진 것을 발견했다. 고대에 형성된 지층으로 강수량이 많을 때는 붉은색이지만 갈수기에는 노란색으로 변해 있는 것을 알 수 있었다.

그 후 류둥성은 황토를 집중적으로 분석하며 기후 변천 과정을 연구하기 시작했다. 60년에 걸친 연구 끝에 그는 250만 년 동안의 고대 기후 변천 기록을 작성하여 지구의 기후변화 연구에 지대한 공헌을 했고, 동시에 중국 황토 연구의 선구자가 되었다. 그 공헌을 인정받아 2002년에는 환경과학 분야에서 가장 권위 있는 상을 받기도 했다.

류둥성과 관련하여 또 한 가지 일화가 있다. 1960년대 초 류둥성이 산시성陝西省의 란톈藍田으로 지질조사 활동을 나갔을 때다. 사나흘 연속 비가 내리고 난 뒤 비가 개자 그는 동료와 함께 조사 활동을 시작했다. 이때 낭떠러지 부근에서 동물 형상의 돌덩이를 발견했는데, 화석인지 단순한 돌덩어리인지 확신할 수가 없었다. 공교롭게도 날이 어두워지기 시작한 데다 길이 온통 진흙탕이라서 그는 다음날 다시 조사하기로 했다. 그러나 안타깝게도 다음날 그는 낭떠러지 부근의 돌덩이를 까맣게 잊고 말았다.

이듬해에 또 다른 지질탐사 팀이 이곳 란톈으로 조사 활동을 나섰다가 고대 원인의 화석을 발견했다. 오늘날 '남전원인藍田原人'으로 불리는 화석과 200여 개에 달하는 석기, 그리고 불을 이용한 도구가 발견되었다. 남전원인은 아시아 북부 지역에서 발견된 가장 오래된 직립 원인의 화석으로 고고학 분야에서 대단히 중요한 자료가 되었다.

2003년, 류둥성은 어느 방송국의 취재 탐방에서 과거 란톈으로 지질 탐사 활동을 나왔지만 무심코 스쳐 지나가는 바람에 남전원인 화석을 발견하지 못한 아쉬움을 토로한 적이 있다. 싼먼샤에서는 남보다 한 걸음 더 앞서 나간 덕분에 고대 기후 변천의 근거가 되는 황토를 발견할 수 있었지만, 란톈에서는 한걸음이 뒤처진 탓에 남전원인의 화석을 발견하는 역사적인 쾌거를 놓치고 말았던 것이다.

이 세상은 공평하다. 남보다 더 많은 땀을 흘리고 더 큰 노력을 대가로 치른다면 그만큼의 성과를 거둘 수 있다. 설사 당신이 원하는 결과를 얻지 못하더라도 예상치 못한 수확을 얻는다. 독일 문학의 거장 괴테Johann Wolfgang von Goethe는 한 여인을 짝사랑했

다. 그는 끝내 사랑을 얻지 못했지만 대신 자신의 경험을 토대로
《젊은 베르테르의 슬픔》이라는 걸작을 완성하여 세계적인 작가로
역사의 한 페이지를 장식할 수 있었다. 독일의 물리학자 뢴트겐
Wihelm K. Roentgen은 크룩스관으로 음극선을 연구하다가 정체 모를
방사선을 발견했다. 바로 엑스x선이었다. 그는 엑스선의 발견으로
노벨상을 받았을 뿐만 아니라 큰돈을 벌었다.

　이처럼 혼신을 쏟아 꿈을 좇는 사람에게 실패란 존재하지 않는
다. 설사 꿈을 이루지 못하더라도 그에 버금가는 부산물을 얻을 수
있기 때문이다. 성공하느냐 못하느냐의 여부는 능력과 행운도 필
요하지만, 무엇보다 끊임없는 노력이 중요하다. 새로운 것에 도전
할 수 있는 용기와 행동으로 옮기는 결단력, 포기를 모르는 인내력
만 있다면 누구나 성공을 거둘 수 있다. 씨앗도 단단한 땅을 뚫고
올라오지 못하면 결국엔 싹을 틔우지 못하고 땅속에서 썩을 수밖
에 없다. 우리의 꿈도 마찬가지다. 땅을 뚫고 나오는 노력을 기울
여야만 그에 따른 보상을 얻을 수 있다는 사실을 항상 기억하라.

24_ 세심한 관찰력을 길러라

성공에는 특별한 방식이나 법칙 따위는 없지만 뛰어난 통찰력과 세심한 관찰력이 필요하다. 평소 주변에서 일어나는 사소한 일들에 관심을 기울이고 주의 깊게 살핀다면 뜻밖의 계기나 기회를 얻을 수 있다. 가령 뉴턴Newton은 나무에서 떨어지는 사과를 보고 만유인력의 법칙을 발견했고, 제임스 와트James Watt는 주전자 뚜껑이 증기로 달그락대며 위아래로 움직이는 것을 보고 증기 기관차를 발명하게 되었다. 또한 갈릴레이Galileo Galilei는 대성당 안에 길게 늘어뜨려진 커다란 샹들리에가 흔들리는 것을 보고 추의 진동 이론을 정립했다. 사과가 떨어지고, 주전자 뚜껑이 덜거덕거리며, 샹들리에가 흔들거리는 것은 누구나 보는 현상이었지만 그들은 남다른 통찰력으로 일반 사람들이 미처 깨닫지 못한 원리를 발견하고 위대한 업적을 세웠다.

일상생활에는 수많은 일이 일어난다. 사람들의 시선을 집중시키는 일이든, 혹은 그 누구도 관심조차 기울이지 않는 대수롭지 않은 일이든 그 속에는 나름의 중요한 원리가 담겨 있다. 그러한 원리를 찾아내는 사람만이 성공할 수 있다.

오랜 옛날부터 사람들은 하늘이 왜 푸른지 무척이나 궁금하게 여겼다. 영국의 물리학자 존 레일리John William Strutt Rayleigh도 마찬가지였다. 그는 날마다 쳐다보는 하늘이 왜 푸른색인지 호기심을 갖고 연구를 시작했고 마침내 빛의 산란 이론을 정립했다. 즉, 태양빛이 대기 중을 통과할 때 짧은 파장의 빛일수록 더 많이 산란하기 때문에 하늘이 푸른빛을 띠는 것이다. 사람들이 호기심에서 끝낸 문제를 존 레일리는 끝까지 파고들어 그 원인을 밝혀낸 것이다.

크리스는 아침 일찍 출근하자마자 꽃바구니를 주문해 베티 회사로 보내고, 직접 회사의 사장인 로이드를 찾아갔다.

"사장님, 축하합니다. 회사가 나날이 발전하는군요!"

로이드는 어안이 벙벙해졌다. 회사의 주식이 나날이 고공행진하는 것은 사실이었지만 이러한 회사 정보를 크리스에게 알려 준 적이 없었기 때문이다. 여하튼 로이드는 크리스와 유쾌한 분위기에서 대화를 나누게 되었고 화제는 자연스레 업무로 이어졌다. 그리고 회사 문을 나서는 크리스의 손에는 상당한 액수의 주문서가 들려 있었다.

크리스는 베티 회사의 매출액이 나날이 늘어나는 것을 어떻게 알았을까? 해답은 전화번호부에 있었다. 그러나 대부분 영업사원은 전화번호부에 별다른 관심을 기울이지 않는다. 그저 연락을 취하고 싶은 고객의 전화번호를 찾는 것 외에는 별다른 용도가 없기 때문이다. 하물며 전화번호부에서 자사의 제품이 필요한 회사를 어찌 찾아낼 수 있겠는가?

그렇지만 실은 다들 눈치채지 못한 사실이 하나 있었다. 전화번호부는 공짜로 번호를 실어 주지 않는다. 특히 눈에 띄는 광고 면은 단가도 매우 비싸다. 바꿔 말해서 전화번호부에서 넓은 광고 면을 차지하는 회사는 대부분 매출액이 크게 늘거나 사업을 확장하는 회사라는 사실이다. 모두가 미처 깨닫지 못한 사실을 오직 크리스만이 발견한 것이다. 그는 전화번호부를 매개체로 삼아 집중적으로 영업 전략을 펼쳐 나갔고, 그의 전략은 적중했다. 이처럼 날카로운 관찰력만으로도 우리는 전혀 예상치 못한 곳에서 사업 아이템이나 성공의 기회를 찾을 수 있다.

로버트 풀턴Robert Fulton은 열 살 무렵 친구들과 함께 나룻배를 타고 강으로 낚시를 나갔다. 배에 걸터앉아 양발로 물을 통통거리며 발차기를 하던 풀턴은 무심코 손에서 노를 놓았다. 그런데 노를 젓지 않아도 발차기만으로도 배가 움직이는 것이 아닌가? 그 후 풀턴은 이때의 경험을 살려 연구를 거듭한 끝에 마침내 세계 최초의 증기선을 발명했다.

풀턴의 사례에서 보듯이 **일상에서 일어나는 사소한 일들에서 우리는 삶을 변화시켜 줄 계기를 발견할 수 있다.** 날카로운 관찰력과 지혜와 판단력을 발휘한다면 성공은 항상 당신 옆에 있을 것이다.

일본의 니시치 회사는 원래 직원이 30여 명도 채 되지 않는 작은 공장이었다. 회사 규모도 작은 데다 동종 업계 간의 경쟁이 치열해서 여러 번 파산 위기에 직면했다. 그러던 어느 날, 사장 다가와 히로시는 신문을 읽다가 일본의 한 해 신생아 수가 250만 명에 달한다는 통계 수치를 보았다. 다른 사람들은 무심히 읽고 넘어갈 정보였지만, 다가와 히로시는 여기서 기발한 사업 아이템을 발견했다.

신생아 수가 그렇게 많다면 신생아 한 명당 하루 최소 2장의 기저귀를 사용한다고 가정해도 1년 동안 최소 500만 장의 기저귀가 소비된다는 뜻이었다. 국내 시장이 그 정도 규모이면 국외 시장은 이루 말할 것이 없었다. 이처럼 기저귀는 거대한 시장 잠재력을 갖추고 있었다. 게다가 당시 대기업은 물론, 중소기업마저 기저귀를 하찮은 품목으로 취급하여 별다른 관심을 두지 않았기 때문에 동종업종 간 경쟁도 없었다.

다가와 히로시는 즉시 기저귀 생산에 돌입하여 다양한 모델의 '니시치' 기저귀를 탄생시켰다. 그는 수년 만에 국내 시장을 장악하고 나아가 세계 시장까지 진출하는 쾌거를 달성했다. 오늘날 니시치 회사는 전 세계 기저귀 생산량의 3분의 1을 차지하면서 다가와 히로시는 '기저귀 왕'으로 전 세계에 이름을 떨치게 되었다.

단순한 인구 통계에서 기발한 사업 아이템을 찾아내어 엄청난 성공을 거둔 것은 남다른 관찰력과 과감한 추진력의 결과였다. 사업가에게 정보를 수집하는 것도 중요하지만 그 정보를 즉시 자기 것으로 만드는 것은 더욱 중요하다. 사업가는 수시로 변화하는 시장 환경에 대처할 수 있는 융통성 있는 사고력과 민첩한 행동력이 필요하기 때문이다.

삶은 창조하는 것이며 동시에 발견하는 것이다. 뜻밖의 발견으로 우리의 삶은 더욱 풍성해질 수 있다. 그러려면 날카로운 관찰력이 필요한데, 날카롭고 예민한 관찰력은 천성적으로 타고날 수도 있지만 훈련을 통해서도 기를 수 있다. 당신 주변에서 일어나는 일과 일상생활에서 접하는 사물들에 관심을 기울여 보라. 그러면 조개 속에 감춰진 진주를 찾아내듯 일상생활에서 성공의 기회를 발견할 수 있을 것이다.

25_ 습관적인 사고방식에서 벗어나라

실패로 통하는 길에는 놓쳐 버린 기회들이 널려 있다. 정문으로 행복이 들어오기만을 가만히 앉아서 기다리는 사람은 정작 뒤쪽 창문으로 들어오는 행복을 놓치기 일쑤다. 일상생활에서 평소 익숙하던 것들도 새로운 관점에서 바라보면 미처 깨닫지 못한 기회를 얻을 때가 많다. 그러나 고정적인 사고방식에서 벗어나지 못한다면 영원히 실패자로 남을 수밖에 없다. 성공의 기회는 우리 주변에 널리 흩어져 있으며 누구나 공평하게 얻을 수 있다. 그런데도 기회를 얻지 못하는 것은 그것을 제대로 발견하지 못한 당신 탓이지, 남의 탓이 아니다.

우리는 성장하면서 수많은 지식과 경험을 쌓아가지만 다른 한편으로는 자신도 모르는 사이 고정적이고 관습적인 사고방식에 빠지기 쉽다. 어린 시절의 순수하고 창의적인 사고력은 어느새 사라져 버리고 관습과 고정관념이라는 색안경을 쓰고 사람과 사물을 바라보게 된다.

어느 날 퇴근하고 집으로 들어서는 아빠에게 어린 아들이 과일 칼과 사과를 내밀며 말했다.

"아빠, 사과 안에 무엇이 숨어 있는지 알아요?"

아빠는 대수롭지 않은 듯 대답했다.

"그야 물론 사과 씨앗이지."

아들은 칼로 사과를 반쪽으로 쪼개더니 흥분에 가득 찬 목소리로 말했다.

"아빠, 이것 봐요. 사과 안에 별이 숨어 있어요."

과연 아들이 쪼개서 보여 준 사과의 씨앗 부분에는 별과 같은 오각형의 특유한 문양이 있었다.

평소 사과를 먹으면서 씨앗 부위의 생김새를 유심히 살펴보는 과연 이가 얼마나 될까? 하물며 그것을 별이라고 생각하는 창의적 사고력을 갖춘 사람은 또 얼마나 될까? 이는 세상의 관습이나 고정관념에 사로잡히지 않은 순수하고 때 묻지 않는 어린아이의 눈을 통해서만 발견할 수 있는 것이다. 이렇듯 일단 전통적인 사고방식이나 관습에 길들이게 되면 일상생활의 다양한 현상들을 습관적으로만 바라보게 된다.

하늘은 누구에게나 공평하지만 당신이 손을 뻗어 찾지 않으면 성공의 기회를 얻을 수 없다. 때때로 우리는 바로 눈앞에 있는 기회를 알아보지 못하고 놓치고 나서야 땅을 치고 후회한다.

어느 부유한 노인이 있었다. 집에는 돈이 넘쳐 났지만 노인은 아들의 장래 문제로 하루도 마음이 편할 날이 없었다. 자신이 죽고 나서 아들이 유산으로 방탕하게 생활하다가 인생을 망칠까 봐 걱정되었기 때문이다. 고심 끝에 노인은 아들에게 돈 버는 방법을 가르쳐 주기로 했다.

노인은 아들을 불러 가난했던 자신이 맨손으로 어떻게 큰 부자가 될 수 있었는지, 어떤 고난과 역경을 이겨내고 지금의 성공을 거둘 수 있었는지를 들려주었다. 한번도 집을 떠나 혼자 힘으로 생활해 본 적이 없는 아들은 아버지의 성공담에 무척 감동했다. 그리하여 아버지 앞에서 당당하게 맹세했다.

"아버지, 제 힘으로 보물을 찾을 때까지 집으로 돌아오지 않겠습니다."

아들은 튼튼한 배 한 척을 준비해서 가족과 친구들의 환송을 받으며 바다로 나갔다. 거센 풍랑과 싸우며 수많은 섬을 지나 열대 우림에 도착했다. 그곳에서 아들은 희귀한 나무를 발견했다. 높이가 자그마치 10미터가 넘는데, 울창한 숲에서 단 두 그루밖에 없는 희귀한 나무였다. 아들은 일단 그 나무를 베어 두었다.

1년이 지나자 베어 두었던 나무의 겉껍질은 전부 썩고 가운데 단단하고 새까만 부분만 남았는데 아주 좋은 향기가 풍겼다. 특이한 점은 그뿐만이 아니었다. 다른 나무들과 달리 물속으로 가라앉지 않고 둥둥 떠다니는 특성이 있었다. 아들은 무릎을 치며 탄성을 질렀다.

"그래, 이것이 바로 내가 찾던 보물이었어!"

아들은 곧장 향기가 나는 나무를 짊어지고 시장으로 나갔다. 그러나 예상과 달리 아무도 그 나무를 사려고 하지 않았다. 크게 상심한 아들은 주변을 둘러보다 문득 맞은편 좌판에서 날개 돋친 듯이 팔려나가는 목탄에 눈길이 쏠렸다. 처음 시장에 나왔을 때 아들은 목탄 따위는 거들떠보지도 않았다.

"저까짓 목탄쯤이야 향기 나는 이 나무에 비하면 아무것도 아니지!"

그러나 시간이 지날수록 아들의 마음은 흔들리기 시작했다.

"목탄이 잘 팔리네? 차라리 이것도 목탄으로 만들어서 팔아볼까?"

다음 날 아들은 향기 나는 나무를 몽땅 태워서 목탄으로 만들어 시장에 내놓았다. 과연 그의 예상대로 목탄은 순식간에 동났다.

"하하하, 역시 생각을 바꾸길 잘했어!"

아들은 잔뜩 의기양양하며 목탄을 팔아 번 돈을 들고 고향으로 돌아가 아버지에게 그동안 겪었던 일들을 자랑스레 늘어놓았다. 하지만 노인은 기뻐하기는커녕 하염없이 눈물을 흘렸다.

아들이 목탄으로 만들어버린 향기 나는 나무는 이 세상에 몇 그루밖에 없는 침향목沈香木이었기 때문이다. 작은 침향목 한 덩이를 가루로 만들어 팔아도 목탄 한 수레보다 훨씬 더 많은 돈을 벌 수 있었는데 아들은 그런 사실을 새까맣게 몰랐던 것이다.

진정한 기회는 준비된 사람의 몫이다. 또 무엇을 선택하고 무엇을 포기해야 하는지 명확히 알고 있는 사람의 몫이다. 진정한 기회를 온전히 자신의 것으로 만들려면 날카로운 통찰력을 발휘하여 정확한 선택을 해야 한다. 또 모든 사람이 배척하거나 의심 어린 시선을 보내도 흔들리지 않고 자신의 선택을 굳건히 지켜나갈 수 있어야 한다. 즉, 자신만의 '침향목'을 발견했을 때 다른 사람들을 따라 목탄으로 만드는 어리석은 짓은 절대 저지르지 말아야 한다.

일상생활에서 우연히 발생하는 일들 속에 숨어 있는 기회를 찾으려면 예민한 관찰력과 창의적인 사고력이 필요하다.

골드러시가 한창일 때 어니스트 함위Ernest Hamwi는 일확천금의 꿈을 안고 이민선에 몸을 실었다. 미국에만 가면 온 사방에 황금이 깔렸을 것이라는 어니스트 함위의 환상은 단번에 깨지고 말았다. 황금은커녕 고향에서처럼 미국에서도 와플을 만들어 팔며 겨우 생계를 유지했다.

1904년 세인트루이스에서 박람회가 열리자 어니스트 함위는 와플 기구를 챙겨들고 박람회장으로 향했다. 관람객을 상대로 종이처럼 얇은 과자의 일종인 페르시아식 와플을 팔았는데 장사가 영 신통치 않았다. 반면에 옆의 아이스크림 장수는 아이스크림이 불티나게 팔려 아이스크림을 담는 그릇이 금세 바닥이 날 정도였다. 아이스크림 장수가 그릇이 없어 아이스크림을 팔지 못하자 마음씨가 착한 어니스트 함위는 와플을 원추형으로 말아 아이스크림을 담도록 해 주었다.

와플에 담긴 아이스크림은 날개 돋친 듯이 팔려나갔다. 바로 전 세계 사람들이 사랑하는 아이스크림콘이 탄생한 순간이었던 것이다. 아이스크림과 와플이 환상적인 결합을 이룬 아이스크림콘은 하루아침에 대단한 화젯거리가 되어 박람회장의 대히트 상품이 되었다.

만일 당시 와플 장수와 아이스크림 장수가 나란히 가판대를 깔고 장사를 하지 않았다면, 어니스트 함위가 기발한 발상의 전환을 하지 않았다면, 오늘날 아이스크림콘이 탄생할 수 있었을까?

감자튀김도 아이스크림콘처럼 조지 크럼이라는 인디언 요리사에 의해 우연히 탄생했다. 상류층이 모이는 뉴욕 시라토가의 한 레스토랑에서 있었던 일이다. 평소에도 까다롭기로 소문난 손님이 감자튀김을 주문했다. 막상 감자튀김이 나오자 손님은 너무 두껍다고 화를 냈다. 그래서 감자를 더 얇게 썰어 튀긴 뒤 다시 내왔지만, 손님은 여전히 감자튀김이 두껍다고 화를 냈다. 이런 상황이 반복되자 끝내 화가 폭발한 주방장 조지 크럼은 감자를 종잇장처럼 얇게 썰어 튀긴 뒤 내놓았다. 바로 바삭바삭한 포테이토칩의 시작이었다.

이렇게 발명된 포테이토칩은 인기가 좋았지만 처음에는 미국 북부 쪽에서만 유통되었다. 이후 헐먼 레이라는 세일즈맨이 포테이토칩을 봉지에 담아 팔면서 대성공을 거두었고, 오늘날에는 미국에서 포테이토칩이 1,000만 달러 이상 팔리고 있다. 일상생활의 습관이나 고정적인 사고방식을 깨뜨리는 것이 바로 성공의 시작이 된다.

습관적인 사고방식이나 고정관념은 자기 발전을 가로막는 최대의 장애물이다. 사물이나 지식을 접할 때는 기존의 고정관념을 벗어던지고 순수한 어린아이의 호기심으로 바라보라. 그러면 발상의 전환과 더불어 새로운 기회를 찾을 수 있을 것이다.

26_ 난관 속에서도 신념을 잃지 마라

신념은 힘의 원천이자 성공의 근원이다. 신념이 있는 사람은 절망 속에서도 희망을 찾을 수 있으며, 인생의 바다에서 표류하지 않고 자신이 원하는 목적지에 도달할 수 있다.

이제 갓 대학을 졸업한 농촌 출신의 청년이 있었다. 그는 어려운 살림을 쪼개 부모님이 마련해 준 자금으로 창업에 도전했다. 그러나 동업자가 회사 자금을 횡령하여 도망가는 바람에 석 달 만에 회사 문을 닫아야 했다. 분노와 후회, 좌절감에 휩싸인 청년은 죽고 싶은 마음이 간절했다.

절망 속에서 죽은 듯이 육교 위에 드러누워 있는데 신문을 파는 늙은 노파가 다가왔다.

"이보게, 신문 한 부만 사 주게나."

청년이 무의식적으로 호주머니를 뒤적이자 차가운 동전 하나가 나왔다. 그의 전 재산인 1위안元짜리 동전을 건네자 노파는 신문 한 부와 잔돈 5마오毛를 되돌려 주었다. 무심코 신문을 쳐다보던 청년은 문득 구인란에 눈길이 쏠렸다.

"본사는 패기가 넘치고 신념이 강한 인재를 찾습니다."

청년은 곧장 육교 아래 공중전화로 달려가 회사로 전화를 걸었다. 뜻밖에도 회사에서는 청년에게 면접을 보러 오라고 했다. 청년은 전화를 끊고 남은 잔돈 1마오를 챙겨든 채 무작정 회사를 찾아갔다.

회사에 도착한 청년은 사장에게 자신의 불운한 처지를 설명하며 단돈 1마오가 전 재산이라고 말했다. 그러자 사장은 호탕하게 웃으며 이렇게 말하는 것이었다.

"우리에게 필요한 것은 자네의 머릿속에 든 지혜와 패기 넘치는 젊음일세."

그 후 회사에 입사한 지 3년 만에 청년은 부사장으로 승진했고 나중에는 자산 규모가 수백만 위안에 달하는 사업체의 사장이 되었다. 지금도 청년은 당시 절망 속에 빠져 있던 그에게 1위안의 동전이 가져다준 기적을 잊지 않고 있다.

실패나 절망에 빠졌을 때 호주머니를 뒤적여 보라. 어쩌면 하늘이 당신에게 행운의 문을 열 열쇠를 남겨 놓았을지도 모른다. 좌절은 또 다른 행복의 시작이기도 하다. 강인한 인내력으로 좌절을 이겨낸다면 그 뒤에 숨겨진 새로운 인생의 기회를 개척할 수 있다. 꿈을 이룰 수 있다는 신념을 잃지 않는다면 당신은 인생의 승자가 될 것이다.

전국 장대높이뛰기 결승전이 열리고 있었다. 미키 스톤은 장대높이뛰기 선수 생애에서 가장 큰 도전에 나섰다. 장대의 높이는 17피트로 그의 최고 기록보다 3피트가 더 높았다. 이층집에 버금가는 높이를 뛰어넘는 것은 거의 불가능에 가까워 보였지만, 미키 스톤에게는 반드시 달성하고 싶은 하나의 목표였다.

미키는 어릴 때부터 하늘을 날아다니는 것이 꿈이었다. 그는 열네 살 때부터 아버지의 지도를 받으며 집중적으로 훈련했다. 역기 들기와 달리기를 하루도 빠지지 않고 연습했다. 신념과 열정으로 똘똘 뭉친 미키는 단 한 시도 게으름 피우지 않고 열심히 연습했다.

미키는 결전의 순간이 다가왔음을 알았다. 저 높이의 장대만 뛰어넘으면 올림픽 금메달을 딸 수 있었다. 그는 장대를 들고 목표를 바라보았다. 긴장과 불안감으로 가슴이 요동치자 그는 어머니가 알려준 대로 천천히 심호흡을 했다. 그러고는 힘차게 발을 구르며 달려 나갔다. 어린 시절 꿈꾸던 것처럼 하늘 높이 날아올랐다.

순간 관중석에서 우레와 같은 박수가 울려 퍼지고 맞은편 관중석에 앉아 있던 그의 부모님은 서로 얼싸안고 감격의 눈물을 흘렸다. 코치와 동료들도 달려와 그를 에워싸고 헹가래를 쳐 주었다.

경기가 끝나고 미키는 단숨에 스포츠 스타로 떠오르면서 매스컴의 스포트라이트를 독점했다. 전 국민이 열렬히 환호하며 그의 일거수일투족에 관심을 보였다. 그것은 그가 장대높이뛰기에서 금메달을 차지하고 세계 신기록을 세웠기 때문이 아니었다. 그것은 바로 미키가 시각 장애인이었기 때문이다.

미키는 시각 장애인이었지만 정상인과 똑같이 시합에 참여하여 세계 신기록을 세웠던 것이다. 비록 앞을 보지 못했지만 자신의 꿈을 포기하지 않고 장대를 들고 하늘 높이 뛰어올랐다. 강인한 신념이 있었기에 가능한 일이었다.

성공한 사람들은 한결같이 강인한 신념의 소유자로, 자신은 반드시 성공을 이룰 것이라고 확신했다. 어린 시절부터 하늘을 날고 싶은 꿈을 꾸던 미키는 혹독한 훈련을 마다하지 않고 꾸준히 노력했다. 언젠가는 꿈을 이룰 수 있다는 신념이 있었기에 신체적 장애와 고통스러운 훈련, 그리고 편하게 쉬고 싶은 온갖 유혹을 극복할 수 있었던 것이다. 다른 성공한 사람들도 마찬가지다. 꿈을 이룰 수 있다는 믿음을 원동력으로 삼아 온갖 역경과 고통을 이겨 내고 마침내 꿈을 이룬다.

우리의 가장 큰 적은 바로 자신이다. 목표를 세우기는 하지만 온갖 그럴싸한 이유를 갖다 붙이며 중도에 포기한다. 혹은 자신에게 한 맹세도 간단히 어기기 일쑤다. 용감해야 할 때 겁쟁이가 되고, 선택을 해야 할 때 과감하지 못해 결정을 미룬다. 인생에서 필요한 것은 자신의 한계를 초월할 수 있는 용기이다. 자신을 이기는 사람이야말로 진정한 영웅이며, 끝까지 신념을 지켜나가는 사람이야말로 영원한 승자이다.

27_ 과거를 잊고 새로운 미래를 맞이하라

현실에 만족하고 사는 것은 나쁘지는 않다. 그러나 인생은 길다. 우리에게는 새로운 일에 도전할 수 있는 시간이 적어도 25년에서 30여 년 가까이 된다. 그런데도 처음부터 편안하고 안일한 삶에 만족하고 산다면 앞으로 남은 인생이 얼마나 단조롭고 따분하겠는가? 현실의 삶을 과감하게 박차고 새로운 변화를 시도한다면 좀 더 아름답고 가치 있는 미래를 창조할 수 있을 것이다.

가뭄이 계속되는 어느 무더운 여름이었다. 굶주리고 갈증에 시달리던 악어 떼들이 거의 메말라 가는 작은 연못 안에 몸을 담그고 있었다. 연못물이 메말라 가기 시작하던 터라 서로 악어 떼 사이에서는 살아남기 위한 약육강식의 아수라장이 펼쳐지고 있었다. 덩치가 큰 악어가 작은 악어들을 닥치는 대로 잡아먹기 시작한 것이다. 이때 연약하지만 용감한 새끼 악어 한 마리가 과감히 연못을 떠나 미지의 땅을 향해 기어가기 시작했다. 그러나 다른 작은 악어들은 시시각각 죽음이 다가오고 있음에도 연못을 떠날 엄두조차 내지 못했다. 물이 있을지 없을지 알 수 없는 미지의 땅을 찾아나서는 것보다는 그대로 연못에 남아 있는 것이 낫다고 여긴 것이다.

그렇게 시간이 지나갔다. 가뭄이 계속되는 가운데 덩치가 큰 악어는 마지막 남은 작은 악어마저 잡아먹었다. 그리고 결국엔 바싹 마른 연못 바닥에서 굶어 죽고 말았다. 그러면 애초 연못을 떠났던 용감한 새끼 악어는 어떻게 되었을까? 새끼 악어는 여러 날을 계속해서 기어간 끝에 수풀이 울창한 오아시스를 발견했다.

무작정 힘이 센 강자라고 해서 살아남는 것은 아니다. 새끼악어는 과감히 연못을 떠났기에 오아시스를 발견하고 살아남을 수 있었다. 이는 생각이 바뀌면 운명이 바뀐다는 삶의 진리를 증명한 것이다. 인생은 본래 그렇다. 용감하게 도전하는 사람은 반드시 성공하기 마련이다. **일이든 인간관계든 자신의 꿈을 이루기 어렵다면 과감히 포기하고 새로운 변화를 시도하라. 새로운 인생이 당신을 기다리고 있을 것이다.**

홍콩 위성방송 펑황鳳凰TV의 간판 앵커 우샤오리吳小莉는 1988년 타이완 중화TV의 기자로 방송계에 첫발을 내디뎠다. 그녀가 처음으로 맡은 직무는 종일 전화기를 붙들고 기사 제보를 받는 일이었다. 열정과 패기로 똘똘 뭉쳤던 우샤오리는 자신의 임무에 최선을 다했다. 그렇게 4년의 노력 끝에 마침내 그녀는 일개 기자에서 앵커로 성장했다.

앵커의 기량을 완전히 터득하자 직장생활은 모든 것이 순탄하기만 했다. 날마다 똑같은 순서대로 다람쥐 쳇바퀴 돌 듯 반복되는 생활이 점차 따분해지기 시작했다. 생활의 유일한 즐거움이라고는 매달 받는 월급봉투뿐이었다. 그러던 어느 날, 잠자리에 누워 이런저런 생각을 하던 우샤오리는 문득 대학시절 첫 강의 때 교수가 해 준 말이 떠올랐다.

"TV 기자란 참 좋은 직업이죠. 월급도 많고 사람들에게 선망의 대상이 될 수 있으니 말입니다. 하지만 너도나도 추켜세워 주는 자리에 오래 있다 보면 발전이 없습니다. 한마디로 자기 잘난 맛에 취해서 피둥피둥 살만 찌며 낮잠만 자는 고양이가 되는 거죠."

우샤오리는 가슴이 마구 요동쳤다. 이미 일에 대한 도전 정신이나 신선한 매력을 잃어버린 지 오래였다. 이런 상태가 앞으로 계속된다면 언젠가는 쥐 한 마리조차 못 잡는 무능한 고양이 신세가 될 것 같은 불안감이 치밀었다.

1993년 우샤오리는 4년 동안 몸담았던 방송국에 과감히 사표를 제출하고 홍콩으로 건너갔다. 그리고 지금은 펑황TV의 간판 앵커로 명성을 날리고 있다. 훗날 누군가 그녀에게 물었다.

"지금 되돌아보면 당시 사표를 내고 홍콩으로 직장을 옮긴 것은 대단히 훌륭한 선택이었던 것 같습니다. 이 모든 것을 미리 내다

보고 인생을 계획했던 겁니까?"

우샤오리는 매우 솔직하게 대답했다.

"아니오. 난 초능력자도 아닐뿐더러 선견지명이 뛰어날 만큼 지혜롭지도 못합니다. 그때 나는 인생의 갈림길에 서서 두려움과 초조함에 떨었습니다. 하지만 새로운 도전을 포기하면 안 된다고 나 자신을 설득했지요."

인생은 끝없는 선택의 연속이다. 중요한 것은 선택하기 전에 신중하게 생각하되, 일단 선택하고 나면 망설이지 말아야 한다는 점이다.

"설사 내 앞에 거센 파도가 몰아친다고 해도 나의 선택을 고집했을 겁니다. 나는 살찐 고양이가 되고 싶지 않았거든요."

우샤오리의 마지막 말은 우리에게 가치 있는 인생이 무엇인지를 되돌아보게 해 준다.

10여 년 전 텔레마케팅 회사에 입사한 A가 신입사원 연수에 참여했을 때다. 강사가 칠판에 그림을 그렸다. 커다란 원 안에 한 사람이 있고 그 옆에는 집과 자동차, 친구들이 그려져 있었다.

"자, 여러분! 이 그림이 무엇을 의미하는지 알겠습니까?"

잠시 침묵이 흐르고 나서 누군가 대답했다.

"우리가 사는 세계 아닐까요?"

"그렇습니다. 이 커다란 원은 당신의 안식처입니다. 이 안에는 당신에게 가장 소중한 집과 가족, 친구, 그리고 직장이 있지요. 원

안에 들어앉아 있으면 모든 것이 안전하고 자유롭고 편안합니다. 그 어떤 위험이나 갈등도 없지요."

강사는 주위를 빙 둘러보더니 다시 물었다.

"그럼 이 원 밖으로 나온다면 어떤 일이 생길 것 같습니까?"

잠시 침묵이 흐르다가 대답들이 튀어나왔다.

"좀 무서울 것 같은데요?"

"낯선 곳에서 왠지 실수를 저지를 것 같은데요."

강사는 미소를 지으며 되물었다.

"실수를 저지르면 그 다음엔 어떻게 되는 거지요?"

"그야 물론 실수에서 경험을 배우는 거죠."

강사는 박수를 치며 말했다.

"바로 그것입니다! 익숙하고 편안한 안식처에서 벗어나 낯선 곳에 발을 딛게 되면 우리는 불안하고 불편해지고 숱한 실수를 저지르게 됩니다. 하지만 그 실수를 통해 새로운 것을 배우고 견문을 넓히면서 발전을 하지요."

강사는 다시 칠판에 그림을 그렸다. 좀 전에 그린 원 옆에 훨씬 더 큰 원을 그리고 새로운 건물과 사람들을 집어넣었다.

"만일 여러분이 각자의 안식처에만 눌러앉는다면 더 넓은 세상을 영원히 구경할 수 없습니다. 안식처를 과감히 박차고 나와야만 삶의 범위가 넓어지고 새로운 자기 발전을 통해 더욱 가치 있는 삶을 살 수 있습니다."

기존의 생활권에서 벗어나는 것은 습관이라는 족쇄를 벗어던지고 미지의 세계를 개척하는 것을 의미한다. 물론 눈앞에 어떤 세계가 펼쳐질지는 아무도 알 수 없다. 고난과 역경으로 가득 찬 실패에 부딪힐 수도 있고, 사막의 오아시스처럼 또 다른 행운과 성공의 기회를 얻을 수도 있다. 그것이 성공이든 실패든 간에 도전과 경험으로 충만한 삶은 그 자체만으로 값지다.

삶은 끊임없이 변화하고 발전해야 한다. 물론 안일한 삶은 익숙함과 편안함을 가져다주지만 결국에는 꿈과 도전 정신을 갉아먹는 족쇄가 될 수 있다. 가치 있고 참된 인생을 살고 싶다면 새로운 세계에 과감히 도전하며 끊임없이 변화하라.

28_ 아무도 가지 않는 길을 가라

1899년 아인슈타인Albert Einstein이 스위스 취리히 연방 공과대학을 다니던 시절이었다. 그는 지도교수였던 수학자 민코프스키Hermann Minkowski와 자주 어울려 과학과 철학 인생에 대해 많은 이야기를 나누었다.

그러던 어느 날, 아인슈타인이 다짜고짜 물었다.

"선생님, 어떻게 하면 과학계에서 발자취를 남길 수 있을까요?"

민코프스키는 갑작스런 질문에 할 말을 잃고 말았다.

그로부터 사흘 뒤, 잔뜩 흥분한 민코프스키가 아인슈타인을 불러냈다.

"그날 자네가 던진 질문의 해답을 찾았네!"

"그게 뭔데요?"

민코프스키는 손짓 발짓을 동원하며 한참 동안 설명했지만, 아인슈타인은 도통 이해하지 못했다. 그러자 민코프스키는 아인슈타인의 손을 잡아끌고 공사장으로 달려갔다. 이제 막 시멘트를 깔아놓은 길 위를 성큼성큼 가로질러 가자 인부들이 고래고래 고함을 질렀다. 갑작스런 선생의 태도를 이해할 수 없었던 아인슈타인이 곤혹스러워하며 물었다.

"선생님, 잘못된 길로 들어오신 것 아닙니까?"

"그래, 잘못된 길, 바로 그것일세!"

민코프스키 교수는 진지한 표정으로 말을 이었다.

"저걸 보게! 아직 단단하게 굳지 않은 땅, 즉 새로운 분야로 가야만 깊은 발자국을 남길 수 있다네. 수많은 사람이 밟고 지나간 땅은 이미 단단해져서 발자국이 찍히질 않아. 잘못된 길, 아직 아무도 가지 않은 길을 가야만 자네의 발자취를 남길 수 있네!"

아인슈타인은 크게 감복하며 소리쳤다.

"선생님, 무슨 뜻인지 이제야 알았습니다!"

그 후 아인슈타인은 스위스 베른 시에서 특허국 직원으로 근무하면서 여가를 활용해 꾸준히 물리학을 연구했다. 그리하여 스물여섯의 젊은 나이에 상대성 이론을 발표하면서 물리학에 신기원을 열었다. 그리고 인류 문명에 지대한 공헌을 한 위대한 과학자로 역사의 한 페이지를 장식하게 되었다.

민코프스키가 말한 '잘못된 길'은 아인슈타인의 무궁무진한 창의력과 탐구 정신을 자극했다. 사실 현실 생활의 곳곳에는 아직 아무도 지나가지 않은 다양한 형태의 '잘못된 길'이 있다. 그 길들은 누군가가 첫 발자국을 남겨 주기를 기다리고 있다.

대부분 사람은 유행을 좇아 우르르 떼를 지어 다닌다. 혹시라도 유행을 따라가지 못하면 혼자 뒤처질까 두려워한다. 하지만 성공한 사람들은 다르다. 남들이 뭐라 하건 오로지 자신이 흥미를 느끼는 일에만 관심을 집중한다. 모두 거들떠보지 않는 분야를 개발하고 유행을 만들어 낸다. 실패자들은 유행을 좇지만 성공한 사람들은 앞장서서 유행을 만들어 간다.

아무도 가지 않은 길은 새로운 기회를 찾을 가능성이 큰 한편, 그에 버금가는 고난과 예측 불가능한 시련이 가로놓여 있다. 그뿐만 아니라 그곳에서 기회를 얻거나 성공하게 될 것이라는 보장조차도 없다. 하지만 가능성이 있다는 것, 그 자체만으로도 충분히 도전할 가치가 있다. 꿈이 없는 인생은 불완전한 삶이며, 도전이 없는 인생은 결핍된 삶이다.

어느 시골 노인이 산속에서 땔감을 모으다가 이상하게 생긴 새끼 새 한 마리를 발견했다. 태어난 지 한 달 정도 됨직한 병아리만한 새끼 새는 아직 날갯짓조차 하지 못했다. 그래서 노인은 손자에게 주려고 새끼 새를 집으로 가져왔다.

짓궂은 개구쟁이인 노인의 손자는 새끼 새를 닭장 안에 집어넣었다. 그날 이후 새끼 새는 병아리들과 함께 암탉의 보살핌을 받으며 자라기 시작했다. 시간이 지나면서 새끼 새가 독수리라는 사실을 깨달은 가족은 걱정이 생겼다. 혹시라도 독수리가 닭을 모조리 잡아먹을지도 모른다는 생각 때문이었다. 그러나 그것은 기우에 불과했다. 병아리 시절부터 함께 자란 독수리와 닭들은 마치 형제와 자매처럼 사이가 좋았던 것이다.

그러나 마을 사람들의 생각은 달랐다. 독수리의 야생 본능이 되살아나 닭을 잡아먹는 것은 시간문제라고 여겼던 것이다. 마을 사람들의 불안은 점점 커져 급기야는 독수리를 산으로 돌려보내든지 죽이든지 둘 중 하나를 선택하라고 노인의 가족을 압박했다.

오랜 시간 독수리와 함께 생활한 노인의 가족은 차마 죽일 수가 없었다. 그리하여 독수리를 들판으로 데리고 나가 하늘 높이 날려 보냈다. 그러나 아뿔싸, 새끼 때부터 사람들에게 길든 독수리는 이틀 만에 되돌아왔다. 편안한 잠자리와 항상 먹잇감이 있는 노인의 집은 독수리에게는 그야말로 안식처였던 것이다. 노인이 독수리를 때리고 혼내며 계속해서 내쫓아도 아무런 소용이 없었다. 이때 한 이웃이 말했다.

"독수리를 내게 주시오. 다시는 못 돌아오도록 날려 보내겠소."

이웃은 독수리를 안고 인근 산꼭대기의 벼랑으로 올라갔다. 그러고는 벼랑 아래로 힘껏 독수리를 내던졌다. 벼랑 아래로 떨어지던 독수리는 어느 순간 날개를 꿈틀거리더니 곧 힘차게 날갯짓을 하며 하늘 높이 치솟아 올랐다. 널따란 창공을 날아오르던 독수리는 이제껏 느끼지 못했던 자유로움을 느꼈다. 독수리는 점차 멀리 날아갔고 다시는 되돌아오지 않았다.

우리도 독수리와 마찬가지다. 현재의 편안하고 안일한 삶을 내던지고 불확실한 미지의 세계로 도전하는 일이 어찌 쉽겠는가? 그러나 좀 더 가치 있고 성공적인 삶을 원한다면 인생의 벼랑길로 올라가 스스럼없이 뛰어내려야 한다. 그러면 푸른 창공처럼 넓디넓은 새로운 세계가 당신을 기다리고 있을 것이다.

흔히 성공은 여러 가지 형태로 나타난다. 벼랑처럼 위험하기 짝이 없는 위기의 모습으로 찾아오기도 하고, 아무도 전혀 관심을 기울이지 않거나 혹은 손사래를 흔드는 골칫거리의 모습으로 나타나기도 한다. 사실 이러한 위기나 골칫거리 문제는 그것을 받아들이는 사람의 관점에 따라 행운으로 변할 수 있다.

이와 관련하여 흔히 'V'자형 사고 즉, 전화위복轉禍爲福형 사고라는 말이 있다. 곧 걸림돌을 재도약을 위한 디딤돌로 생각하라는 뜻이다. 'V'자를 자세히 살펴보면 왼쪽의 하강 곡선은 고통과 불행을 의미한다. 그러나 바닥까지 내려갔다가 다시 치고 올라오는 오른쪽의 상승 곡선은 새로운 기회와 희망을 의미한다고 할 수 있다. 바닥은 실패해서 어쩔 수 없이 내려가는 절망의 무덤이 아니라 정상에 오르기 위해 실력을 닦고 기회를 엿보는 희망의 터전이다.

성공한 사람들은 다른 사람들이 외면하고 홀대하는 골칫거리에서 기회를 찾고 꿈을 이룬다. 아무도 가지 않는 길에 거침없이 발을 내딛기 때문에 위대한 성취를 거둘 수 있었던 것이다.

29_ 용기는 성공의 발판이다

삶은 인위적으로 물길을 바꿀 수 있는 운하가 아니다. 자신의 의지와는 전혀 무관하게 흘러가는 인생이라는 강물에서 온갖 희로애락을 경험해야만 진정한 삶의 의미를 깨닫고, 더 나아가 삶의 승자가 될 수 있다. 설사 눈앞에 가시밭길이 놓여 있고 장래가 암담하더라도 두려워하지 마라. 삶을 두려워하지 않고 끝까지 신념을 지켜가는 사람에게는 항상 희망과 성취가 따르는 법이다.

흔히 기회는 준비된 자의 몫이라는 말을 많이 한다. 하지만 그 준비에도 전제조건이 따른다는 사실을 아는가? 겁쟁이가 행운의 기회를 얻으려고 새로운 모험에 도전한다면 믿을 수 있겠는가? 용기는 신념과 집착이 한데 어우러진 것이다. 용기 있는 사람만이 새로운 도전 앞에서도 움츠리지 않고 기회를 획득할 수 있다.

"학력증명서 좀 보여 주실래요?"

인사 담당자의 묵직한 목소리는 절로 사람을 주눅이 들게 했다. 쑹자위宋佳蔚는 서둘러 학력증명서 복사본을 꺼냈다.

"원본은?"

"미안합니다만, 원본을 가져오라는 말은 없었는데요. 원본이 필요하시다면……."

상대방은 쑹자위의 말허리를 자르며 물었다.

"지원한 부서가 어디입니까?"

"비서실입니다."

"미안하군요. 비서실은 이미 채용자가 확정되었습니다."

상대방은 매몰차게 말을 끝내고는 다른 곳으로 자리를 옮겼다. 쑹자위가 어쩔 줄 몰라 하며 그 자리에 서 있자 안내원이 다가와 나직이 속삭였다.

"대단히 미안합니다. 그만 나가 주시죠."

"아, 네."

쑹자위는 예의상 미소를 지으며 그 자리를 빠져나왔다. 그날따라 푸른 하늘이 오히려 마음을 더욱 우울하게 했다. 오전 강의가 끝나자마자 버스를 타고 면접을 보러 왔는데 이렇게 보기 좋게 퇴짜를 맞다니. 벌써 여러 날 반복되는 일이었다. 취업박람회와 셀 수 없이 많은 면접 시험장을 전전하면서 이젠 퇴짜 맞는 일에도 익숙해졌다. 그런데 오늘은 유난히도 몸과 마음이 지쳐 버린 듯 힘이 하나도 없었다. 이젠 특별히 원하는 직종도 없다. 그저 일자리만 생긴다면 여한이 없을 것만 같았다.

무심코 발걸음을 옮기던 쑹자위는 조금 전에 면접장에서 있었던 일을 떠올리다 문득 떠오르는 생각이 있었다.

"잠깐만, 이미 비서를 채용했다면 왜 면접시험에 날 부른 거지? 그리고 학력증명서는 왜 달라고 한 거야?"

쑹자위는 다시 회사로 향했다. 정중하게 면접장을 노크하자 조금 전에 그를 내보냈던 안내원이 나왔다.

"미안합니다. 귀찮으시겠지만……."

이번에도 쑹자위의 말이 채 끝나기도 전에 인사 담당자의 묵직한 목소리가 터져 나왔다.

"무슨 문제 있습니까?"

무뚝뚝한 표정의 인사 담당자는 귀찮아하는 기색이 역력했다.

"어차피 여기까지 왔는데 한 번만 더 면접 기회를 주시면 안 되겠습니까?"

"비서실 신입 사원은 이미 결정됐습니다. 그러니 더 이상 면접을 볼 필요가 없지요!"

"언제 결정됐는데요?"

"오전에요."

"오전에 이미 결정됐다면 왜 저에게 면접이 취소되었다는 연락을 안 해주셨지요? 혹시 아직 보류 상태인 건 아닙니까?"

쑹자위는 이제 희망이 없다는 것을 알았지만 끝까지 질문했다. 바로 그때 정장 차림을 한 남성이 들어왔다.

"무슨 일인가?"

"아, 사장님!"

조금 전의 인사 담당자는 굽실거리며 사장이라는 사람에게 이렇게 설명했다.

"실은 오전에 비서실 직원을 이미 채용했는데 깜박 잊고 이 분에게 미리 연락하지 않아서 지금 자세한 내막을 설명하는 중입니다."

쑹자위는 이번이 마지막 기회라는 생각에 용기를 내어 사장에게 말을 건넸다.

"사장님, 처음 뵙겠습니다. 면접 취소 연락을 못 받아 이곳까지 온 것도 인연이라는 생각이 듭니다. 저에게 한 번만 면접 기회를 주시겠습니까? 어쩌면 이 회사에서 원하는 인재가 바로 저일지도 모르지 않습니까?"

사장은 미소를 지으며 흔쾌히 수락했다.

"좋습니다. 내 방으로 들어오시죠."

쑹자위는 사장과 유쾌한 대화를 나누었고 뜻밖에 비서실 직원으로 채용되는 행운을 거머쥐었다. 그리고 한참이 지난 뒤에야 쑹자위는 당시 인사 담당자가 검정고시 합격이라고 기록된 학력증명서 때문에 자신의 능력을 의심하고 면접 기회조차 주지 않았다는 사실을 알았다.

쑹자위는 가끔 사람들에게 이렇게 말한다. 운명은 예측할 수 없지만 적어도 자기 자신은 통제할 수 있다고. 당시 쑹자위가 쉽게 포기하고 집으로 돌아갔다면 어떻게 되었을까? 아마도 사장과 직접 면접할 기회는 물론이거니와 지금의 직장도 얻지 못했을 것이다. 삶은 예측 불가능한 난제들로 가득 차 있다. 그러나 용기와 집념을 잃지 않는다면 성공의 기회를 얻어 능력을 인정받고 존경받는 삶을 살 수 있다.

펠리스가 처음 패션잡지사에 입사했을 때 주변 사람들은 모두 놀랐다. 저널리스트를 꿈꾸며 뉴스에디터로 활동한 펠리스는 패션 분야에는 그야말로 일자무식이었기 때문이다. 게다가 스타일리스트에 버금가는 멋쟁이들로 가득 한 패션잡지사에서 평범하고 촌스럽기까지 한 외모의 펠리스는 전혀 어울리지 않았다. 주변 사람들의 의심 어린 시선 속에서 펠리스는 과감히 패션 세계로 뛰어들었다.

사실 편집장은 적임자를 찾을 때까지 임시로 펠리스를 채용했다. 그래서 처음부터 노골적으로 펠리스를 무시하며 관심조차 두지 않았다. 그러나 펠리스는 낙담하지 않았다. 뉴스에디터로 능력을 인정받았기 때문에 편집장 비서직은 거뜬히 해낼 자신이 있었다.

그녀는 편집장이 지시하는 업무를 완벽하게 처리했고, 때로는 기발한 아이디어를 제안해 편집장을 탄복시켰다. 물론 동료들과의 관계 형성에도 최선을 다했다. 부족한 패션 지식을 보완하여 동료들과 공통 관심사를 찾아냈고, 항상 예의 바르고 친절한 태도로 상대방의 호감을 이끌어 냈다. 꾸준한 노력 덕분에 펠리스는 직장 내에서 능력을 인정받게 되었을 뿐만 아니라 유력한 차기 편집장 후보로 꼽히게 되었다.

젊은 세대일수록 고생을 싫어하고 편안하게 즐기는 삶을 추구한다. 직업을 선택할 때도 수입이 풍부한지, 생활의 여유를 만끽할 수 있는지를 가장 중요한 기준으로 삼는다. 그래서 취업 박람회에서도 대우가 좋고 업무 스트레스가 적은 회사의 부스는 발 디딜 틈이 없을 만큼 응시자가 북적대는 한편, 힘든 기술직종의 부스는 한산하기 짝이 없다. 이제 막 인생을 시작하는 20대의 나이에 아무런 도전도 긴장감도 느낄 수 없는 안일한 생활에 안주한다면 미래는 어떻게 될까? 자기발전은커녕 사소한 위기나 역경에도 좌절하기 십상이다. 펠리스처럼 과감히 새로운 모험에 도전하는 사람만이 정상에 오를 수 있다. **성공은 위기 앞에 과감히 도전장을 내밀 수 있는 승부 근성과 용기가 있는 사람만이 거머쥘 수 있다.**

미 항공우주국NACA은 화성에 물과 같은 생명 징후가 있는지를 조사하기 위해 화성 탐사선에 탑재할 쌍둥이 화성 탐사 로봇 MER-A와 MER-B를 만들었다. 화성 탐사 로봇에 인류의 꿈과 희망을 실어 주기 위해 미 항공우주국은 전국의 학생들을 대상으로 화성 탐사 로봇의 이름을 공모했다.

1만여 개의 공모 안이 접수되었는데, 미 항공우주국은 최종적으로 소피 콜리Sofi Collis라는 아홉 살짜리 어린 소녀가 제안한 오퍼튜니티Opportunity와 스피릿Spirit을 최종적으로 선정했다. 소피는 러시아 시베리아의 고아원 출신으로 두 살 때 미국으로 입양되었다. 어릴 때부터 하늘을 날고 싶은 꿈을 키워왔던 소피는 비록 자신의 꿈은 실현하지 못했지만, 대신 자신이 명명한 두 로봇이 성공적으로 화성에 도달했다. 화성 탐사 로봇을 화성으로 보내기까지 우주 과학자들은 숱한 시행착오와 좌절에도 굴하지 않는 '용기'와 '기회'가 필요했을 것이다.

이 세상에 불가능한 일은 없다. 도전을 두려워하지 않는 용기 있는 사람은 그 어떤 위기 앞에서도 해결책을 찾아내서 헤쳐 나갈 수 있다.

5장

즉시
행동으로 옮겨라

인생은 탄력적이다. 당신이 어떻게 삶을 조각하느냐에 따라 인생은 달라진다. 긍정적인 사고방식과 강력한 추진력, 강인한 인내력이 있다면 성공적인 인생을 만들어 낼 수 있다. 지금 당신에게 필요한 것은 새로운 목표와 행동력으로 인생을 근사하게 조각하는 것이다.

30_ 적극적이고 탄력적인 삶을 살아라

남아프리카공화국 최초의 흑인 대통령이자 흑인 인권 운동가였던 넬슨 만델라Nelson Rolihlahla Mandela는 이런 말을 했다. "인생의 가장 큰 영광은 절대 넘어지지 않는 데 있는 것이 아니라 넘어질 때마다 일어서는 데 있다." 인생은 탄력적이므로 설사 고통과 역경에 부딪히더라도 기쁨으로 맞이하며 인생을 즐기라는 뜻이기도 하다.

자원賈紋은 대학시절 어느 철학 교수의 인상적인 강의를 지금도 가슴 깊이 새기고 있다.

중간고사가 끝난 어느 날이었다. 시험을 엉망으로 치른 친구가 잔뜩 의기소침해서 수업시간 내내 정신을 집중하지 못했다. 이를 주의 깊게 살펴보던 철학 교수는 친구를 불러 세웠다. 그러고는 대뜸 종이 한 장을 바닥에 던지며 이렇게 묻는 것이었다.

"저 종이는 몇 개의 운명이 있을 것 같나?"

느닷없는 질문에 당황한 친구는 한참을 멍하니 있다가 겨우 대답했다.

"그야 뭐, 쓰레기가 되어 휴지통으로 직행하겠지요."

교수는 친구의 대답이 마음에 들지 않았는지 바닥에 떨어져 있던 종이를 발로 짓밟아 짓뭉개고 나서는 다시 똑같은 질문을 했다. 친구는 기가 죽은 채 이렇게 대답했다.

"종이는 교수님이 밟아 뭉갠 탓에 진짜로 쓰레기가 됐는데, 휴지통 말고 무슨 운명이 또 있겠습니까?"

교수는 아무 말도 하지 않은 채 짓뭉개진 종이를 주워 절반으로 북 찢고 나서는 또다시 똑같은 질문을 했다. 연거푸 반복되는 교수의 질문에 강의실 안의 모든 학생도 어리둥절해진 것은 마찬가지였다. 친구는 벌겋게 달아오른 표정으로 대답했다.

"짓이겨져서 이젠 찢어지기까지 했는데, 그 종이의 운명이 쓰레기가 아니고 또 뭐가 있겠습니까?"

교수는 아무런 말도 하지 않고 찢어진 종이에 초원을 질주하는 말 한 마리를 그렸다. 교수가 아까 짓밟아서 생긴 발자국은 그럴싸한 오솔길로 변했다. 교수는 그림을 추켜올리며 친구에게 물었다.

"자, 이제 이 종이의 운명은 어떨 것 같나?"

친구는 머리를 긁적거리며 대답했다.

"교수님께서 폐지에 생명을 불어넣어 한 장의 그림으로 탄생시켜 주신 것 같습니다."

교수는 환하게 웃더니 갑자기 라이터를 꺼내 종이에 불을 지폈다. 말이 그려진 그림은 순식간에 재가 되고 말았다. 교수는 어리둥절해진 학생들을 바라보며 말했다.

"자네들도 모두 봤다시피 우리가 소극적인 태도로 대했을 때는 쓸모없는 종이 한 장에 불과했네. 설상가상 아무런 기대도, 희망도 없이 마구 짓밟고 찢었을 때는 그저 쓰레기통으로 직행할 운명만 남았었지. 하지만 그다음엔 어떻게 됐나? 포기하지 않고 종이에 생명을 불어넣어 준 결과 근사한 그림으로 기사회생하지 않았나? 우리 인간도 이 종이와 마찬가지일세. 적극적으로 대하느냐 소극적으로 대하느냐에 따라 인생이 매우 달라지지."

그렇다. 종이 한 장도 어떻게 다루느냐에 따라 쓰레기가 될 수 있고, 멋진 그림이 될 수 있고, 종이비행기가 되어 하늘 높이 날아오를 수 있다. 종이 한 장도 어떤 마음가짐으로 대하느냐에 따라 천차만별이 되는데 하물며 우리의 삶은 오죽하겠는가? **운명은 손바닥의 주름처럼 우리가 어떻게 쥐느냐에 따라 달라지는 것이다.**

삶은 이처럼 수시로 방향을 달리하며 변하는 탄성을 갖고 있다. 관건은 당신이 어떤 마음가짐으로 삶을 통제하느냐이다. 긍정적인 사고방식과 열정으로 삶을 대해 보라. 당신이 앞으로 어떻게 변할지는 아무도 예측할 수 없다. 관건은 당신이 어떻게 조정하고 통제하느냐이다.

잉쯔英姿는 7년간의 첫사랑에 실패하고 나서 홍콩으로 터전을 옮겼다. 낯선 타향인 데다 광둥어廣東語를 모르는 잉쯔에게는 일상생활의 의사소통마저 큰 문젯거리였다. 게다가 홍콩 사람들은 전반적으로 생활리듬이 빨라서 직장 내에서도 쉽게 적응하지 못해 외로움이 컸다. 처음 몇 개월은 퇴근하고 혼자 집으로 들어가는 것이 너무도 싫었다. 덜렁 침대 하나만 놓여 있는 적막한 원룸에 드러누워서 어디선가 풍겨 오는 생선 굽는 냄새를 맡을 때면 고향이 사무치게 그리웠다. 모든 것을 포기하고 고향으로 돌아가고 싶은 마음이 간절했지만, 잉쯔는 스스로 다짐했다.

"내일 새로운 태양이 떠오르듯이 지금 이 순간을 잘 넘기면 모든 것이 익숙해지고 순조로워질 거야!"

그러던 어느 날, 잉쯔는 분수대 앞에서 동료를 기다리다가 하늘 높이 치솟는 분수에 눈길이 쏠렸다. 끊임없이 솟구치는 아름다운 물기둥을 바라보며 문득 이런 생각이 들었다.

'어떻게 저 물기둥이 스러지지 않고 온전하게 형태를 유지하는 거지? 계속해서 뿜어져 나오는 물이 저 물기둥을 받쳐 주기 때문인가? 사실 상처나 좌절은 그다지 문제 될 것이 없다. 중요한 것은 그러한 상처를 내면의 힘으로 승화시키는 것이다. 끊임없이 흘러나오는 물이 분수의 물기둥을 받쳐 주는 것처럼 우리는 삶의 상처나 고통을 승화시켜 삶의 원동력으로 만들 수 있다. 그러자면

적극적인 마음가짐과 용기가 필요하다.'

이러한 사실을 깨달은 잉쯔는 용기를 갖고 새로운 마음가짐으로 생활하게 되었다. 그리하여 지금은 성공적인 직장인으로 홍콩 생활에 안착했다. 그녀는 당시 하늘로 치솟던 물기둥을 보며 적극적인 마음가짐을 배우고 삶에 대한 희망과 용기를 갖게 되었다고 회상한다. 이렇듯 관점이 바뀌면 마음가짐과 행동이 바뀌고 더 나아가 인생이 바뀐다.

인생의 가장 큰 적은 자기 자신이다. 실상 적극적인 삶을 살아가는 것은 일종의 생활 예술이다. 물 만난 고기처럼 매사 여유롭고 즐겁게 살아가는 사람이 있는가 하면, 항상 고민과 근심으로 가득 찬 사람이 있다. 그들 사이에는 결코 넘을 수 없는 큰 벽이 놓인 것 같지만 실상은 손바닥 뒤집는 것처럼 단순한 차이에 불과하다. 그것은 바로 마음가짐의 차이다.

가장 관건이 되는 순간에 행운의 기회를 잡을 수 있는가? 절망 속에서도 굴하지 않고 희망을 찾을 수 있는가? 기회가 없는 순간에도 스스로 기회를 창조할 수 있는지는 오로지 당신의 마음가짐에 달렸다. 인생은 수시로 변하며 그 인생을 만들어가는 것은 당신 자신이라는 사실을 잊지 마라.

31_ 생각을 행동으로 옮겨라

일생일대의 성공을 가져다줄 기발한 아이디어가 떠오르거나 행운의 기회가 찾아왔을 때 우리는 즉각적으로 실천에 옮기지 못해 놓치는 경우가 많다.

여기에는 게으르고 나태한 인간의 못된 본성이 크게 한몫을 한다. 이미 결정한 일도 자꾸 실행을 미루다 결국 시기를 놓치고 만다. 용기가 부족한 것도 요인 가운데 하나다. 자신감이 부족해서 새로운 변화를 두려워하다 결국엔 도태되고 만다.

영국 리버풀에서 태어난 콜레트라는 청년은 1970년대 초에 미국 하버드 대학에 입학했다. 그는 강의 시간에 알게 된 미국인 친구와 단짝이 되었다. 서로 대화도 잘 통하고 취미도 같았던 두 사람은 항상 붙어 다녔다. 대학 2학년이 되던 해에 미국인 친구는 콜레트에게 뜻밖의 제안을 했다. 함께 자퇴해서 32비트 회계 소프트웨어를 개발하자는 것이었다. 그는 소프트웨어 상의 어려운 문제를 해결했기 때문에 충분히 개발할 수 있다고 설득했다.

콜레트는 친구의 제안에 크게 당황했다. 그가 미국까지 유학 온 것은 공부하기 위해서였지, 학교를 그만두고 놀기 위해서가 아니었기 때문이다. 비트 시스템만 하더라도 박사 과정에서조차 조금밖에 가르쳐 주지 않았기 때문에 비트 회계 소프트웨어를 개발하려면 대학의 전 과정을 배울 필요가 있었다. 콜레트는 결국 완곡하게 제안을 거절했다.

그로부터 10년 후 콜레트는 하버드대학 컴퓨터학과에서 비트 방면의 박사 과정을 밟고 있었다. 그리고 당시 자퇴했던 미국인 학생은 그해 미국 〈포브스Forbes〉지에 억만장자로 등극했다. 1992년, 콜레트가 꾸준히 공부한 끝에 박사학위를 받았을 때 그 미국 청년의 재산은 월 스트리트에서 워런 버핏Warren Edward Buffett 다음으로 많은 65억 달러를 달성하면서 미국에서 두 번째 부자가 되었다.

1995년에 콜레트는 기초지식을 충분히 닦았다고 판단하고 32비트 회계 소프트웨어 연구 개발에 착수했다. 그때 그의 친구는 비트 시스템을 뛰어넘어 비트보다 1,500배나 빠른 재무 소프트웨어를 개발해 내고 단 이주일 만에 전 세계 시장을 석권했다. 그해 그는 세계 최고의 갑부가 되었는데, 바로 성공과 부의 상징이자 전 세계적으로 유명한 빌 게이츠였다.

대부분의 사람은 전문 지식을 완벽하게 갖추고 난 뒤에 도전하는 것이 옳다고 여긴다. 그러나 세계 역사를 되돌아보면 전문 지식을 완벽하게 갖추고 난 후에 발명이나 창조를 했던 사람은 많지 않다. 대부분의 성공한 사람들은 지식이 부족할지라도 일단은 목표를 세우고 실행에 옮겼다. 그리고 실천하는 과정에서 지속적으로 부족한 지식을 보완하면서 목표를 성취했다.

모두 알다시피 빌 게이츠는 하버드를 졸업하기도 전에 창업했다. 만약 그가 모든 학업 과정을 수료하고 지식을 갖추고 난 뒤에 소프트웨어 회사를 창업했다면 지금과 같은 세계적인 갑부가 될 수 있었을까?

명석한 두뇌와 단호한 판단력, 강인한 의지력을 갖춘 사람은 절대로 망설이는 법이 없다. 일단 목표를 세우면 즉시 실행에 옮긴다. 그래야만 기회를 거머쥘 수 있기 때문이다.

30년 동안 직장생활을 하면서 18번이나 해고당한 적이 있는 여성 방송인이 있다. 그럴 때마다 그녀는 좌절하지 않고 더욱 목표를 위해 매진했다.

맨 처음 미국 본토의 라디오 방송국 일자리를 찾던 그녀는 여성 방송인은 청취자를 끌 수 없다는 선입관 때문에 일자리를 구할 수 없었다. 그녀는 새로운 희망을 품고 푸에르토리코로 건너가서 3년 동안 머물면서 스페인어를 배웠다. 그 무렵 도미니카 공화국에서 반란이 일어났다. 그녀는 어느 통신사에 도미니카로 파견하여 취재할 수 있게 해 달라고 요청했지만 거절당했다. 그러자 그녀는 직접 경비를 마련해서 도미니카로 건너가 취재를 했고, 작성한 기사는 돈을 받고 팔았다.

1981년 뉴욕으로 돌아온 그녀는 어느 라디오 방송국에 입사했지만, 시대의 추세에 잘 따르지 못한다는 이유로 해고되었다. 그녀는 그 후 1년 이상을 실업자로 지내야 했다.

그러던 어느 날, NBC 라디오의 방송 관계자를 만나 자신이 구상한 새로운 토크쇼에 관해 열심히 설명했다. 상대방은 긍정적인 반응을 나타내며 그녀에게 희망을 심어 주었다.

"그런 쇼라면 방송국에서 관심을 나타낼 게 틀림없습니다."

그러나 그 방송 관계자는 얼마 후 NBC 방송국을 그만두고 말았다. 희망이 물거품으로 변했지만 이번에도 그녀는 포기하지 않았다. 또 다른 방송 관계자를 찾아가 그녀의 프로그램 구상안을 설명했지만 별다른 호응을 얻지 못했다. 그녀는 포기하지 않고 세 번째 방송 관계자를 찾아가 설득하는데, 상대방은 뜻밖의 제안을 했다. 정치 문제를 다루는 라디오 방송 쇼를 맡아 달라는 제안이었다. 정치에 대해서는 그야말로 일자무식이었지만 기회를 놓치고 싶지 않았던 그녀는 흔쾌히 제안을 받아들였다.

1982년 여름, 그녀가 진행하는 정치 관련 방송 프로그램이 전파를 타기 시작했다. 그녀는 마이크에 익숙하지 못한 자신의 서투른 모습을 숨김없이 보여 주었다. 매우 솔직하고 자연스러운 스타일을 살려 청취자들의 뜨거운 호응을 이끌어 내면서 그녀는 공중파 방송에서 '디어 애비Dear Abby'라는 이름의 유명 인사로 떠올랐다. 매일 그녀의 방송을 듣는 청취자만 전국에 수백만 명이 넘게 되었다. 그녀의 이름은 바로 샐리 제시 라파엘Sally Jessy Raphael이다.

샐리 제시 라파엘은 자신의 토크쇼로 두 번이나 에미상을 받으면서 최고의 방송인으로 자리매김했다. 지금도 미국, 캐나다, 영국에서 800만 시청자가 매일 그녀의 토크쇼를 시청한다.

샐리 제시 라파엘은 자신의 삶을 이렇게 회고한다.

"당시 나는 거의 반년마다 해고를 당했습니다. 때로는 내 인생은 이제 끝났다고 좌절도 했지요. 하지만 운명의 신은 결코 나를 쓰러뜨릴 수 없다고 스스로 용기를 북돋웠습니다. 신이 내 운명의 절반을 주관한다면 나머지 절반은 내 노력으로 얼마든지 바꿀 수 있다고 생각했지요. 그래서 마침내 나는 인생의 승자가 됐습니다."

샐리 제시 라파엘의 인생 역정은 좌절과 실패의 가시덤불 그 자체였다. 하지만 그녀는 불굴의 의지력으로 절망 속에서 희망을 찾아내고 마침내 성공을 거두었다.

"백번 듣는 것보다 한번 보는 것이 낫다."라는 말이 있다. 그 말처럼 백번 생각하는 것보다 한번 행동으로 옮기는 것이 훨씬 낫다. 성공을 결정짓는 가장 중요한 요소는 얼마나 뛰어난 능력과 안목을 갖추느냐가 아니라 과감히 실천에 옮기느냐이다. 성공하는 사람들은 대개가 적극적인 태도를 지니고 있다. 적극적인 실천

210

때문에 그들은 꿈을 실현할 수 있었던 것이다.

어느 시골 처녀가 우유통을 머리에 이고 시장으로 향하고 있었다. 처녀는 걸어가면서 여러 가지 궁리를 했다.

"우유를 팔아서 돈이 생기면 무엇을 살까? 옳지, 달걀을 사야지. 달걀을 부화시켜 병아리를 큰 닭으로 키워서 팔면 염소 새끼를 살 돈이 생길 거야. 그러면 다시 염소를 크게 키워서 내다 팔고, 대신 새끼 돼지를 사는 거야. 새끼 돼지들이 무럭무럭 크면 그걸 팔아서 아주 예쁘고 고운 옷을 사야지."

우유통을 머리에 이고 가는 처녀는 끝도 없는 상상의 나래를 펼쳤다. 생각만 해도 즐겁고 행복해서 가슴이 절로 설레였다.

"예쁜 옷을 입고 파티에 가면 동네 총각들이 나와 춤을 추자고 앞다투어 손을 내밀 거야. 그럼 어떡하지? 같이 춤을 출까? 아니야. 처음부터 손을 잡으면 나를 헤프다고 생각할 거야. 그러니까 처음에는 싫다고 해야 해. 그래, 어림도 없어! 누가 처음부터 손을 잡을 줄 알고? 흥! 어림도 없지!"

상상의 나래를 펼치던 처녀는 우유통을 머리에 이고 있다는 사실을 깜빡 잊어버린 채 세차게 머리를 흔들었다. 순간 우유통이 땅바닥으로 떨어지면서 통 속의 우유가 쏟아져 내렸다. 그와 동시에 처녀의 화려하던 꿈도 순식간에 깨지고 말았다.

이것이 바로 인생의 한 단면이다. 한 걸음 앞도 장담할 수 없으면서 온갖 계획을 세우고 미래를 꿈꾼다. 그러고는 결국 일장춘몽으로 끝날 때가 많다.

　무엇보다 중요한 것은 기회가 왔을 때 그것을 움켜쥐고 실행에 옮기는 것이다. 오로지 행동으로 옮기는 사람만이 성공의 열매를 얻을 수 있다. 눈앞에 다가온 도전의 기회를 두려움에 망설이다 놓치는 어리석음을 저질러서는 안 된다. 특히 능력이 부족하다거나 지식을 좀 더 완벽하게 갖춰야겠다는 생각 때문에 기회를 미뤄서도 안 된다. 과감한 도전과 실천 속에서 우리는 더 많은 것을 배우게 된다. 바로 그 기회를 통해서 한 단계 더 성장할 수 있다.

32_ 기회 앞에서 망설이지 마라

기회를 선택하는 것은 열매를 따는 것에 비유할 수 있다. 먹음직스러운 커다란 열매를 발견했을 때 망설이거나 그냥 지나치는 사람이 많다. 더 큰 열매가 기다리고 있을지도 모른다는 생각 때문에 말이다. 나중에 가서야 자신이 포기했던 열매가 가장 큰 열매였다는 사실을 깨닫고 땅을 치고 후회한다. 기회를 선택하는 것도 마찬가지다. 포기할 때와 선택할 때를 현명하게 판단해야만 성공을 얻을 수 있다.

고대 그리스의 철학자 소크라테스Socrates가 어느 날 제자들을 이끌고 사과나무 숲으로 들어갔다.

"자, 여기서 숲 끝까지 걸어가는 동안 나무에서 가장 큰 사과를 하나씩 따오게. 단, 조건이 있네. 절대로 왔던 길을 되돌아갈 수 없으며 선택은 오직 한 번뿐이라는 사실을 잊지 말게."

말을 마친 후 소크라테스는 숲 건너편으로 가서 제자들이 오기를 기다렸다. 잠시 후 제자들이 하나 둘 도착했다.

"모두 큰 사과들로 골라 왔겠지?"

소크라테스는 웃으며 물었다. 그러나 웬일인지 제자들은 하나같이 어두운 표정으로 선뜻 사과를 내놓지 못했다. 그때 한 제자가 용기를 내어 이렇게 말했다.

"스승님, 한 번만 더 기회를 주십시오. 숲으로 들어서자마자 제일 큰 사과가 눈에 뜨여서 냉큼 골랐는데 숲을 건너오다 보니 그보다 더 큰 사과가 있지 뭡니까?"

그러자 다른 제자가 말했다.

"전 오히려 그 반대입니다. 큰 사과가 여러 개 눈에 띄었지만 더 큰 사과가 있을 거란 생각에 따지 않았는데 숲을 다 건너올 때까지 처음 본 사과보다 더 큰 것을 찾지 못했습니다."

이에 또 다른 제자가 나서서 말했다.

"그래도 너희는 사과를 따기라도 했잖아! 난 이걸 딸까, 저걸 딸까 고민만 하다가 결국 하나도 못 땄단 말이야!"

제자들은 너도나도 입을 모아 한 번만 더 기회를 달라고 성화를 부렸다. 그러나 소크라테스는 단호하게 고개를 저으며 이렇게 말했다.

"오늘 일을 잘 기억해 두게. 인생이란 바로 이런 것이라네. 언제나 단 한 번의 선택만 주어질 뿐, 또 다른 기회는 없다는 사실을 잊지 말게."

그렇다. 인생은 원래 이런 것이다. 선택할 줄을 모르고 내내 머뭇거리기만 한다면 자연히 기회를 놓치기 마련이다. 그리고 선택한 길은 돌이킬 수 없기에 항상 신중해야 한다.

키도 작고 생김새도 평범해 그다지 학우들의 관심을 끌지 못하는 소녀가 있었다. 소녀는 항상 교실 맨 뒷자리에 앉아 책을 읽거나 글을 쓰며 혼자만의 시간을 보냈다.

어느 날, 선생님은 교과서를 읽는 소녀의 영어 발음에 깜짝 놀라고 말았다. 정확한 미국 본토 발음으로 술술 읽어내려 가는 솜씨가 보통이 아니었다. 선생님은 전국 고등학생 영어 경시대회에 소녀를 출전시키기로 했다.

그날 이후 선생님은 소녀에게 특별 지도를 했다. 목소리 톤과 발음을 교정하고, 동작 하나하나까지 세세하게 가르쳤다. 소녀도 열심히 가르쳐 준 대로 따랐지만 선생님에게는 한 가지 마음에 걸리는 점이 있었다. 소녀의 성격이 너무 내성적이라는 사실이었다. 말이 없고 수줍음 많은 이 아이가 기회를 잘 움켜쥘 수 있을지 확신할 수가 없었다.

마침내 경시 대회 날이 되었다. 일찌감치 대회장으로 나온 선생님은 맨 앞좌석에 자리를 잡고 앉아 소녀에게 당부하듯 말했다.

"절대로 긴장하지 말고 차분하게 해야 해, 알았지?"

소녀는 빨갛게 상기된 얼굴로 고개만 끄덕였다. 긴장이 역력한 소녀의 얼굴을 바라보던 선생님은 어깨를 툭툭 두드리며 자신감을 북돋아 주었다.

번호 추첨에서 소녀는 9번을 뽑았다. 공교롭게도 소녀의 앞 차례는 최근 전국 각지의 영어 경시대회를 휩쓸며 실력을 인정받은 영어 고수였다. 과연 영어 고수는 개성적이고 익살스러운 동작과 유창한 영어 실력으로 좌중을 압도했다. 그 아이는 우레와 같은 박수를 받으며 연단에서 내려왔다.

마침내 소녀의 순서가 되었다. 관중은 조금 전의 유창한 영어 연설로 흥분된 마음이 가라앉지 않은 듯, 소녀에게는 눈길조차 주지 않은 채 자기들끼리 떠들어 댔다.

눈부신 조명등 불빛 아래 연단 위에 오른 소녀는 마치 홀로 섬에 갇힌 듯 외롭고 무력해 보였다. 선생님이 모든 것이 다 끝났다고 체념한 순간, 놀라운 일이 벌어졌다. 소녀가 큰소리로 이렇게 말하는 것이었다.

"모두 주목해 주세요."

사람들은 여전히 웅성거렸다.

"여러분, 저를 주목해 주세요."

또랑또랑한 소녀의 목소리가 연거푸 터져 나왔다. 객석은 순식간에 조용해졌다. 선생님은 자신의 귀를 의심했다. 평소 개미처럼 가는 목소리에 수줍음 많던 소녀가 이처럼 또랑또랑한 목소리로 단숨에 관중을 제압할 줄 누가 알았으랴?

소녀는 매우 훌륭하게 연설을 마쳤다. 객석에서 쏟아지는 우레와 같은 박수 소리에 선생님은 자신도 모르게 뜨거운 눈물을 흘렸다.

수줍음이 많던 소녀는 그 순간 대단히 용감했다. 그 누구도 거들떠보지 않는 연단 위에서 소녀는 심각한 갈등을 했을 것이다. 그대로 연단에서 내려가느냐, 아니면 관객들을 진정시키고 연설을 시작하느냐. 소녀는 선택의 기로에서 망설이지 않고 결단을 내렸고, 그것은 매우 성공적이었다.

고대 로마 시인 마르크스 루카누스Marcus Annaeus Lucanus는 카이사르Gaius Julius Caesar와 같이 강인한 정신력의 인물을 묘사했는데, 사실상 대부분의 성공한 사람들이 이에 속한다. 이들은 다른 사람의 의견을 경청할 줄 알며 일단 결정한 일은 단호히 실행에 옮긴다. 난관이나 위기에 부딪혀도 좌절이나 포기를 모른다.

어느 회사에서 사원 모집 공고를 냈다. 높은 연봉에 매료된 수많은 구직자가 구름처럼 몰려들었다. 그 가운데는 석사 학위자도 있고 경험이 풍부한 경력자도 있었다. 구직 시험은 1차 필기시험과 3차에 걸친 구술시험을 통과한 세 사람이 최종 면접시험을 보는 방식으로 치러졌다. 최종 면접자 중 한 사람은 석사 학위 소지자, 또 한 사람은 대학 졸업생, 또 한 사람은 경험이 풍부한 경력자였다.

최종 면접시험은 사장이 직접 주관했다. 면접을 치르는 장소는 인사부의 작은 사무실로, 임시로 사용하는 공간이었기 때문에 매우 비좁았다. 면접 시간이 다가오고 나서야 면접실에 응시자가 앉을 의자가 준비되지 않았다는 것을 발견했다. 직원 한 명이 서둘러 의자를 준비하려고 하자 사장이 이를 말렸다.

"그냥 놔두게!"

첫 번째 응시자가 들어왔다. 석사 학위 소지자였다. 사장은 미소를 지으며 말을 건넸다.

"반갑군. 어서 앉게."

무심코 주변을 둘러보던 응시자는 의자가 없자 순간 당혹스러운 표정이 역력했다. 어쩔 줄 몰라 하며 망설이던 그는 상대방의 눈치를 살피며 말했다.

"괜찮습니다. 그냥 서서 면접을 보겠습니다."

그런데 사장은 미소를 지으며 이렇게 말하는 것이었다.

"괜찮네. 어서 앉게!"

순간 응시자는 멍하고 말았다. 그는 뒤를 가리키며 말을 더듬거렸다.

"저, 그, 그게……."

그제야 사장은 뭔가를 깨달은 듯 말했다.

"아, 그렇군. 직원이 깜박 잊고 의자를 준비하지 않았군. 미안하지만 그냥 서서 면접을 봐야겠네."

다음은 두 번째 응시자가 들어왔다. 이제 막 대학을 졸업한 청년이었다. 사장은 아까와 똑같은 말을 건넸다.

"반갑군. 어서 앉게."

청년 역시 의자가 없는 것을 발견하고 순간 당황했지만 금세 웃으며 말했다.

"저, 괜찮으시다면 밖에 나가서 의자 하나를 가져와도 될까요?"

사장은 환한 미소를 지었다.

"그야 물론이지. 왜 안 되겠나?"

청년은 밖으로 나가서 의자를 가져와 사장과 면접 시간을 가졌다.

마지막 응시자까지 모두 면접을 끝내고 나서 사장은 대학 졸업생을 채용하기로 했다. 이유는 간단했다.

"우리 회사는 주관이 뚜렷한 인재가 필요합니다. 제아무리 학력이 높고 경험이 풍부하더라도 독창적인 주관이 없다면 소용없습니다."

사장의 판단은 정확했다. 청년은 불과 반년 만에 사장의 비서로 고속 승진하면서 자신의 능력을 증명했다.

기회는 바람처럼 날아왔다가 순식간에 사라지기 때문에 조금이라도 망설이면 놓치기 십상이다. **기회를 잡는 데는 그에 버금가는 위험부담이 따르지만, 가만히 앉아서 기회를 떠나보내는 것보다는 훨씬 낫다.**

한 아버지가 전쟁 중에 포로로 잡힌 두 아들을 몸값을 지불하고 집으로 데려올 작정이었다. 그런데 뜻밖에도 두 아들 가운데 한 명만이 풀려날 수 있었다. 자신의 목숨과 맞바꿔서라도 아들을 구할 각오가 되어 있는 아버지는 가장 중요한 순간에 망설이기 시작했다. 도대체 누구를 살리고 누구를 죽여야 할지 선택할 수 없었던 것이다. 아버지가 결단을 내리지 못하고 머뭇거리는 사이 두 아들은 결국 사형대의 이슬로 사라지고 말았다.

기회와 선택에는 반드시 과감한 결단력이 필요하다. 성공의 기회를 놓치는 가장 큰 이유 중 하나는 제때에 결단을 내리지 못하기 때문이다.

33_ 힘을 집중하라

우리는 크고 작은 목표를 세우고 그것을 달성하기 위해 끊임없이 노력한다. 목표에 도달하기까지는 순탄한 평지가 펼쳐져 있기도 하고 혹은 험한 가시밭길이 놓여 있기도 하다. 과감한 추진력과 자신감으로 힘든 가시밭길을 애써 헤쳐 나오다가 뜻밖에 주변의 달콤한 유혹에 현혹되어 목표를 실현하지 못하는 경우도 있다. 여기에서 목표를 실현하는 데는 용기와 끈기도 필요하지만, 주변의 수많은 좌절과 유혹을 극복할 수 있는 집중력이 필요하다는 사실을 알 수 있다.

어느 날, 개구리 두 마리가 장난치고 놀다가 그만 실수로 우유통에 빠졌다. 우유통은 매우 깊어서 빠져나오려면 상당한 점프 실력이 필요했다. 개구리 두 마리는 연거푸 껑충껑충 뛰었지만 좀처럼 우유통 밖으로 나올 수 없었다. 개구리 친구들은 깔깔대고 웃으면서 우유통 속에 빠진 두 개구리를 향해 손가락질하며 놀려 댔다.

"야, 너희가 그렇게 뛰어 봤자 소용없어. 그만 포기해라."

귀가 밝은 개구리 한 마리는 친구 개구리들의 비웃음에 점점 부아가 치밀어 올랐다.

"에잇, 저 녀석들에게 본때를 보여 줘야지. 이따가 밖에 나가면 내가 그냥 두나 봐라!"

개구리는 필사적으로 풀쩍풀쩍 뛰었지만 그럴수록 온몸의 힘이 빠져나갔다. 설상가상 친구 개구리들의 비웃음에 자신감까지 잃어 결국 자포자기하고 말았다. 절망감에 빠진 채 헤엄치기를 멈춘 개구리는 곧 우유 속에 빠져 죽고 말았다.

또 다른 개구리는 귀가 먹어 친구 개구리들의 비웃음 소리가 들리지 않았다. 그래서 그저 친구들이 우유통 밖에서 자신에게 용기를 북돋아 준다고만 믿었다. 이 개구리는 반드시 살아날 수 있다는 신념으로 몸이 가라앉지 않도록 계속해서 헤엄을 쳤다.

얼마나 시간이 흘렀을까? 온 힘을 다해 발버둥치던 개구리는 놀라운 사실을 발견했다. 우유통 안을 이리저리 휘젓고 다니는 통에 우유가 버터로 변하면서 딱딱하게 굳기 시작한 것이다. 마침내 개구리는 버터를 발판 삼아 무사히 우유통에서 빠져나올 수 있었다.

귀가 먹은 개구리는 긍정적인 사고방식과 집중력, 그리고 살고자 하는 의지가 한데 어우러져 기적을 만들어 냈다. 역설적이게도, 귀가 먹은 개구리는 친구 개구리들의 비웃음을 듣지 못했기 때문에 희망을 잃지 않았다. 오히려 힘내라고 용기를 북돋아 주는 것으로 착각해 더 힘을 얻었다. 이처럼 우리는 인생을 살아가면서 때로는 장님이나 귀머거리, 벙어리가 되어야 할 때가 있다.

어떤 일을 할 때 주변의 평가를 듣게 되면 우리 마음 속에는 선입견이나 고정관념이 생겨서 순도 100%의 능력을 발휘하지 못할 때가 있다. 반면에 아무것도 모른 채 오로지 목표 하나만을 바라보고 일을 추진할 때는 그 어떤 속박도 받지 않고 그 일에만 몰두하여 놀라운 성과를 거두기도 한다.

1976년 어느 날, 독일 괴팅겐 대학에서였다. 수학 방면에 천재적 재능이 있는 청년이 저녁식사를 끝내고 교수가 내준 수학 문제를 풀고 있었다. 첫 번째와 두 번째 문제는 여느 때처럼 순조롭게 잘 풀었는데, 어찌 된 일인지 세 번째 문제는 좀체 정답을 찾을 수가 없었다. 승부욕이 발동한 청년은 이를 악물고 밤새 수학 문제와 씨름을 했다. 동이 틀 무렵, 마침내 청년은 문제를 풀어냈다.

강의 시간에 과제물을 제출하자 교수의 눈이 휘둥그레졌다. 교수는 흥분한 나머지 떨리는 목소리로 이렇게 말했다.

"자네가 정말 이걸 풀었단 말인가? 이건 고대 그리스 이래 2000년이 넘도록 풀리지 않던 난제였네. 아르키메데스Archimedes도 못 풀었고, 뉴턴Isaac Newton도 두 손 두 발 들었는데, 이걸 자네가 하룻밤 사이에 풀었단 말인가? 자네야말로 수학의 천재로구면. 사실 이건 과제로 내준 게 아닐세. 그동안 내가 연구하고 있던 거였는데 잘못해서 과제물 사이에 끼어들어 간 걸세."

그로부터 여러 해가 지나고 나서 청년은 그때의 일을 회상하며 이렇게 말했다.

"만일 그때 누군가가 나에게 그 수학문제가 2000여 년 동안 풀지 못한 난제였다고 말해 줬다면 아마도 하룻밤 사이에 그 문제를 풀지 못했을 것입니다."

그 청년은 바로 수학의 왕이라 불린 카를 프리드리히 가우스Karl Friedrich Gauss였다. 그리고 그가 푼 문제는 고대 그리스 이래 2000년 넘게 난제였던 정17각형의 작도법이었다.

그리스의 대 수학자 유클리드Euclid 이래 2000년간 삼각자와 컴퍼스만으로는 그릴 수 없다고 생각해 왔던 정17각형을 그릴 수 있다는 사실을 증명하여 대수학자로서의 면모를 보여 주었던 것이다.

애초에 그 문제가 고대 대학자 아르키메데스도 풀지 못한 난제였다는 사실을 알았다면, 일개 학생이었던 가우스가 감히 문제를 풀 엄두나 냈을까? 혹은 2000년간 풀지 못한 난제였으니 기필코 풀어서 명성을 얻겠다는 욕망이 앞섰다면 어땠을까? 아마도 성공하지 못했을 것이다. 가우스가 그 문제를 풀 수 있었던 비결은 바로 수학 문제를 풀겠다는 순수한 열정과 집중력이었다.

그리스 신화 중에 시지프스Sisyphus 이야기가 있다.

시지프스는 병에 걸린 자신을 죽음의 세계로 데려가려는 헤르

메스를 잡아 감금했다. 영혼을 저승으로 인도하는 사자 헤르메스가 일을 못하게 되자 세상에는 큰 혼란이 발생했다. 이에 제우스 신이 크게 분노하여 시지프스를 잡아 거대한 바위를 산 위로 밀어 올리는 형벌을 내렸다. 형벌은 생각만큼 단순하지 않았다. 바위는 산의 정상이 다가오는 순간, 육중한 무게를 이기지 못해 다시 바닥으로 굴러떨어졌다. 그야말로 마침표가 없는 지독한 형벌 속에서 시지프스의 몸과 마음은 나날이 지쳐만 갔다.

그러나 시지프스는 자신의 운명을 있는 그대로 받아들였다. 시지프스는 정상에 오르기가 무섭게 굴러떨어지는 바위 때문에 절망하거나 좌절하지 않았다. 언젠가는 산꼭대기로 바위를 밀어올릴 것이라고 믿었기에 바위가 다시 굴러떨어지는 것에는 개의치 않았다. 오로지 바위를 산 위로 밀어올리는 일에만 집중했다.

시지프스는 자신의 운명을 잘 알고 순응했다. 좌절하지도 않고 비탄에 빠지지도 않았다. 자신의 운명을 사명처럼 여기며 묵묵히 수행했다. 고난과 시련이 더해질수록 시지프스는 자신을 괴롭히는 바위보다 더욱 굳세고 강인하게 단련되었던 것이다.

'집중'은 어떤 특정한 목표에 모든 정신력을 쏟아붓는 것이다. 집중력을 발휘하려면 주변 환경의 영향을 받아서는 안 된다. 자신감을 갖고 편안한 마음으로 최선을 다해 일에 몰두한다면 최종적인 목표에 도달할 수 있다. 집중력과 끈기는 성공의 가장 중요한 요소이다. 특출한 재능과 능력이 있는 사람은 그다지 많지 않다. 집중력과 끈기를 갖춘 사람은 더더구나 드물다. 그래서 성공가들이 극소수에 불과한지도 모른다.

한 가지 일에 집중하는 것이 말처럼 쉬운 일은 아니지만 사회생활에서는 매우 중요한 품성이다. 일단 자신이 맡은 일에 최선을 다해 끝까지 완수한다면 때로는 운명을 바꾸는 행운을 가져다 주기도 한다.

루웨이陸偉는 대학 졸업 후 동기들과 함께 어느 무역 회사의 인턴사원으로 입사했다. 인턴사원들은 인턴 기간 내내 성실하게 일을 하면서도 한편으로는 불안감에 시달렸다. 사소한 실수라도 저질렀다가 인턴사원 평가에서 나쁜 점수를 받아 정규직으로 전환되지 못할까 봐 두려웠던 것이다. 눈 깜짝할 사이에 인턴 기간이 끝나고 회사에서는 정규 직원 발표 날짜가 다가오자 모두 초조해지기 시작했다.

퇴근 시간 무렵이었다. 인사부 담당자가 그들을 한데 모아놓고 이렇게 말했다.

"이제 인턴 기간도 끝났으니 내일 퇴근할 때 이달치 월급을 정산하고 가게!"

인턴사원들은 멍해지고 말았다. 월급을 정산하라니? 그건 내일까지만 일하고 그만두라는 말이 아닌가?

루웨이는 담담하게 현실을 받아들였다.

"그만두라면 그만둬야지. 이 회사에서 바라는 인재가 못 되나

보지."

 루웨이는 평소와 마찬가지로 맡은 업무를 처리했다. 옆자리의 장張씨가 밀린 업무를 처리하느라 허둥대는 것을 보고는 흔쾌히 도와주기까지 했다. 그러나 다른 인턴사원은 모두 손을 놓은 채 의자만 지키고 앉아 있었다. 누군가가 도움을 청하면 마지못해서 일하는 시늉만 할 뿐이었다.

 다음날은 더 안 좋은 상황이 벌어졌다. 루웨이만 정시에 출근했고 나머지는 출근 시간이 한참 지나서야 모습을 드러냈다. 그나마 각자의 물건을 챙기며 퇴사 준비를 했다. 그런 와중에 루웨이만은 평소처럼 자신의 업무를 처리하고, 전날에 작성한 보고서까지 제출했다.

 퇴근 시간이 되어 모두 사라지고 루웨이가 책상 위의 물건을 주섬주섬 챙길 때였다. 인사 담당자가 다가와 말했다.

 "지금 회사 그만두려고 짐 챙기는 건가? 아직 통지를 못 받았나 보지? 축하하네! 인턴사원 가운데 자네 혼자만 정규직으로 발탁되었네."

 어찌 된 영문인지 몰라 눈이 휘둥그레진 루웨이를 보고 인사 담당자는 자세한 설명을 해 줬다.

 "사실 자네들의 업무 능력은 별 차이가 없었네. 하지만 우리 회사에서 원하는 인재는 정규직을 얻으려고 인턴 기간을 대충 때우는 그런 사람이 아니네. 결과야 어찌 되었든 간에 자신이 맡은 일에 최선을 다하는 사람이지. 그래서 자네를 뽑았다네."

　루웨이는 여느 인턴사원들처럼 그저 정규직으로 뽑히려고 인턴 기간을 대충 때우지 않았다. 자신의 업무에 열중하며 최선을 다했기에 마침내 자기 발전의 기회를 거머쥘 수 있었다.

　한 사람의 능력은 한정되어 있기에 슈퍼맨처럼 다방면에 재주를 발휘할 수는 없다. 그래서 똑똑한 사람은 불필요한 욕심을 부리지 않고 오로지 한 가지 목표에 자신의 모든 정력을 집중한다. 이렇듯 최대한의 능력을 집중적으로 발휘하기 때문에 누구보다도 뛰어난 성취를 거두는 것이다.

34_ 인내심은 기적을 창조한다

일단 목표를 정했으면 부지런해야 한다. 끝까지 신념을 지키되 절대로 중간에 포기해서는 안 된다. 총명한 사람은 사소한 이해득실에 연연하지 않는다. 매사를 장기적인 안목에서 바라보며 일을 하기 때문에 얼핏 보기에는 무의미하거나 오히려 손해를 보는 것 같지만, 실제로는 더 큰 이익을 얻는다.

옛날에 한 농부가 있었다. 부지런한 농부는 열심히 일을 해서 많은 논과 밭, 그리고 커다란 포도밭을 장만했다. 반면에 농부의 아들들은 아버지와는 정반대로 하나같이 게으르기만 했다. 매일 빈둥거리며 이리저리 놀러만 다닐 뿐, 착실히 일을 하려고 하지 않았다. 농부는 나이가 들수록 그런 아들들이 걱정되었다.

'저 아이들을 부지런한 사람이 되게 할 수는 없을까?'

나이가 들어 노쇠해진 농부는 병으로 몸져눕게 되었다. 죽는 순간까지도 아들들 걱정을 떨칠 수 없었던 농부는 아들들을 모두 불러내어 이렇게 유언을 남겼다.

"이제 나는 곧 죽을 것 같구나. 그래서 너희에게 내가 감추어 둔 보물 이야기를 하려고 한다."

그 말에 아들들은 귀가 솔깃해져서 아버지의 말이 떨어지기를 기다렸다.

"사실은 저 포도밭에 귀중한 보물을 숨겨 놓았다. 내가 죽으면 너희가 천천히 파내어 쓰도록 하여라."

며칠 후 농부가 죽자 아들들은 당장 포도밭을 구석구석 파헤치기 시작했다. 그러나 아무리 찾아보아도 보물은 나오지 않았다. 아들들은 단념하지 않고 흙을 파헤쳤다. 그 덕분에 땅이 기름져서 포도나무가 싱싱하게 가지를 뻗어나갔다. 여름이 되자 포도나무 덩굴에는 꽃이 피고 포도송이가 맺혔다. 날이 갈수록 포도송이는 굵어져서 그 근방에서 가장 크고 탐스러운 포도를 수확할 수 있었다. 포도를 수확하여 큰돈을 벌어들인 아들들은 그제야 아버지가 말한 보물의 참뜻을 깨달았다.

이 세상은 우리가 미처 깨닫지 못한 보물로 가득 차 있다. 그것을 얻을 수 있느냐 여부는 부지런히 노력을 했느냐에 달렸다. 이 세상에 공짜가 어디 있겠는가? 열심히 일하지 않고 게으름을 피우는 사람은 부를 얻을 수 없다.

홍콩 최대 갑부 리자청李嘉誠의 창업 과정은 결코 순탄하지 못했다. 그러나 목표의식이 뚜렷했던 리자청은 숱한 실패에도 좌절하지 않고 오뚝이처럼 일어나 마침내 세계 최고의 중국인 부호가 되었다.

1950년 여름 리자청은 5만 홍콩달러를 모아 창장長江 플라스틱 공장을 세웠다. 주로 플라스틱 완구와 간단한 생필품을 만들었다. 창업 초기에는 리자청의 뛰어난 사업 감각과 철저한 신용 덕분에 사업이 번창했다. 그러나 당시 혈기왕성한 청년이었던 리자청은 장기적인 안목이 부족하여 미래에 대한 준비가 부족했다. 성급한 사업 확대로 자금이 바닥나기 시작했고, 조악한 공장 설비와 인력 부족으로 제품의 품질이 떨어지면서 사업에 심각한 영향을 미치게 되었다. 제품 불량품이 늘어나고 원자재 대금 상환 압박이 심해지면서 사면초가에 빠진 것이다.

이때 리자청은 과감한 결단을 내렸다. 국제 시장에서 플라스틱 완구 업종이 이미 포화상태에 이르러 미래 전망이 없다고 판단한 그는 시장 경쟁력을 갖춘 새로운 업종으로 전환하면서 사업을 기사회생시켰다. 그것은 바로 플라스틱 조화였다.

1950년대 중반, 유럽과 아메리카 시장에는 플라스틱 소재로 만든 조화가 열풍을 일으켰다. 사무실과 집마다 플라스틱 소재로 만든 꽃, 과일, 나무 등을 서너 개씩 놓아두는 것이 유행이었다. 리자청은 즉시 플라스틱 조화 생산에 집중하면서 그의 회사는 단번에 세계에서 가장 큰 플라스틱 조화 생산 공장으로 성장했다. 그리고 그에게는 '플라스틱 조화의 왕'이라는 별명이 붙었다.

1960년대 초반까지도 플라스틱 조화 생산 업종은 탄탄대로를 걷고 있었다. 그러나 리자청은 머잖아 이 업종이 사양길로 접어들 것이라는 사실을 예감하고 곧바로 업종을 전환하여 부동산 시장으로 뛰어들었다. 리자청은 독특한 아이디어와 개발전략으로 자신의 회사를 홍콩 최고의 부동산 개발 및 투자 업체로 발전시켰다.

1970년대 후반 홍콩 주식시장의 열기가 뜨겁게 달아오르기 시작했다. 리자청은 주식시장으로 뛰어들어 과감하고 공격적인 주식 투자로 1979년 저명한 영국 상사 '허치슨왐포아 그룹'을 인수하는 데 성공했다. 이로 말미암아 그는 영국 상사를 인수한 최초의 중국인이 되었다. 그 후 리자청은 기업 인수를 통해 계속해서 사업을 확대했고 그의 자산은 풍선처럼 부풀어 홍콩 최고의 갑부가 되었다.

인생길에서 우리는 누구나 걸림돌을 만나게 된다. 이때 난관에 부딪혀 좌절하는 사람이 있는가 하면, 포기하지 않고 융통성을 발휘하여 끝까지 목표를 달성하는 사람이 있다. 오늘날 리자청은 그의 일거수일투족이 홍콩과 아시아 경제계에 중대한 영향을 끼칠 만큼 중요한 위치에 올랐다. 그가 이처럼 위대한 성공을 이룰 수 있었던 데는 그의 과감한 결단력도 큰 몫을 했지만, 무엇보다 포기를 모르는 인내심이 있었기에 가능했다.

중국 축구에 조금이라도 관심 있는 사람이라면 쉬건바오徐根寶

라는 이름을 알 것이다. 쉬건바오는 어린 시절부터 축구를 무척이나 좋아해 아침에 눈만 뜨면 동네 청년들을 졸졸 따라다니며 축구 구경을 했다. 청년들이 마실 물을 길어 놓고 신발을 닦는 등 잔심부름은 도맡아 했지만 그는 전혀 개의치 않았다. 단 한 시간이라도 축구공을 만질 수만 있다면 무엇이든 할 수 있었다.

훗날 쉬건바오는 체육학교에 입학했는데 축구 코치의 관심을 받지 못했다. 할 수 없이 배구팀으로 옮겼지만 키가 작아서 후보 선수로 벤치나 지켰다. 이렇듯 배구팀에서 전전하면서도 쉬건바오는 결코 축구를 포기하지 않았다. 축구 경기가 열릴 때면 빠지지 않고 따라다녔다.

그러던 어느 날, 축구 경기를 끝내고 모두들 휴식을 취하고 있을 때였다. 쉬건바오가 빈 경기장에서 열심히 축구공을 갖고 혼자서 뛰어다니는 것을 바라보던 축구 코치가 다가와서 말했다.

"그렇게 축구가 좋으냐?"

쉬건바오가 고개를 끄덕이자 코치는 다시 물었다.

"축구팀으로 들어오고 싶으냐?"

애당초 쉬건바오를 축구팀에서 내쫓았던 코치였지만 그의 열정에 감복하여 다시 축구팀으로 불러들였다. 이때부터 쉬건바오의 축구 인생이 시작되었다.

훗날 쉬건바오는 방송사와의 인터뷰에서 이렇게 말했다.

"누구에게나 인생의 기회는 찾아옵니다. 중요한 것은 그 기회를 제때에 움켜쥐는 거지요. 물론 모든 일이 자기 뜻대로 술술 풀리지는 않겠지요. 하지만 꿈을 이루고 싶다면 절대로 포기해서는 안 됩니다."

쉬건바오의 인생은 그의 말 그대로였다. 그는 숱한 난관과 위기에 부딪혔지만 꿈을 포기하지 않았다. 이를 악물고 오로지 훈련에만 몰두했고 마침내 올림픽 국가대표 선수로 발탁되면서 성공가도를 달렸다. 은퇴하고 나서는 유능한 축구 코치로 다시 한번 명성을 날렸다. 국내 프로축구 시합의 우승컵을 모조리 휩쓸면서 다시 한번 그의 능력을 입증한 것이다.

강인한 인내력은 성공의 필수 요소이다. 사실 인내력을 발휘한다는 것은 말처럼 쉬운 일이 아니다. 그래서 인내력이 있느냐 없느냐에 따라 성공과 패배가 갈라지는 경우가 많다.

마라톤 대회는 가장 좋은 예이다. 출발 신호와 함께 가장 먼저 선두를 달린다고 해서 우승자가 되는 것은 아니다. 장기 레이스에 몸이 지쳐서 중도에 포기하거나 속도가 떨어져 뒤처지는 경우가 허다하기 때문이다. 대신 강인한 인내력으로 꾸준하게 속도를 유지하면서 레이스를 완주한 사람이 최후의 승리를 차지하기 마련이다.

인내력을 발휘하려면 다음과 같은 신념이 뒷받침되어야 한다. 첫째는 목표의 미래 발전 가능성에 대한 확신이고, 둘째는 자신의 실력에 대한 믿음이다. 전자를 갖추면 모든 것을 장기적 관점에서 바라보기 때문에 사소한 이해득실이나 실패에 연연하지 않고 장기전을 펼칠 수 있다. 후자를 갖추면 성공할 수 있다는 자신감과 능력이 있기 때문에 그 어떤 난관이나 위기 상황에서도 절대 포기하지 않는다. 이렇듯 강인한 인내력을 갖추고 있으면 기적을 창조할 수 있다는 사실을 결코 잊지 마라.

35_ 우물에서 빠져나와 성공을 향해 나아가라

길가의 잡초를 유심히 살펴본 적이 있는가? 딱딱한 보도블록 사이로 비죽 머리를 내밀고 온갖 벌레들의 공격에도 필사적으로 생명의 싹을 틔운다. 조물주는 잡초들에 열악한 환경 조건을 주는 대신에 온실의 화초와는 비교도 안 되는 강인한 생명력을 부여해 줬다. 바로 그러한 끈질긴 생명력으로 잡초는 단단한 콘크리트 조각을 뚫고 포근한 봄바람을 쐬며 싹을 틔운다.

성공은 끊임없는 자기발전을 통해 목표를 추구하는 자만이 얻을 수 있다. 때로는 실패 앞에서 의기소침해지고 자신감을 잃을 수도 있지만 절망할 필요는 없다. 정작 두려운 것은 실패 앞에서 그대로 주저앉는 것이다. 용기는 성공으로 향하는 통행증이다. 실패는 뼈저린 아픔을 가져다주지만 동시에 소중한 교훈을 주어 성공의 발판이 된다. 넘어졌으면 다시 일어서면 된다. 이 세상에 실패 한번 안 해 보고 성공하는 사람이 어디 있겠는가? 수십 번 수백 번 실패하더라도 성공에 대한 믿음을 잃지 않는다면 언제든지 하늘 높이 비상할 수 있다. **인생길에서 실패는 없다. 실패란 성공을 향하는 길에서 잠시 쉬었다 가는 휴식에 불과하다.**

어느 농부의 당나귀가 실수로 마른 우물 속에 빠지고 말았다. 농부는 온갖 지혜를 짜내 당나귀를 구하려고 애썼지만 소용이 없었다. 몇 시간이 지나도록 당나귀는 우물 속에서 빠져나오지 못하고 애처롭게 울어 대기만 했다. 농부는 당나귀를 포기하기로 마음먹었다. 어차피 늙어서 쓸모없는 당나귀였기에 애써 고심하면서까지 구할 필요가 없다고 여긴 것이다.

그러나 어쨌든 우물은 메워야 했기에 그는 이웃들을 불러 모았다. 우물 속의 당나귀를 흙으로 묻어 더 이상 고통을 느끼지 못하도록 해 주고 싶었다. 농부의 이웃들은 삽을 들고 와 우물 속으로 흙을 던지기 시작했다.

우물 속에 빠진 당나귀는 자신이 어떤 처지에 놓였는지를 금세 깨달았다. 공포에 질린 당나귀는 처참한 울음소리를 내는가 싶더니 이내 입을 다물었다. 당나귀가 조용해지자 호기심을 억누르지 못한 농부가 우물 속을 살펴보았다. 그는 눈앞에 벌어진 광경에 깜짝 놀라고 말았다. 사람들이 삽질하여 우물 속으로 던진 흙이 당나귀의 등에 떨어질 때마다 당나귀가 이상한 행동을 보이고 있었던 것이다. 등의 흙을 한쪽으로 털어 내고는 발로 다져서 그 위에 올라서는 것이 아닌가? 당나귀는 우물 안으로 떨어지는 흙으로 바닥을 메워 점차 위로 올라서고 있었던 것이다. 그렇게 점차 흙더미가 쌓인 덕분에 당나귀는 손쉽게 우물을 빠져나와 사람들의 놀란 표정을 뒤로 한 채 신나게 달려 나갔다.

우물에 빠진 당나귀처럼 우리는 삶의 여정 속에서 그 같은 위기 상황에 놓일 때가 있다. 당나귀 몸 위로 떨어지는 흙덩이는 바로 우리가 생활에서 부딪히는 여러 가지 곤경과 위기이다. 그러나 관점을 달리하면 그 흙덩이가 바로 성공의 디딤돌이 될 수 있다. 인내심을 갖고 그 흙들을 털어 내며 그 위로 우뚝 올라선다면, 설사 가장 깊은 우물 속에 떨어졌더라도 무사히 빠져나올 수 있다. 즉, 긍정적이고 침착한 태도로 곤경에 대처한다면 그 속에 감춰진 도움을 얻어낼 수 있다. 그리고 이 모든 것은 자기 자신에게 달렸다.

선왕푸沈望傅는 크리에이티브사의 창업자로 컴퓨터 오디오용 사운드카드 '사운드 블래스터'를 개발한 사람이다. 싱가포르에서는 '아시아의 빌 게이츠'로 불리는 입지전적 인물이기도 하다. 그러나 아시아 최고의 비즈니스맨으로 손꼽히는 그가 한때는 대학 시험에 떨어져 재수 생활을 전전했으며, 하모니카에 매료되어 하모니카 연주 팀에서 활동했다는 사실을 아는 이는 거의 없다. 이때의 경험이 그를 성공의 길로 안내했다는 사실도 말이다.

선왕푸는 싱가포르의 가난한 가정에서 태어났다. 얼마나 가난했는지 달걀을 팔아가며 학교에 다닐 정도였다. 학업 성적이 그리 뛰어나지 않았던 선왕푸는 한때 대학 시험에서 떨어져 방황했지만, 전문학교에 진학해서 전자공학을 전공했다. 이때 그는 학교의 하모니카 연주 팀에서 활동했는데 종일 하모니카를 붙들고 살 정도로 하모니카에 푹 빠졌다. 하모니카 연주는 그의 열정을 자극하고 영감을 불어넣는 역할을 했다. 당시 컴퓨터에는 사운드카드 자체가 존재하지 않던 시절이었다. 이때 선왕푸는 기발한 아이디어가 떠올랐다.

"컴퓨터로 아름다운 음악을 들을 수 있게 하면 어떨까?"

그는 즉시 실행에 옮겼고 이는 그의 인생을 바꾸는 계기가 되었다. 수차례 실패와 좌절을 거듭한 끝에 선왕푸는 마침내 세계 최초로 사운드카드를 발명하는 데 성공했다. 1981년 그는 친구 두 명과 함께 자본금 6천 달러를 들여 직원 30명을 거느린 크리에이티브 테크놀로지Creative Technology를 창업했다. 그러나 창업의 길은 순탄치 않았다. 1984년에 스테레오 사운드를 내는 12개 음성 채널을 갖춘 크리에이티브 뮤직 시스템C/MS이라는 사운드 기판을 출시했는데, 당시 컴퓨터 시장은 컴퓨터 가격이 지속적으로 하락하는 한편 제조원가는 상승하는 악조건의 상황이었다. 소규모 신생업체에 불과한 크리에이티브 테크놀로지는 거대 컴퓨터 전문 업체와의 시장 경쟁에서 살아남기가 어려웠다.

선왕푸는 과감한 결단을 내렸다. 컴퓨터 부품 생산을 포기하는 대신 사운드카드 연구 개발에 박차를 가한 것이다. 그 결과 1987년 전 세계 사운드카드의 대명사격인 사운드 블래스터를 개발하는 데 성공해 그는 멀티미디어 업계의 총아로 떠올랐다.

싱가포르 시장에서 사운드 카드가 불티나게 팔려나갈 때 선왕푸의 눈길은 대서양 건너편의 미국 시장에 쏠려 있었다. 그는 미국으로 건너가 공격적인 마케팅을 진행하면서 미국 시장을 개척하는 데 성공했다. 선왕푸의 뛰어난 경영 전략 덕분에 회사의 순이익과 직원 수가 해마다 3배씩 증가하는 비약적인 발전을 거듭했다. 크리에이티브 테크놀로지는 싱가포르 업체로는 최초로 미국 뉴욕 나스닥 증시 상장에 성공했다. 또 IBM, 인텔 등 전 세계 50여 개국에 제품을 수출하면서 미국과 유럽 시장의 60%를 점유하면서 세계 컴퓨터 시장에서 독보적인 위치를 차지하게 되었다. 경제주간지 〈비즈니스 위크Businessweek〉도 그를 이후 50년간 아시아를 이끌어 나갈 '아시아의 스타' 로 선정했다.

싱가포르의 전 총리 우쭤둥吳作棟은 세계에서 가장 작은 나라 국민으로서 덩치 큰 나라에 이기려면 '21세기 지식 경제 모델' 인 선왕푸의 승부욕을 본받아야 한다며 그를 '나라의 영웅' 으로 치켜세웠다.

그는 그야말로 온몸으로 지독한 '승부욕' 을 증명한 사람이다. 당초 선왕푸가 사운드카드 개발에 매달리고 있을 때 주변 사람들은 '미친놈' 이라고 손가락질하며 비웃었지만, 그는 절대 포기하지 않았다. 또 제품을 출시하고 나서 시장 경쟁에 밀려 도산 위기에 몰렸을 때 모두 포기하라고 권했지만 그는 흔들리지 않았다. 대신 이를 악물고 난관을 하나하나 헤쳐 나갔다. 1996년에 크리에이티브 테크놀로지의 CD-ROM 드라이브 생산 계획이 실패로 좌절되면서 순식간에 5억 달러 이상의 손실이 발생했고 주가는 곤두박질쳤다. 모두 회사가 망할 것이라고 예상하고 적잖은 직원들이 사표를 제출했다.

이때 선왕푸는 위기 앞에서 또다시 초인적인 용기와 투지력을 발휘했다. 과감하게 구조조정을 단행해 회사의 비용을 줄이는 한편, 사운드카드 생산과 제품 업그레이드에 모든 역량을 쏟아부었다. 이를 토대로 현재 크리에이티브 테크놀로지는 연간 10억 달러 이상의 영업 이익을 창출하고 직원 수천 명을 보유한 대기업으로 발돋움했다. 미국과 중국, 유럽 각지에서 공장을 가동하며, 통계 집계에 따르면 전 세계 75% 이상의 컴퓨터에 크리에이티브 테크놀로지의 사운드카드가 장착되어 있다.

난관에 부딪혔을 때 자신의 운수가 사납다거나 혹은 세상이 인재를 못 알아본다는 등의 자책이나 푸념은 소용없다. 이는 어디까지나 시간 낭비, 정력 낭비에 불과하다. 이 세상의 모든 사물은 양면성을 지니고 있다. 가령 고통은 사람을 괴롭게 만들지만 고통을 통해 더욱 성숙한 인간으로 발전할 수 있으니 결코 나쁜 것이 아니다. 쓴맛을 모르면 단맛을 모르듯 난관을 헤치고 나가야만 한 단계 더 발전할 수 있다. 눈앞의 난관이나 위기상황은 자신을 단련시키는 과정이라 여기며 의연하게 도전하라. 당신을 가로막는 난관이나 장애물을 하늘이 내려 준 특별한 선물이라고 여기는 것도 의연한 삶의 태도라고 할 수 있다.

중요한 것은 난관에 부딪혔을 때 굴복하지 않고 헤쳐 나갈 수 있는 강인한 인내력을 갖는 것이다. 인간은 자연뿐만 아니라 미래까지도 바꿀 수 있는 위대한 잠재력을 갖추고 있다. 하물며 눈앞의 사소한 위기나 난관은 말해 무엇하겠는가? 오로지 포기하지 않고 꾸준히 노력한다면 성공을 거둘 수 있다.

바위를 뚫는 물방울처럼 중도에 포기하지 않고 계속해서 나아간다면 성공은 당신의 몫이다. 지금 마른 우물 속에 갇혀 있다면 흙더미를 딛고서 빠져나오라.

36_ 평범한 인생에서 특별한 인생으로

평범하기 짝이 없는 인생을 어떻게 하면 특별한 인생으로 만들 수 있을까? 그것은 앞을 내다보는 뛰어난 안목과 제때에 기회를 거머쥐는 민첩성, 그리고 목표를 향해 꾸준히 노력하는 인내력에 달렸다.

영국 여류 작가 샬럿 브론테Charlotte Bronte가 《제인 에어Jane Eyre》로 명성을 얻기 전이었다. 그때까지만 해도 누구도 그녀가 대작가가 될 것이라고는 상상조차 하지 못했다. 샬럿 브론테는 어린 시절부터 뛰어난 글 솜씨를 자랑하며 작가를 꿈꿨지만, 주변 사람들은 모두 그녀를 비웃었다. 그의 아버지는 여자가 작가가 되는 것은 사서 고생하는 것이니, 편안하게 살고 싶으면 평범한 직업을 선택하라고 타이를 정도였다.

그러나 샬럿 브론테는 꿈을 포기하지 않았다. 당시 계관시인 로버트 사우디Robert Southey에게 자신이 쓴 시를 보내 강평을 요청했다. 그러나 두 달 후, 그녀의 바람과는 달리 우울한 답신이 날아왔다. 로버트 사우디는 샬럿 브론테의 작품 자체에 대해서는 전반적으로 호평했지만 다음과 같은 우려 섞인 충고를 덧붙였던 것이다.

"당신이 습관적으로 빠져드는 백일몽들은 불안정한 정신 상태를 자아내기가 쉽습니다. 문학은 여자의 일이 아니며 여자의 일이 되어서도 안 됩니다. 여자로서 본연의 임무에 열중할수록 문학을 할 여가는 줄어들 것입니다."

이와 같은 충고에 샬럿 브론테는 이렇게 답했다.

"제 이름이 인쇄되는 것을 보리라는 야심은 결코 없습니다. 저녁 무렵이면 상념에 잠기는 것이 사실이지만 결코 다른 사람에게 폐를 끼치는 일은 하지 않습니다. 아버지의 권고에 따라 저는 여성으로서의 임무를 충실히 수행할 뿐 아니라 깊은 관심을 기울이려고 애쓰지만, 좀처럼 소용이 없습니다. 바느질할 때면 책을 읽거나 글을 쓰고 싶은 마음이 간절해지니까요."

여성이 작가가 되는 것에 대한 당시의 시대적 통념이 얼마나 부정적이었는지 잘 나타내 주는 일화다.

샬럿 브론테는 주위 사람들의 냉담한 시선과 사회의 부정적 통념에 부딪혀도 절대 좌절하지 않았다. 문학에 대한 열정과 능력으로 기필코 문단에 설 수 있을 것이라 믿었다. 굳은 신념으로 창작에 몰두한 그녀는 마침내 장편소설 《제인 에어》, 《교수The Professor》

등을 발표하면서 유명 여류 작가가 되었다.

샬럿 브론테가 평범한 인생에서 특별한 인생의 주인공이 될 수 있었던 비결은 무엇일까? 첫째로 그는 자신이 가장 좋아하는 일을 목표로 선택했다. 좋아하는 일이었던 만큼 모든 열정을 쏟아부을 수 있었던 것이다. 둘째, 불굴의 집념으로 온갖 장애물을 극복하고 끝까지 목표를 포기하지 않았다. 당시 주변의 냉대나 사회 통념에 사로잡혀 꿈을 포기했다면 아마 《제인 에어》라는 명작은 탄생하지 못했을 것이다.

발터 그로피우스Walter Gropius는 세계적 건축가로 현대 조형 예술의 산실인 바우하우스Bauhaus학원을 설립했다. 천재적 건축가이지만 그도 디즈니랜드를 설계하고 시공하는 과정에서 심각한 고민에 빠진 적이 있었다. 3년에 걸친 공사 끝에 대부분 건축물은 완성 단계에 이르렀지만, 디즈니랜드 내부의 각 도로를 어떻게 연결해야 할지 아이디어조차 떠오르지 않았다.

그러던 어느 날 그로피우스는 업무차 프랑스 남부의 시골을 방문했다. 그곳은 온 동네가 포도 농장이라 해도 과언이 아닐 만큼 사방이 포도원이었다. 농부들은 도로변에 포도를 내놓고 지나가는 차나 행인에게 포도를 팔았다. 하지만 활발하게 호객 행위를 펼치는 농부들에게서 포도를 사는 사람은 많지 않았다.

그런데 유독 마을의 한쪽 끝에 있는 포도 농장에는 수많은 자동차가 줄지어 서 있는 것이 눈에 띄었다. 그곳은 아무도 관리하지 않는 포도 농장으로, 길가에 놓여 있는 모금함에 5프랑을 넣으면 얼마든지 포도를 따갈 수 있는 곳이었다. 5프랑으로 원하는 만큼의 포도를 따갈 수 있으니 사람들이 몰리는 것은 당연했다.

이 농장의 주인은 노부부로 몸이 불편해 포도를 수확하기가 어려워지자 이런 아이디어를 낸 것이다. 그로피우스는 사람들에게 자유로운 선택을 하도록 배려한 노부부의 아이디어에 감탄을 금치 못했다. 그는 여기서 디즈니랜드 내부 도로를 연결하는 데 응용할 수 있는 기발한 아이디어를 얻었다. 즉시 숙소로 돌아간 그는 즉각 시공 팀에게 연락했다.

"도로로 예정된 지역에 잔디 씨를 뿌리고 예정보다 일찍 개방하시오."

시간이 지나면서 잔디 씨를 뿌렸던 곳은 파릇파릇한 잔디로 뒤덮였다. 그리고 그곳을 지나가는 수많은 사람의 발길을 거쳐 작은 오솔길이 생겼다. 모양이 일정하지는 않았지만 넓은 길과 좁은 길이 조화를 이루면서 아주 자연스럽고 운치 있는 오솔길이 만들어진 것이다. 그리고 1971년 런던 국제조경건축 심포지엄에서 디즈니랜드는 내부 도로 설계 방면에서 세계 최고라는 평가를 받았다.

인생의 갈림길에서 무엇을 선택해야 할지 모를 때는 물 흐르듯 순리에 따라가는 것이 최고의 선택이다. 그로피우스는 가장 평범한 방법을 선택했지만, 그것은 놀라운 결과를 가져왔다.

인생 역시 마찬가지다. 남들과는 다른 특별한 목표, 지나치게 웅대한 목표를 추구할수록 역효과를 부를 때가 있다. 때로는 가장 간단하면서도 평범한 방법으로 예상치 못한 특별한 결과를 얻을 수 있다. 즉, 모두 거들떠보지 않는 시시한 일이라도 착실하게 노력해 나간다면 걸출한 성과를 얻을 수 있다는 뜻이다. 세계적인 유명인사들 가운데도 처음 시작은 보잘것없는 일이었지만 오랜 세월 묵묵히 수행한 끝에 마침내 위대한 업적을 이룬 이들이 있다.

나폴레온 힐Napoleon Hill은 세계적으로 유명한 성공학의 거장이다. 그가 세운 성공철학과 17가지 성공 원칙은 수많은 사람에게 자신감을 북돋아 주었다. 예컨대 세계대전이 일어나던 당시 윌슨 Thomas Woodrow Wilson 대통령은 나폴레온 힐의 정신 조절법의 도움을 받아 병사들을 격려하고 사기를 진작시켰으며 군자금 모금 활동을 활발히 펼쳐나갈 수 있었다.

나폴레온 힐은 애팔래치아 산골에서 태어났다. 지독한 개구쟁이였던 그는 새어머니의 무한한 사랑과 격려 속에서 저널리스트의 꿈을 키우며 자랐다. 스무 살이 되던 해에 신출내기 기자였던 나폴레온 힐은 강철왕 앤드류 카네기Andrew Carnegie를 만나면서 인생의 커다란 전환점을 맞이했다. 당시 카네기는 활기 넘치고 명석한 두뇌와 자신감을 갖춘 나폴레온 힐이 매우 마음에 들었다. 그래서 다음과 같은 제안을 했다.

"인생의 패배자로 생애를 마칠지도 모르는 수많은 사람을 위해 앞으로 20년 동안 성공철학을 연구해 보지 않겠나? 내가 사회 저명인사들을 소개해 줄 테니 그들을 인터뷰하며 해답을 찾아보게. 대신 나는 자네를 위해 아무런 경제적 지원을 해 주지 않을 걸세. 그래도 내 제안을 받아들이겠나?"

나폴레온 힐은 서슴없이 그 제안을 받아들였다. 그는 카네기가 소개해 준 성공한 사회 저명인사 500명을 20년 동안 면담했다. 그들 가운데 에디슨Thomas Alva Edison, 벨Alexander Graham Bell, 헨리 포드Henry Ford, 윌슨 대통령, 루스벨트 대통령 등 세계적인 유명 인사들과는 돈독한 우정을 쌓았다.

나폴레온 힐은 이들의 성공담을 수집하고 연구한 끝에 마침내 '성공을 위한 실천 프로그램PMA, Positive Mental Attitude'을 완성했다. 그의 성공학은 미국 전역은 물론이거니와 세계 각지로 퍼져 나갔다. 국경과 민족, 피부색, 성별, 연령, 학력, 빈부의 차이를 떠나서 수많은 사람이 그의 책을 읽고 삶에 대한 믿음과 힘을 얻었다. 가난과 좌절에 찌들었던 많은 사람이 그의 도움으로 가난뱅이에서 백만장자로, 사회 각계각층의 유명명사로 거듭난 것이다. 나폴레온 힐은 사회적 명성과 거대한 부를 축적했으며, 루스벨트 대통령의 고문직까지 맡았다.

관련 서적을 읽고, 사회 저명인사를 취재하고, 취재한 원고를 정리하는 것은 지극히 평범하다 못해 단조롭기까지 한 일이었다. 그러나 나폴레온 힐은 중도에 포기하지 않고 끝까지 수행하여 마침내 성공학을 수립하면서 성공학의 대가가 되었다.

평범함과 특별함, 성공과 실패는 종이 한 장의 차이다.

미국의 대부호 로버트 달러가 가장 신임하는 여비서로 원래는 속기사였다. 그녀는 어떻게 해서 누구나 선망하는 비서직까지 오를 수 있었을까? 그에 대한 로버트 달리의 설명은 이렇다.

"처음 고용했을 때 그녀가 하는 일은 내가 구술하는 대로 서류를 작성하거나 혹은 개인적인 서신을 대필하거나 정리하는 일이었습니다. 그녀는 회사의 여느 직원들과 똑같은 월급을 받았지만 한 가지 다른 점이 있었습니다. 저녁식사가 끝나면 사무실로 돌아와 자신이 직접 처리할 필요가 없는 서류까지 깔끔하게 정리해서 내 방으로 가져왔지요. 업무를 배우는 속도도 무척 빨랐습니다. 마침 그때 내 비서가 사직서를 내고 자리가 비었기에 난 망설일 것도 없이 그녀를 비서로 승진시켰지요. 지금은 다른 직원들보다 네 배의 월급을 받고 있답니다. 내 오른팔이나 다름없는 인재이기 때문에 그만큼의 대우를 해 주는 것은 당연한 거죠."

지극히 사소한 업무였지만 그녀는 최선을 다해 성실하게 일했다. 자신이 처리할 필요도 없는 일까지 떠맡아서 적극적으로 일했기 때문에 그만큼 능력도 향상되고 고용주의 인정을 받을 수 있었던 것이다.

만일 날마다 형식적으로 자리나 지키면서 일이 지겹고 따분하다고 푸념만 늘어났다면 어땠을까? 아마 최고 연봉을 받는 특별한 비서직을 얻기는커녕 평범하기 짝이 없는 속기사 일자리까지 잃고 말았을 것이다.

미국의 강철왕 앤드루 카네기가 후계자를 지명하게 되자 그 주인공이 누가 될 것인지 전 세계의 이목이 쏠렸다. 그런데 모두의 예상을 뒤집고 초등학교 학력이 전부인 찰스 슈왑Charles Schwab이 후계자로 지명되었다.

찰스 슈왑은 원래 정원 청소부로 입사했다. 그런데 그는 정원 청소뿐 아니라 공장 안까지도 항상 깨끗하게 청소하는 것이었다. 이러한 성실성과 근면성을 인정받아 그는 정식 직원으로 채용되었고 마침내는 카네기의 비서로 발탁되었던 것이다. 카네기의 비서가 된 찰스 슈왑은 메모지와 펜을 들고 항상 그림자처럼 카네기를 따라다니며 보좌했다.

어느 날 카네기가 밤늦도록 사무실에 있다가 집에 가려고 사무실을 나서는 데 찰스 슈왑이 그때까지 남아 있는 것을 보고 깜짝 놀랐다.

"자네 왜 아직도 퇴근하지 않았나?"

그러자 찰스 슈왑은 이렇게 대답했다.

"사장님께서 저를 언제 부르실지 모르는데 어떻게 자리를 비우겠습니까?"

찰스 슈왑은 카네기로부터 깊은 신임을 받게 되었고 훗날 후계자로 지명되어 회사의 최고 경영자가 되었다. 그리고 나중에는 회사를 나와 지금의 베들레헴Bethlehem 철강 회사를 설립했다.

지극히 평범한 일이더라도 최선을 다해 성실하게 일하는 사람은 평범한 인생을 특별한 인생으로 바꿀 수 있다는 사실을 잊지 마라.

6장

인생의 기적을 창조하라

당신은 기적을 창조하는 마술사이자 당신의 운명을 주관하는 주인이다. 지금 상황이 어떻든 자신의 능력을 믿어라. 당신은 자신이 원하는 인생을 살아갈 능력이 있다. 내면 깊숙이 잠들어 있는 잠재력을 끌어내어 당신의 기적 같은 인생을 창조하라.

37_ 재능을 발휘할 기회를 놓치지 마라

우리는 평생 살아가면서 최소한 한 번쯤은 행운의 여신과 맞닥뜨린다. 그러나 행운을 맞이할 준비가 안 되어 있다면 행운의 여신은 눈 깜짝할 사이에 우리 곁을 스치고 지나가 버린다. 기회가 왔을 때 최대한 자신의 재능을 발휘해야만 성공을 위한 토대를 마련할 수 있다.

이제 막 대학을 졸업한 여대생이 어느 회사의 직원 모집에 응모했다. 회사는 경력이 풍부한 회계직원을 원했던 까닭에 여대생은 서류 접수에서부터 거절당했다. 여대생은 김이 빠졌지만 포기하지 않고 인사 담당자를 찾아갔다.

"저에게 한 번만 기회를 줘서 필기시험이라도 치를 수 있게 해 주십시오."

고집스럽게 매달리는 여대생을 떨칠 수가 없었던 인사 담당자는 마지못해 수락했다. 그 결과 필기시험을 무사히 통과한 여대생은 인사과 과장과의 면접시험을 치르게 되었다.

인사과 과장은 뛰어난 성적으로 필기시험을 통과한 여대생에게 호감을 느꼈다. 그러나 업무 경험이 전혀 없다는 말에 곤란함을 표시했다. 회사의 재무회계부에 경력이라고는 전혀 없는 신입 직원은 필요하지 않았기 때문이다. 과장은 에둘러 말했다.

"면접은 여기까지 하지요. 채용이 결정되면 전화로 통지하겠습니다."

그러자 여대생이 호주머니에서 동전 하나를 꺼내 들더니 조심스럽게 과장에게 건넸다.

"제가 채용되든 안 되든 전화 연락은 꼭 해주세요."

과장은 어리둥절해진 표정으로 물었다.

"채용하지 않을 경우 우리가 전화를 안 할 거라는 사실을 어떻게 알았지요?"

"방금 말씀하셨잖아요. 채용이 결정되면 연락해 주신다고요. 바꿔 말하면 채용이 안 되면 전화를 안 해 주시겠다는 말씀이잖아요."

과장은 재치 있는 여대생의 대답에 흥미를 느꼈다.

"그럼 채용이 안 된 사실을 우리가 전화로 알려 주면 무슨 말을 하고 싶었어요?"

"제가 귀사의 요구 조건에 미흡한 부분이 무엇인지 알고 싶었습니다. 그래야만 부족한 점을 개선할 수 있으니까요."

"그럼 이 동전은?"

"채용하지도 않을 사람에게 전화를 거는 비용은 제가 부담해야 할 것 같아서요. 그러니까 잊지 말고 연락해 주세요."

과장은 껄껄거리고 웃음을 터뜨렸다.

"자, 이 동전 다시 집어넣어요. 우리가 전화를 걸 일은 없을 것 같군. 당신을 정식으로 채용하겠어요."

여대생은 동전 하나로 어려운 구직난을 뚫고 원하던 직장에 들어갈 수 있었다.

삶의 강자는 기회가 찾아왔을 때 절대로 놓치는 법이 없다. 모든 방법을 총동원하여 자신의 능력을 최대한 발휘한다. 어쩌면 당신은 인생의 기회를 놓쳤을지도 모른다. 그렇다고 실의에 빠지거나 좌절할 필요는 없다. 태양빛처럼 눈부시지는 않지만 대신 달빛처럼 은은한 작은 기회들이 당신을 찾아올 것이다.

성공은 먼저 당신을 찾아오지 않는다. 당신 스스로 끊임없이 장점을 극대화하고 주변 사람들의 시선을 끌어야만 관심을 받고 능력을 인정받을 수 있다. 설사 만능재주꾼이더라도 그 능력을 보여 주지 못하면 주변 사람은 물론 사회의 인정을 받을 기회조차도 얻을 수 없다.

빌 게이츠는 이렇게 말했다. "지금 우리가 사는 이 경쟁 사회는 강한 자만이 살아남는 적자생존의 사회이다. 따라서 다른 사람의 도움을 기다리거나 요행을 바란다는 것은 이 시대에 맞지 않는 발상이다. 난관에 굴하지 않고 박차고 나아가 용감하게 맨 처음으로 '꽃게'를 먹는 사람만이 자기 몫의 행운을 차지하는 기회를 얻는다."

사냥할 때도 함정을 파서 그물로 사냥하는 것과 사냥총으로 사냥하는 것은 큰 차이가 있다. 사냥총을 사용하는 것도 여러 가지 차이가 있다. 가령 말을 타고 사냥감을 뒤쫓으면서 총을 쏘느냐, 혹은 가만히 앉아서 사냥감이 올 때까지 기다렸다가 총을 쏘느냐, 아니면 사냥개를 끌고 가서 사냥감을 포위하고 나서 총을 쏘느냐에 따라 성과가 제각각이다. 당신은 어떤 사냥꾼이 되고 싶은가? 기회도 사냥하는 것과 매한가지다. 적극적으로 기회를 찾지 않으면 영원히 기회를 얻을 수 없다. 동시에 아무런 준비를 하지 못한 사람은 설사 기회를 얻더라도 자신의 것으로 만들 수 없다.

중국 CCTV에서 방영하는 '중궈정췐中國證券' 프로그램의 사회자 리난李楠은 뛰어난 미모와 개성을 갖춘 데다 경제 전문가 뺨치는 해박한 전문 지식으로 유명하다.

2000년 CCTV에 입사한 리난은 생활정보 프로그램에서 시작하여 지금의 경제 전문 프로그램을 맡기까지 꾸준한 노력으로 자신의 실력을 향상시켰다. 칭화淸華대학에서 경제학 관련 학과목을 수강하고 밤늦도록 경제 관련 서적을 읽으면서 지식을 쌓았던 것이다. 어느 신문사와의 인터뷰에서 기자가 이런 질문을 했다.

"왜 좀 더 편하고 재미있는 오락프로그램을 맡지 않았습니까?"

이에 그녀는 이렇게 대답했다.

"금방 피었다 지고 마는 꽃이 아니라 천년 이상 살아가는 생명력 강한 소나무가 되고 싶었습니다."

기회란 본시 크나큰 성취를 안겨 주지만 한편으로는 자칫 능력 부족이 만천하에 까발려질지 모르는 위험 부담이 있다. 리난은 이러한 기회를 어떻게 거머쥐었을까?

"자신이 맡은 일에 책임감을 느껴야 해요. 사소한 일이라도 완벽에 가깝게 최선을 다하는 거지요."

사실 리난은 아주 우연한 기회로 방송국에 입사했다. 당시 리난은 생활정보 프로그램을 제작하던 친구를 도와 임시로 야외 리포터를 맡았다. 정식 아나운서로 발탁될 가능성이 전혀 없는 임시직이었다. 다른 사람들 같으면 대충 시간만 때웠겠지만, 리난은 달랐다. 단 몇 분에 불과한 출연 분량일지라도 많은 시간과 노력을 투자하여 완벽하게 임했다. 프로그램이 방영되고 나서 리난은 방송 PD는 물론이거니와 시청자들의 열광적인 반응을 얻었다. 그리고 덕분에 생활정보 프로그램의 메인 MC직을 따내는 행운을 거머쥐었다.

한번은 이런 일도 있었다. 예능 프로그램의 PD가 그녀에게 이번에 새로 제작하는 프로그램의 MC 직을 제안했다. 생방송도 진행해 본 경험이 있던 리난은 새로운 기회라고 여기고 흔쾌히 받아들였다. 그런데 녹화에 참여한 그녀는 깜짝 놀라고 말았다. 두 시간짜리 프로그램을 그녀 혼자서 단독으로 진행해야 할 뿐만 아니라 여러 게스트를 상대하고, 중간중간 다양한 형태의 공연도 섞여 있었다. 음악 토크쇼를 한번도 접해 본 적이 없었던 리난은 크게 당황했다. 실수할지도 모른다는 두려움과 긴장감 속에서 간신히 녹화를 끝내고 집으로 돌아온 리난은 그대로 침대에 뻗고 말았다.

그런데 밤 열두 시에 갑자기 PD로부터 전화가 걸려 왔다. 프로그램 제작 자체가 취소되었다는 말에 리난은 큰 좌절감에 빠지고 말았다.

"프로그램 제작이 취소된 일은 엄청난 충격이었습니다. 그렇게 큰 좌절감과 실패감을 맛본 건 처음이었죠. 그날 밤새도록 괴로워했는데 문득 이런 생각이 들더군요. 프로그램 제작이 취소된 책임은 나한테만 있는 것이 아니라, PD의 프로그램 편성 과정에도 문제가 있었을 거라고 말입니다. 설사 저의 진행에 문제가 있다손 치더라도, 그것은 능력 부족이라기보다 쇼프로그램이 저에게 맞지 않았을 뿐이라고 생각했습니다. 그런 상황에서 끝없는 자책은 쓸모가 없지요. 한시라도 빨리 마인드컨트롤로 컨디션을 회복하고 부족한 점을 찾아 개선하는 것이 더 현명합니다. 그래야 훨씬 좋은 기회를 얻을 수 있거든요."

기회는 우연히 우리에게 찾아온다. 때로는 성공의 발판이 되는 약이 되고 때로는 실패의 좌절을 안기는 독이 될 수 있다. 중요한 것은 기회를 성공의 발판으로 삼을 수 있도록 충분히 준비해 두어야 한다는 사실이다.

2001년 연말 무렵이었다. 당시 유명 아나운서였던 리징李靜은 자신이 직접 제작한 '차오지팡원超級訪問'이라는 프로그램의 사회를 맡고 있었다. 그녀는 친구의 소개를 통해 다훙잉大紅鷹 그룹 회장에게 전화를 걸었다.

"전화를 걸었을 때 전 단도직입적으로 용건을 말했습니다. 제 프로그램은 유명 스타들을 초빙하여 이야기를 나누는 토크쇼이고 앞으로 크게 히트할 프로그램이라고 하면서 협찬을 요청했습니다. 또 귀 그룹의 이미지와도 잘 들어맞으므로 주요 협찬사가 되어 준다면 서로 도움이 되는 윈윈 게임이 될 거라고 말했지요. 절대로 후회하지 않을 거라고 말입니다."

리징은 회장과의 전화 통화에서 흔한 형식적인 인사말도 하지 않았고, 말을 빙빙 에두르지도 않았다. 자신이 전화를 건 용건만 솔직하게 말했다. 그녀의 솔직하고 화끈한 성품에 회장은 호감을 느꼈고, 단 하루 만에 협찬 계약이 성사되었다. 그 후 그녀의 프로그램은 정말로 1년 반 동안 시청률 1위를 한 번도 놓치지 않았다.

리징은 당시를 이렇게 회상했다.

"진정으로 말솜씨가 뛰어난 사람은 마음속의 생각을 그대로 말로 표현할 수 있는 사람이라고 생각합니다. 당시 나는 아나운서 8년차로 경험이 풍부한 고참에 속했습니다. 그런데 도무지 특별한 개성도 없고 아나운서로서의 성취감도 느끼지 못했어요. 친구들도 말하더군요. '넌 왜 만날 TV에서 얌전한 인형처럼 앉아서 바보처럼 배시시 웃기만 하니? 원래의 너와는 완전히 딴판 같아.' 마치 머리를 한 대 얻어맞는 기분이었습니다. 그래서 결심했지요. 아나운서가 되기 위해 아나운서인 척할 것이 아니라 진정으로 내가 원하는 참된 모습으로 변하기로 말입니다."

그 이후 리징은 도무지 아나운서라는 생각이 들지 않을 만큼 친밀감을 주는 자연스러운 모습으로 바뀌었다.

리징의 사례는 능력을 발휘할 때는 과장되고 위선적인 모습이 아니라 가장 솔직한 모습을 있는 그대로 내보여야만 주변 사람들에게 호감을 얻고 인정받을 수 있다는 사실을 보여 준다.

상대방의 마음을 움직이는 데는 유창하고 화려한 언변보다는 진심 어린 말 한 마디만으로도 충분하다. 마찬가지로 기회가 찾아왔을 때는 가장 솔직하고 자연스럽게, 그리고 최선을 다해 능력을 발휘하라.

38_ 좋은 생각이 미래를 결정한다

인간이 만물의 영장인 이유는 바로 생각하는 동물이기 때문이다. 생각은 창조의 근원이며 행동의 바탕이다. 생각은 크게는 사회를 변화하고 발전시키며, 작게는 우리가 좌절과 위기에 빠졌을 때 해결책을 만들어 준다. 한마디로 좋은 생각이 미래를 결정한다.

마찬가지로 성공하려면 민첩하고 뛰어난 사고력이 필요하다.

멀튼은 16세 되던 해에 여름방학이 시작되자 아버지에게 말했다.

"아버지, 방학 동안 아르바이트를 해서 용돈을 벌래요. 저도 다 컸는데 여름 내내 아버지에게 용돈 달라고 손 내밀고 싶지 않아요."

아버지는 대견스러운 듯 멀튼에게 말했다.

"좋은 생각이구나. 네가 일할 만한 곳을 내가 찾아보마. 그런데 요즘은 구직난이 심해서 아르바이트 자리도 구하기 어려울 게다."

그러자 멀튼이 말했다.

"아버지, 일자리는 저 스스로 찾아볼게요. 그리고 어렵더라도 전 포기하지 않을 거예요. 일자리를 구하는 게 하늘의 별 따기라고 해도 전 반드시 찾아낼 수 있어요. 어떤 사람들은 곧잘 일거리를 찾아내잖아요."

"어떤 사람들이라니?"

아버지가 궁금하다는 듯 묻자 멀튼은 이렇게 대답했다.

"머리를 잘 굴리는 사람들 말이에요."

멀튼은 곧장 '구인란'을 샅샅이 훑어보다가 자신에게 적합한 일거리를 찾아냈다. 구인란에는 구직자들에게 다음날 아침 8시까지 42번가로 오라고 적혀 있었다. 다음날 멀튼은 일찌감치 집을 나서 7시 45분에 회사 앞에 도착했다. 그런데 뜻밖에도 그곳에는 벌써 구직자 20명이 줄지어 서서 면접을 기다리고 있었다. 멀튼은 21번째였다.

어떻게 하면 고용주의 관심을 끌어 경쟁을 뚫고 채용될 수 있을까? 이것은 지금 당장 멀튼이 해결해야 할 당면 과제였다. 어떻게 이 문제를 풀어야 할까? 멀튼은 자신의 주장대로 머리를 굴렸다. 원래 무엇인가를 깊게 생각하면 항상 묘안을 짜낼 수 있는 법, 멀튼은 좋은 생각이 떠올랐다. 그는 종이 한 장을 꺼내 무엇인가를 썼다. 그리고 반듯하게 접어서 비서에게 다가가 공손하게 말했다.

"실례합니다만, 이 종이를 사장님에게 전해 주세요. 매우 중요한 일입니다."

그녀는 노련한 비서였다. 보통 소년이 그렇게 말했다면 아마 이렇게 대답했을 것이다.

"됐다, 이 녀석아. 어서 자리에 돌아가서 순서가 될 때까지 기다려무나."

그러나 그녀는 그렇게 하지 않았다. 눈앞의 소년이 보통내기가 아니라는 느낌을 주었기 때문이다. 비서는 흔쾌히 종이를 받아들었다.

"그래. 그 종이에 쓰인 내용을 좀 보자꾸나."

비서는 메모 내용을 보고 빙그레 미소를 지었다. 그리고 바로 사장의 사무실로 들어가 그 종이를 사장의 책상에 놓아두었다. 사장도 종이에 적힌 내용을 보고는 웃음을 터뜨렸다. 종이에는 다음과 같은 내용이 적혀 있었다.

"사장님, 제 순서는 21번째입니다. 저를 면접하기 전까지는 결정을 내리지 말아 주시기 바랍니다."

이렇게 멀튼은 영리한 머리를 재치 있게 활용하여 일자리를 구할 수 있었다. 명석한 사람은 문제의 핵심을 잘 파악해 효과적으로 해결하거나 혹은 기발한 아이디어로 좋은 기회를 얻는다.

어느 성공학 전문가는 이런 말을 했다.

"매사 긍정적인 방면으로 생각하라. 성공한 사람들은 마음속에 성공을 키우고 실패자는 실패를 키운다. 우리 인생에는 수많은 미지수 X가 있다. 인생의 목표와 성공의 기회를 모색하는 사람은 성공과 실패의 확률이 각각 50%이다. 그러나 아무런 생각도, 목표도 없이 사는 사람에게는 100%의 실패만이 기다린다. 실패를 맛보느니 차라리 머리를 굴려 적극적으로 인생의 목표를 찾아라."

어느 중년 여인이 있었다. 베이징北京에서 직장생활을 했지만 해고되어 수개월째 새 직장을 찾고 있었다. 다리가 퉁퉁 붓도록 수많은 회사를 찾아다녔지만, 마음에 드는 일자리를 구할 수가 없었다.

그러던 어느 날, 그녀는 아주 우연한 기회에 귀가 솔깃해지는 정보를 얻었다. 홍콩의 대기업이 베이징에 연락사무소를 개설하는데 사장이 직접 책임자를 채용한다는 정보였다. 그러나 안타깝게도 회사의 직원 모집 요강은 매우 까다로웠다. 모집 대상이 나이 35세 이하에 박사 학위를 소지한 남성으로 제한된 데다 업무 지식이 해박하고 시장 분석력이 탁월해야 한다는 조건이 덧붙여져 있었다. 이와 비교해 중년 여인은 어떠한가? 일단은 성별에서부터 조건에 맞지 않았다. 게다가 그녀는 전문대를 졸업했고 나이는 37세였다. 그야말로 승산은 제로였지만, 그녀는 도전하기로 마음먹었다. 그녀가 결심을 밝히자 가족들은 모두 고개를 저었다. 여러 해 동안 일한 공장에서도 해고당한 처지이고 하물며 세계적인 대기업이 채용 조건에도 맞지 않는 그녀를 채용할 리 없다고 말이다.

그러나 그녀는 일단 도전하는 것 자체만으로도 운명을 바꿀 가능성이 1%는 있다고 믿었다. 도전조차 하지 않는다면 두 번 다시 기회를 얻지 못할 것 같았다. 그래서 그녀는 실패를 각오하고 만반의 준비를 갖춰 회사 사장이 머무는 호텔로 찾아갔다. 뜻밖에도 사장은 여성이었다. 사장은 중년 여인의 이력서를 거들떠보지도 않고 이렇게 말했다.

"미안합니다만 우리 회사에서는 남자 직원을 찾고 있습니다."

중년 여인은 사장이 이력서를 내팽개치자 직접 자기소개를 했다. 그러자 사장은 짜증을 내며 비서를 불러서 그녀를 방에서 내쫓아 버렸다. 사장의 오만한 냉대에도 중년 여인은 포기하지 않았다. 엘리베이터 문 앞을 지키며 사장이 식사하러 나올 때까지 기다렸다. 사장이 호텔 방을 나서자 중년 여인은 공손하게 엘리베이터로 안내하고 식당이 있는 곳까지 내려가는 동안 간략하게 자기소개를 했다. 그리고 식사가 끝날 때까지 기다렸다가 다시 호텔방까지 안내하면서 자신의 업무 능력을 간단히 피력했다. 그러나 사장은 '고맙다'는 말만 하고 더는 상대를 해 주지 않았다.

중년 여인은 그렇게 닷새 동안이나 사장이 식당으로 식사하러 가거나 외출하는 짬을 이용해 적극적으로 자기홍보를 했지만, 사장은 아랑곳하지 않았다. 엿새째가 되던 날, 중년 여인은 용기를 내서 다시 한번 이력서를 내밀었다. 그러자 뜻밖에도 사장이 공손하게 그녀의 이력서를 받아 주는 것이 아닌가? 그리고 이레째가 되던 날, 드디어 사장이 그녀를 호텔 방 안으로 불러들였다.

"이런 말을 하게 돼서 저도 정말 안타깝습니다. 하지만 우리 회사의 직원 채용 조건을 충족하지 못해 저도 어쩔 수가 없습니다. 미안하지만 이젠 찾아오지 마세요. 우리는 명문대학에서 박사 학위를 딴 대학원생을 채용하기로 이미 결정을 내렸습니다."

집으로 돌아온 중년 여인은 한바탕 울음을 터뜨렸다. 지난 일주일 동안 굴욕감을 참고 호텔을 들락거리며 고생한 것은 그다지 서럽지 않았다. 다만 자존심에 상처를 입은 것만은 견딜 수가 없었다.

다음날은 일요일인 데다 큰 눈이 내렸다. 여인은 가족의 만류를 뿌리치고 또다시 호텔로 향했다. 어차피 일주일 내내 찾아갔는데 하루 정도 더 간다고 해서 손해 볼 것은 없다고 생각했다. 연락사무소 책임자 자리는 물 건너갔어도 최소한 사무직 정도는 얻을 수 있을지 모른다는 희망을 버리지 않은 것이다.

마침 사장은 호텔 로비의 커피숍에 앉아 있었다. 사실 사장은 그날 이번에 새로 채용한 대학원생과 시장 시찰을 나서기로 약속이 되어 있었다. 그런데 사회 경험이 전혀 없는 대학원생은 날씨가 궂으니 당연히 일정이 취소될 것이라고 여기고 집에서 전화 연락만 기다리고 있었다. 중년 여인에게는 그야말로 천재일우의 기회였다. 그녀는 기회를 놓치지 않고 사장에게 다가가 말을 건넸다. 그동안의 풍부한 업무 경험을 최대한 살려 시장 분석에 대한 그녀만의 노하우와 자신의 직업관을 적극적으로 설명했다. 한참 동안의 대화를 나누면서 사장은 마음이 조금씩 흔들리기 시작했다.

어느새 눈보라가 멈추고 날씨가 화창해졌다. 그제야 허겁지겁 호텔로 찾아온 대학원생에게 사장은 이렇게 말했다.

"정식 출근을 하기도 전에 해고를 통보하게 돼서 미안하군요."

그러고는 중년 여인을 향해 이렇게 말했다.

"우리 회사의 베이징 연락사무소 책임자로 당신을 채용하겠습니다."

중년 여인과 대학생 모두 그저 어리둥절하기만 했다. 한참이 지나 대학원생이 이유를 물었다. 그러자 사장은 이렇게 설명했다.

"난 당신에게 기회를 줬지만, 당신은 가만히 손 놓은 채 기회를 떠나보냈어요. 반면에 저 여인은 내가 기회를 주지도 않았는데 용기와 집념으로 스스로 기회를 쟁취했습니다."

중년 여인은 홍콩 본사에서 6개월 동안 연수를 받았다. 연수기간 내내 밤잠을 설치며 업무를 익히고 관련 지식을 쌓았다. 그리고 베이징으로 돌아와 그녀의 꿈을 펼쳐 나갔다.

성공은 인생의 월계관이자 모든 이들이 갈망하는 꿈이다. 그러한 성공의 기회는 항상 우연처럼 찾아오기 때문에 게으른 사람은 바로 눈앞에 기회가 있어도 금세 놓쳐 버리기 일쑤다. 오로지 목표의식과 열정을 갖고 끊임없이 노력하는 사람만이 기회를 쟁취할 수 있다. 위의 사례의 중년 여성도 중도에 포기하지 않고 다양한 방법으로 도전했기에 기회를 얻을 수 있었던 것이다.

제2차 세계대전 기간이었다. 미국 구축함 한 척이 어느 나라의 항구에 정박하고 있었다. 그날은 유난히도 달이 밝고 조용한 밤이었다. 배 안을 순찰하던 수병이 갑자기 발걸음을 멈추었다. 어디선가 떠내려 온 어뢰 하나가 구축함 바로 옆에 둥둥 떠 있는 것을 발견했던 것이다. 조금이라도 충격이 가해지면 금방이라도 폭발할 듯했다.

수병은 긴급 전화로 상관에게 이와 같은 사실을 보고했고, 이 사실은 즉시 함장에게 전달되었다. 함장은 비상벨을 울려 모든 수병에게 경계 태세를 갖추도록 지시했다. 수병들은 이제 곧 다가올 엄청난 재앙을 예감하면서 공포와 경악에 가득 찬 표정으로 어뢰를 지켜봤다.

지휘관들은 머리를 맞대고 방법을 찾아봤지만 속수무책이었다. 닻을 올리고 출항하자니 시간이 부족하고, 엔진을 가동시켜 어뢰를 멀리 밀어내자니 자칫 프로펠러가 일으키는 소용돌이로 오히려 어뢰를 잡아당길 가능성이 컸다. 또 대포로 어뢰를 폭발시키자니 어뢰가 구축함의 무기고 바로 옆에 있어서 더 큰 재앙을 불러일으키기 쉬웠고, 보트를 띄워 장대로 어뢰를 건지자니 지뢰와 똑같아서 조금만 충격을 가해도 터질 가능성이 커서 위험부담이 너무 컸다. 그야말로 가만히 앉아서 죽음을 기다리는 방법밖에 없는 것만 같았다.

이때 갑자기 수병 하나가 좋은 방법을 생각해 냈다.

"소방호스를 가져오세요."

그제야 모두 이마를 치며 고개를 끄덕였다. 수병들은 즉각 소방 호스로 물을 뿌려서 물의 흐름을 바꿔 어뢰를 먼 곳으로 밀어냈다. 그리고 대포를 쏘아 어뢰를 폭파시켜서 재앙을 막을 수 있었다.

참으로 기발한 아이디어가 아닐 수 없다. 수병은 가장 긴박한 순간에 냉철한 사고력을 발휘하여 묘안을 짜냈다. 우리 몸속에는 이렇듯 놀라운 창조적인 잠재력이 있다.

영혼의 창문을 활짝 열어젖혀 새로운 관점에서 자신을 바라보고 이제껏 한번도 해 보지 못한 일에 과감히 도전하라. 그렇지 않으면 당신은 고정된 방식으로 똑같은 일을 반복하며 다람쥐가 쳇바퀴 도는 듯한 인생을 살게 될 것이다. 역사적 위인들이 위업을 쌓을 수 있었던 것은 미지의 세계에 대한 도전에 주저하지 않았기 때문이다. 적극적인 사고력과 냉철한 분석력, 민첩한 위기관리 능력을 갖춘다면 성공의 기회는 당신의 몫이다.

때때로 사소한 일이나 무의미한 말 한마디 속에 성공의 가능성이 잠재해 있는 경우가 있다. 만일 날카롭고 예민한 사고력을 발휘한다면 그 속에서 새로운 가능성을 찾아내어 성공의 발판으로 삼을 수 있을 것이다.

39_ 가만히 앉아서 기다리지 마라

사과나무 밑에 누워서 기다리면 언젠가는 사과가 입 안으로 떨어질 것이라고 믿는가?

전국戰國 시대 송宋나라에 한 농부가 있었다. 새벽부터 밤늦게까지 종일 밭에 나가 일을 해도 풍년이 들어야 겨우 쌀밥을 맛볼 뿐 허구한 날 배를 곯기가 예사였다. 그는 잘살고 싶었지만, 그러기에는 너무 게으르고 소심해서 도무지 새로운 일에 도전할 줄을 몰랐다. 그저 보물이 넝쿨째 들어오기만 고대할 뿐이었다.

그런데 기적 같은 일이 벌어졌다. 그날도 농부가 밭에서 일하는데, 주변 숲에서 사냥꾼들이 함성을 지르며 사냥을 했다. 요란한 고함에 깜짝 놀란 숲 속 들짐승들은 여기저기로 도망치느라 정신이 없었다. 바로 그때 토끼 한 마리가 미친 듯이 뛰어오다가 밭 가운데에 있는 그루터기에 부딪혀 목이 부러져 죽는 것이 아닌가?

덕분에 토끼 한 마리를 공짜로 얻은 농부는 그날 저녁 풍성한 만찬을 즐길 수 있었다. 그날 이후 농부는 농사일을 집어치웠다. 매일 밭두둑에 앉아 또다시 토끼가 튀어나와 그루터기에 부딪혀 죽기를 날마다 기다렸다. 하지만 이 세상에 공짜가 어디 있겠는가? 농부는 토끼를 얻기는커녕 농사만 망치고 말았다. 이 일화에서 아무런 노력도 하지 않은 채 요행만 바란다는 뜻의 고사성어 수주대토守株待兎가 유래했다.

인생은 무조건 기다린다고 해서 모든 일이 순풍에 돛 단 듯 술술 풀리는 것이 아니다. 행복하고 풍요로운 삶을 살고 싶다면 적극적으로 자기를 개발하고 기회를 찾아 나서야 한다. 농부처럼 그저 가만히 앉아서 기다리기만 한다면 인생에서 실패하거나 도태될 뿐이다.

성공하는 사람과 실패하는 사람은 위기 앞에서 크게 차이가 나지만 도전 정신에서 더욱 극명하게 갈린다. **성공하는 사람은 난관에 부딪혔을 때 굴복하고 좌절하지 않는다. 긍정적인 사고방식으로 난관을 헤쳐 나갈 뿐만 아니라 미지의 세계에 적극적으로 도전하여 자신을 단련시킨다.** 도전을 성장의 과정으로 여기고 끊임없이 도전하며 경험과 실력을 쌓아 가는 것이다.

위청余誠과 한칭韓靑은 단짝 친구로 명문대학 경제학과의 대학원 과정을 함께 수료했다. 대학원 졸업 후 두 사람은 미래 전망이 밝은 남부 지역의 경제특구로 내려가 대기업에 취직했다. 두 사람은 나란히 회사의 주요 부서에서 근무하게 되었다.

위청은 자신이 원하는 회사에서 일할 수 있다는 사실 자체에 큰 행복을 느꼈다. 점심시간도 아까워할 만큼 모든 정력을 일에 쏟아 부었다. 반면에 한칭은 단 1분 1초도 정해진 근무 시간을 초과해서 일하지 않았다. 심지어 회사에서 오래 머물고 싶은 마음이 없다는 말까지 했다. 과연 그는 1년이 채 되기도 전에 다른 회사의 인사과로 이직했다.

단짝 친구가 떠나고 나서 위청은 친구를 만나고 싶어도 업무가 많아 짬을 낼 수가 없었다. 1년이 지나서야 그는 출장 나온 틈을 타서 한칭이 근무하는 회사로 찾아갔다. 뜻밖에도 한칭은 이미 어느 펀드 회사로 이직해 있었다. 펀드 회사를 찾아가자 이번에는 한칭이 이미 한 달 전에 어느 대그룹의 재무부로 회사를 옮겼다는 소식이 그를 기다리고 있었다. 위청은 결국 한칭을 만나지 못하고 발걸음을 돌려야 했다. 이미 퇴근 시간이 지난 시각이라 찾아가 봤자 근무 시간을 칼같이 지키는 그가 회사에 있을 리 없었기 때문이다.

눈 깜짝할 사이에 연말이 다가왔다. 위청은 사방팔방 수소문해서 마침내 한칭이 그 사이에 회사를 두 번 옮겨 현재 일곱 번째 회사에서 근무한다는 소식을 전해 들었다. 어느 대형 쇼핑몰의 판매사원으로 일한다는 것이었다. 위청은 특별히 시간을 내어 한칭을 찾아갔다. 이때 그는 이태리제 명품 양복과 구두를 신고 최고급 자가용을 몰고 갔다.

한칭은 교외에 있는 사원용 임시 숙소에서 지내고 있었다. 18제곱미터 정도 되는 컨테이너 숙소에서는 무려 여덟 명이 함께 생활했다. 비좁은 데다 냄새 나는 빨랫감과 신발, 맥주병, 재떨이로 잔뜩 어질러진 숙소 안은 지저분하고 악취가 풍겼다.

이런 모습에 마음이 무거워진 위칭이 말했다.

"자네, 그렇게도 회사를 옮겨 다니더니 결국 여기까지 온 건가?"

그러나 한칭은 아무렇지도 않은 듯 이렇게 말하는 것이었다.

"뭐, 이만하면 괜찮지."

"애초에 회사를 떠난 게 잘못이었어. 나를 보게. 아예 한 회사에 말뚝 박아버리니까 지금은 부장직까지 승진했네. 그동안 집도 사고 자가용도 마련하고 사는 데 부족함이 전혀 없네. 자네는 나보다 더 똑똑하고 야심이 많은 사람이지 않았나? 회사에 그대로 남아 있었다면 지금쯤 내 상관이 되어 있을 걸세."

그러나 한칭은 껄껄거리며 이렇게 말했다.

"사람마다 뜻하는 목표가 다르지 않은가? 걱정하지 말게. 여기서 그리 오래 지내지는 않을 걸세."

과연 얼마 지나지 않아 한칭에게서 전화 한 통이 걸려왔다.

"친구, 기쁜 소식이 있어서 전화했네. 나 이번에 또 회사를 옮겼네."

순간 위청은 한숨을 내쉬며 속으로 이렇게 생각했다.

'그게 무슨 좋은 소식이라고 저런담. 큰일 날 친구군.'

그러고는 물었다.

"그래, 어디로 옮겼나?"

"유네스코 사무국에서 일하게 됐네."

"뭐라고? 자네 지금 농담하나?"

"정말이라니까. 유네스코 사무국 직원으로 채용돼서 며칠 후면 뉴욕으로 떠나야 하네."

눈이 휘둥그레진 위청이 서둘러 물었다.

"자네, 거짓말하는 거 아니겠지? 도대체 무슨 백으로 들어갔나?"

"순전히 내 힘으로 들어갔네. 채용 조건에 들어맞으니까 나를 채용하지 않았겠나?"

"어떤 조건이었는데?"

"첫째는 대학원 이상의 학력, 둘째는 2개 국어 이상의 외국어 실력, 셋째는 각기 다른 6개 이상 분야에서 일한 경험이 있어야 한다는 조건이었지. 지난 2년 동안 메뚜기처럼 이리저리 옮겨 다니며 일한 경험이 많은 도움이 됐다네. 그렇지 않고서야 내가 어찌 유네스코 사무국에 들어갈 수 있었겠나?"

놀란 입을 다물지 못한 위청은 한참이 지나서야 비로소 축하한다는 말을 할 수 있었다.

우리 주변에도 위청과 같이 언젠가는 주위 사람들에게 인정을 받겠지 하는 바람으로 묵묵히 자리를 지키는 사람이 많다. 물론 자리를 지키며 자신의 직무에 최선을 다하는 것이 나쁘다는 뜻은 아니다. 이들도 나름의 진취성이나 미래 계획이 왜 없겠는가? 그러나 타인의 인정을 받기를 기다리기만 하는 것은 소극적인 삶의 태도가 아닐 수 없다. 결과적으로는 가만히 앉아서 토끼가 나무 그루터기에 부딪히기를 기다리는 농부와 다를 게 뭐가 있겠는가? 그러나 총명한 사람은 다르다. 자신의 미래를 위해 과감히 도전하고 경험을 쌓으며 인생을 풍성하게 만들어간다.

일이 잘 풀리지 않거나 난관에 부딪혔을 때는 가만히 앉아서 신세를 한탄하고 세상을 원망하지 마라. 수많은 기회가 바로 당신 옆에 있다는 사실을 잊어서는 안 된다. 귀중한 시간을 낭비하지 말고 과감히 도전하라. 하늘은 언제나 맨 앞에서 길을 개척하는 사람에게 많은 선물을 주는 법이다.

40_ 성공하는 사람은 말보다 행동이 앞선다

말솜씨가 제아무리 유창하고 뛰어나더라도 말이란 결국 허상을 묘사하는 것에 불과하다. 오로지 행동만이 당신의 노력을 증명해 주고 당신이 내뱉은 말에 마지막 방점을 찍어줄 수 있다. 그러므로 항상 말보다는 행동으로 당신을 증명해야 한다.

성숙한 사람은 항상 마음속에 신념을 새긴다. 그럴싸한 말솜씨로 다른 사람들로부터 존경이나 도움을 받을 생각 따위는 하지 않는다. 자신의 꿈이나 이념을 말보다는 행동으로 먼저 보여 준다.

그들과는 정반대의 사람들도 있다. 행동으로 옮기기도 전에 자신의 계획이나 미래의 꿈을 떠벌인다. 그래서 사람들에게 경박하고 잘난 척하는 인상을 주거나 질투나 시기심 같은 불필요한 반감을 불러일으켜 오히려 일을 추진하는 데 장애물을 만들기 일쑤다.

어느 농부가 수레를 끌고 5일장 시장을 향해 가고 있었다. 수레에는 시장에 내다 팔 술통이 가지런히 실려 있었다. 술통들은 조용히 자리를 지키고 있는데, 유독 술통 하나만이 말발굽에 박자를 맞춰 이리저리 몸을 흔들며 시끄럽게 떠들어 댔다. 모두 귀를 막았지만 소용이 없자 나이 지긋한 술통이 나무랐다.

"얘야, 넌 왜 그리도 잘난 체를 하는 거냐? 모두 울퉁불퉁한 시골길을 꾹 참고 견디면서 가고 있는데 왜 유독 너만 시끄럽게 떠드는 게냐? 읍내 장터까지 술을 싣고 가는 것은 우리지, 네가 아니다. 아무래도 네가 그리도 시끄러운 것은 술을 담지 않아 속이 텅 비어서 그런 것 같구나."

빈 수레가 요란하다는 속담이 있다. 일상생활 속에서도 위의 속 빈 술통과 같이 말로만 그럴싸한 사람이 많다. 일을 시작하기도 전에 세상 사람 모두에게 광고라도 하듯이 큰소리를 떵떵 치지만 막상 행동으로 옮길라치면 중간에 그만두기 일쑤다. 혹은 아무런 준비조차 없이 무작정 자기 고집대로 일을 시작했다가 결국엔 아무것도 이루지 못하는 사람이 많다.

그들은 말로만 요란할 뿐 자신이 입 밖으로 내뱉은 말을 실행으로 옮길 노력조차 하지 않는다. 이렇듯 행동보다는 말이 먼저 앞서는 사람을 자세히 살펴보면 자신의 단점이나 능력 부족을 감추기 위한 경우가 많다. 다른 사람들에게 무시당하는 것이 두려워서 일부러 자기 능력을 과장되게 포장하여 과시하는 것이다. 그러나 성숙한 사람은 다르다. 그들은 말보다는 먼저 행동으로 자신의 능력을 입증해야만 사회에서 인정받을 수 있다는 사실을 잘 알고 있다. 지금 우리는 치열한 경쟁 사회를 살고 있으며, 오로지 결과만이 우리의 능력을 입증해 주기 때문이다. 그래서 성공한 사람들은 대부분 말보다는 행동으로 먼저 움직인다.

패스트푸드의 세계적 대명사인 켄터키프라이드치킨KFC을 모르는 사람은 아마 없을 것이다. 원저우溫州 상인 쑤리만蘇立滿은 거리 곳곳에 자리 잡은 켄터키프라이드치킨 체인점을 보면서 문득 대담한 아이디어가 떠올랐다. 원저우의 대표 먹을거리를 상품화해서 켄터키프라이드치킨처럼 전국적으로 체인점을 만들어 파는 것이었다. 대부분 사람이 보기에는 황당하고 무모한 생각일 수도 있었다.

쑤리만은 옷과 신발, 인테리어 조명등과 같은 다양한 업종에 걸쳐 사업 경험이 풍부한 사람이었다. 그는 자신의 아이디어를 곧바로 실행으로 옮겼다. 1998년 창춘長春에서 지린성아만식품유한공사吉林省阿滿食品有限公司를 설립하고 대형 쇼핑몰에 입점해 육가공제품을 팔기 시작했다. 2002년 8월 마침내 창춘에 아만阿滿식품의 첫 번째 체인점이 개장했다. 이후 아만식품은 지린 성과 창춘 시의 대표 브랜드로 자리매김했다. 그리고 2005년에 아만식품은 2억 4,500만 위안의 자금을 투자해서 회사 규모를 확대해 켄터키프라이드치킨처럼 전국 곳곳에 체인점을 보유한 대기업으로 성장했다.

치밀한 계획과 고군분투가 없었다면 아만식품은 지금과 같은 유명 브랜드가 되지 못했을 것이다. 때때로 능력이 부족해서가 아니라 자신이 하고 싶은 일을 실행할 담력이 없어서 성공하지 못하는 경우도 많다. 너무 무모하고 실현 불가능하다고 미리 겁부터 먹기 때문이다.

하지만 우리가 일상생활에서 이용하는 TV나 세탁기, 컴퓨터도 처음에는 전혀 불가능할 것만 같던 기상천외한 아이디어에서 출발했다. 오랜 시간의 노력과 연구를 통해 점차 실용화 단계를 거쳐 지금의 모습으로 탄생한 것이다. 인류 문명의 발전은 꿈이 있고, 그 꿈을 이루기 위한 실천이 뒤따랐기 때문에 가능했다.

누군가 성취를 거두었을 때 이런 말을 하는 사람이 항상 있기 마련이다.

"피이, 저렇게 간단한 일을 누가 못한다고? 나라면 훨씬 더 잘했을 텐데."

"에이, 나라면 이러저러하게 했을 텐데……."

그렇다. 이 세상의 대부분 일은 생각만큼 복잡하지도 않으며, 또 어떻게 해야 좋은 결과를 얻는지도 우리는 잘 알고 있다. 관건은 당신이 그것을 행동으로 옮겼느냐이다.

1995년 천하이타오陳海濤는 회사에 사직서를 내고 선전深圳으로 갔다. 낯선 도시였지만 자신감과 의욕으로 가득 찼던 천하이타오는 여러 회사를 찾아다니며 일자리를 찾았다. 그러나 고등학교를 졸업하고 사회 경험이 전혀 없는 천하이타오를 받아 주는 곳은 없었다. 그렇게 한 달이 지나자 생활비도 바닥이 나서 호주머니에는 100위안밖에 남지 않았다.

그러던 어느 날, 구인 광고란을 살펴보던 천하이타오는 번역 회사에서 영어 통역인을 구한다는 모집 공고에 눈길이 쏠렸다. 그동안 꾸준히 영어를 독학해 온 덕분에 그는 영어를 읽고 쓰는 데는 아무런 문제가 없었다. 천하이타오는 기대에 부풀어 그 회사에 이력서를 제출했다.

필기시험을 무난히 통과한 천하이타오는 뜻밖에 면접시험에서 문제가 생겼다. 인사 담당자가 영어로 이렇게 물은 것이다.

"회화 실력은 어떤가요? 우리는 주로 고객을 수행하며 통역을 해야 하기 때문에 문서 번역만 할 줄 알면 곤란합니다."

회화 실력이 부족했던 천하이타오는 인사 담당자의 질문에 영어로 대답하지 못했다. 인사 담당자는 금세 인상을 찌푸리며 곧바로 "다음 사람!" 하고 외쳤다. 마음이 다급해진 천하이타오는 엉겁결에 중국어와 영어를 섞어 가면서 말했다.

"죄송합니다. 제가 회화 실력은 많이 부족합니다. 하지만 한 달만 기회를 주신다면 당신에게 유창한 회화 실력을 보여 드릴 수 있습니다."

인사 담당자는 귀찮다는 듯 손을 휘저으며 말했다.

"그럼, 한 달 후에 보지요."

일생일대의 기회를 놓치고 싶지 않았던 천하이타오는 영어 회화에 사활을 걸었다. 중고 자전거 한 대를 사서 식당이나 공사장을 찾아다니며 잔심부름을 해서 생활비를 벌었다. 그리고 남은 시간에는 녹음기로 영어 회화를 연습했다. 보름이 지나자 이번에는 그동안 모은 돈으로 영어학원에 등록하여 종일 죽기 살기로 회화를 공부했다.

한 달이 지나고 나서 천하이타오는 번역회사를 찾아갔다. 당시 면접을 주관했던 인사 담당자는 의례적으로 한 말을 그대로 믿고 천하이타오가 다시 찾아오자 깜짝 놀라고 말았다. 그리고 한 달 사이에 놀랍도록 향상된 천하이타오의 회화 실력에 크게 탄복했다. 그는 즉시 사장에게 건의하여 천하이타오를 채용했다. 6년이 지난 지금 천하이타오는 업계에서 1, 2위를 다투는 번역회사에서 팀장으로 일하며 고액의 연봉을 받고 있다.

사람들은 천하이타오의 성공을 부러워한다. 그러면서 정작 그가 목표를 이루기까지 고군분투한 노력은 미처 생각하지 못한다. 천하이타오의 무모함에 가까운 용기는 그의 좌우명에서 엿볼 수 있다. "도저히 넘기 어려운 장벽이 가로막으면 일단 모자부터 건너편으로 던져라." 그는 자신의 좌우명을 되새길 때면 언제나 가슴 속에서 뜨거운 용기가 솟아오르면서 강한 추진력이 생긴다고 했다. 그렇게 좌우명처럼 목표 달성이 가능하든 불가능하든 일단은 행동으로 밀어붙였다. 모든 것은 결과가 설명해 주므로 그저 머릿속으로 생각만 하거나 말로 떠벌려 봤자 아무런 소용이 없다는 사실을 그는 잘 알고 있었던 것이다.

백문이 불여일견인 것처럼, 백 번 생각해 봤자 한 번 행동으로 옮긴 것만 못한 법이다. 특히나 치열한 경쟁 사회에서는 항상 결과가 당신의 능력을 입증해 준다. 말로 떠벌리고 다닐 시간에 전심전력으로 일에 몰두한다면 당신은 결단코 성공을 거둘 수 있다.

41_ 인생의 목표를 향해 질주하라

부모는 자식이 하루하루 성장하는 것을 지켜보는 것이 가장 큰 기쁨이며, 정원사는 작은 묘목이 울창한 나무로 자라는 것을 바라보며 커다란 성취감을 느낀다. 마찬가지로 변화무쌍하고 무한한 가능성으로 충만한 인생이야말로 가장 아름다운 삶이다. 무미건조하고 아무런 변화가 없는 삶을 살아간다면 얼마나 따분하겠는가? 질주는 삶의 본능이다. 우리는 오로지 변화와 성장 속에서 자신의 목표와 미래를 향해 끊임없이 질주할 수 있다.

길을 지나가던 부자가 굶주림 속에서 절망에 휩싸인 가난뱅이를 발견했다. 측은한 마음이 든 부자는 그를 가난에서 벗어날 수 있도록 도와주기로 했다. 그래서 가난뱅이에게 소 한 마리를 주며 당부했다.

"소를 잘 키워서 봄이 오면 농사를 지으시오. 그러면 가을에 농작물을 수확할 수 있으니 가난뱅이 신세를 면할 수 있을 것이오."

가난뱅이는 희망에 부푼 가슴을 안고 어서 빨리 봄이 오기를 기다렸다. 그러나 자기 끼니도 못 챙기는 처지에 막상 소까지 키우려고 하니 이만저만 힘든 일이 아니었다. 머리를 감싸고 고민에 빠졌던 가난뱅이는 기발한 생각이 떠올랐다.

"그래, 맞아! 차라리 이 소를 팔아서 양 여러 마리를 사자. 그중에 한두 마리는 잡아서 끼니를 때우고 나머지는 새끼를 쳐서 장에 내다 팔자. 그러면 더욱 많은 돈을 벌 수 있을 거야."

가난뱅이는 곧바로 실행에 옮겼다. 장에 나가서 소를 팔고 대신 양 여러 마리를 사서 돌아온 것이다. 그런데 뜻밖의 문제가 생겼다. 양을 두 마리째 잡아먹을 때까지도 도무지 양들이 새끼를 낳을 기미가 보이지 않았던 것이다. 가난뱅이는 또다시 머리를 감싸고 묘안을 짜냈다.

"이렇게 나가다가는 안 되겠어. 차라리 양을 팔고 닭을 사자. 닭은 달걀을 빨리 낳으니까 달걀을 팔아서 생계를 꾸리는 게 낫겠어."

가난뱅이는 또 계획을 바꿔 실행에 옮겼다. 그러나 이번에도 결과는 신통치 않았다. 배가 고파서 닭을 한 마리씩 잡아먹다 보니 어느새 다 잡아먹고 딱 한 마리만 남은 것이다. 가난뱅이는 절망하고 말았다.

"에이, 어차피 부자가 되기도 글렀는데 이걸로 술이나 사서 실컷 마시고 취하자."

결국 마지막 남은 닭 한 마리마저 술로 바꿔 마시고 말았다.

마침내 봄이 왔다. 부자는 농사짓는 데 필요한 씨앗을 한 보따리 싸들고 가난뱅이를 찾아갔다. 그러나 이게 웬일인가? 소는 온데간데없이 사라지고 곤드레만드레 취한 가난뱅이가 큰 대(大) 자로 뻗어 곯아떨어진 것이 아닌가? 크게 실망한 부자는 그대로 몸을 돌려 집으로 돌아갔고, 가난뱅이는 그렇게 평생을 가난뱅이로 살다 죽었다.

가난뱅이는 삶에 대한 투지나 진취성이 결여되어 있었다. 그는 늙은 병자처럼 마지못해 한 걸음 한 걸음 인생길을 내딛고 있었다. 삶의 열정과 투지력으로 똘똘 뭉친 사람이었다면 제아무리 주변 환경 조건이 열악하더라도 희망을 품고 인생을 살아갔을 것이다.

인생은 달리기 시합이다. 속도를 내지 않으면 도태되기 마련이다. **당신 스스로 인생의 한계선을 미리 그어놓았다면 과감히 선을 넘어 꿈을 펼쳐나가라.** 가능성을 믿고 꿈을 향해 질주한다면 뜻밖의 성취감을 느끼며 희망과 기대로 충만한 삶을 만끽할 수 있을 것이다.

우리 집은 삼대가 내리 의사인 집안이다. 그래서 형제들 모두 이 다음에 크면 의사가 되는 것을 당연하게 여겼다. 나는 여섯 살 때 청진기를 선물로 받았고, 할아버지와 아버지가 수많은 환자를 치료한 이야기를 귀가 아프도록 들으며 자랐다. 내가 일곱 살이 되자 아버지는 벌써 집에서 운영하던 병원에 내 진료실이 들어갈 위치를 알려 줬다. 이렇게 아주 어린 시절부터 내 미래의 직업은 '의사'로 결정지어진 것이다.

그러나 대학에 입학하면서 나는 생리적으로 의사라는 직업이 나와 맞지 않다는 사실을 깨달았다. 나의 마음속에서는 언제부턴가 '시인'의 꿈이 꿈틀거리고 있었다. 그러나 내가 후계자가 될 것이라고 철석같이 믿고 있던 아버지에게 커다란 실망감을 안겨 줄까 봐 몹시 두려웠다. 나는 나의 방황을 차마 아버지에게 털어놓지 못하고 그저 시간이 지나면 시인이 되고 싶다는 헛된 꿈도 사라지리라 막연히 기대했다.

어느덧 여름 방학이 다가왔는데, 나는 그때까지도 장래 목표를 결정하지 못하고 심한 스트레스를 받고 있었다. 그러던 어느 날, 기분 전환을 할 기회가 생겼다. 평소 사냥을 좋아하던 아버지가 환자에게서 영국산 사냥개 한 마리를 선물로 받으신 것이다. 사실 우리 집 시골 별장에서도 이미 사냥개 여러 마리를 키우고 있었는데, 모두 강아지 때부터 내가 훈련을 도맡아 키운 개들이었다. 이번에도 예외는 아니었다. 나는 아버지에게서 방학 동안 새로 선물 받은 강아지를 훈련하라는 임무를 받았다.

제리는 태어난 지 10개월 된 강아지였다. 일반 잉글리시 코카스파니엘 종으로 몸은 흰색 바탕에 간간이 적갈색 반점의 털이 났고, 커다란 귀가 아래로 축 늘어져 있었다. 얼핏 어릿광대처럼 보이는 생김새 때문에 보기만 해도 웃음이 터져 나오는 강아지였다.

나는 제리에게 '앉아', '일어서', '멈춰', '쉿' 과 같은 간단한 구호에 맞춰 기본적인 동작을 하도록 훈련했다. 또 아침마다 들판으로 나가 산책하며 호루라기에 맞춰 달리기 연습도 시켰다.

매번 훈련이 끝나고 정원의 고목 아래 앉아 쉴 때면 나는 제리에게 푸념을 늘어놓았다.

"제리, 난 의학 공부하는 것도 싫고 진료실에 처박혀 사는 것도 싫고, 아버지가 결정해 준 대로 살아야 하는 나 자신이 꼭두각시 인형 같아 싫다. 네가 나라면 어떡하겠니?"

그럴 때면 제리는 커다란 눈으로 나를 말똥말똥 쳐다보며 고개를 갸우뚱거렸다. 내 말뜻을 이해하려고 애쓰는 듯한 우스꽝스러운 모습을 보면 나는 언제 그랬느냐는 듯 모든 근심 걱정을 잊어버리고 한바탕 웃음을 터뜨렸다.

어느 날 저녁식사를 끝내고 들판으로 산책하러 나갔을 때였다. 풀밭 위를 낮게 날아다니며 먹이를 찾는 참새 떼를 발견한 제리가 미친 듯이 달려 나갔다. 제리는 하늘 위로 솟구치는 참새들을 숨바꼭질하듯 이리저리 뛰어다니며 따라다녔다. 나는 제리가 그토록 활기 넘치고 즐거워하는 모습을 그날 처음 보았다.

그날 이후 제리는 본연의 임무인 사냥 훈련은 뒷전으로 미루고 시도 때도 없이 들판을 뛰어다니며 질주 본능을 만끽했다. 나는 제리를 말 잘 듣는 사냥개로 훈련하고 싶었지만, 행복에 겨워 뛰어다니는 모습을 볼 때면 차마 꾸짖을 수가 없었다. 사냥개 훈련에 일가견이 있던 내가 처음으로 아버지의 기대를 저버리고 훈련에 실패한 것이다. 나는 아버지에게 제리가 사냥할 줄 모른다는 사실을 고백할 수밖에 없었다.

"뭐라고? 사냥개가 사냥을 못한다면 그건 쓸모없는 개라는 말이잖아? 할 수 없군. 아무래도 친척집에 보내 버려야겠다."

나는 제리가 걱정이 되었다. 친척집의 애완견으로 보내질 경우 제리는 집안에 갇혀 사는 신세가 될 것이 뻔했다. 그토록 달리기를 좋아하는 녀석에게는 감옥살이와 다름없었다. 이튿날, 나는 정원의 나무 아래서 제리와 많은 이야기를 나눴다.

"제리야, 너 이렇게 날마다 달리는 것만 좋아하면 다른 집으로 쫓겨나. 너는 사냥개로 태어났기 때문에 마땅히 해야 할 본분이 있단다. 그러니 앞으로는 달리는 것은 그만두렴."

제리는 잔뜩 풀이 죽은 표정이었다. 나 역시 우울한 마음에 풀밭에 드러눕자 제리가 내 가슴을 베개 삼아 몸을 기댔다. 나는 제리의 귀를 어루만지면서 우리 둘이 해결해야 할 난제를 골똘히 고심했다.

주말 아침에 아버지는 나와 제리를 데리고 목장으로 향했다. 도대체 왜 제리가 사냥개 구실을 못하는지 직접 확인하고 싶었던 것이다. 아버지는 목장의 풀밭을 미친 듯이 질주하는 제리를 보고 물으셨다.

"저 녀석이 지금 뭐 하는 거냐?"

"달리기요. 달리는 걸 정말 좋아해요."

제리는 목장에 세워진 난간을 가뿐히 뛰어넘더니 들판을 껑충껑충 날아다녔다. 눈부신 태양과 맑은 공기 속에서 제리는 자연과 하나가 된 듯 무척이나 자유로워 보였다.

월요일이 되자 나는 짐을 챙겨서 제리를 친척 집에 보낼 준비를 했다. 제리는 서재에서 책을 읽는 아버지의 발치에서 낮잠을 즐기고 있었다. 내가 제리를 깨우려고 하자 아버지가 손을 내저었다.

"그만두려무나. 제리가 비록 사냥개 구실은 못하지만, 들판을 뛰어다니는 모습을 보니 참으로 자유롭고 행복해 보이더구나. 그런 제리를 보고 있자니 문득 삶이란 이런 게 아닌가 싶었다. 자신이 하고 싶은 것을 자유로이 추구하며 살아가는 것이 가장 행복하며 참된 인생이 아닐까 하고 말이다."

아버지의 말에 나는 지금이야말로 그동안 나의 숨통을 조이던 문제를 털어놔야겠다는 용기가 생겼다.

"아버지, 저 의사가 되고 싶지 않습니다."

아버지는 고개를 푹 숙였다. 그동안 외면하고 싶었던 일이 드디어 다가왔다는 듯한 암담한 표정을 지은 채 한동안 무거운 침묵이 계속되었다. 하지만 잠시 후 아버지는 고개를 들고 환한 미소를 지어 보였다.

"아들아, 아비는 이미 알고 있었단다. 제리가 풀밭을 자유로이 뛰어다니는 모습을 부러운 듯 바라보던 너의 표정이 모든 것을 다

말해 주더구나."

"아버지, 실망시켜 드려 죄송합니다."

"네가 대대로 이어오는 가업을 싫다고 하니 솔직히 실망스러운 것은 사실이다. 그렇다고 너에게 실망을 느낀 것은 결코 아니다. 자신의 꿈을 좇는 것은 옳은 일이다. 제리처럼 너의 꿈을 향해 신나게 질주하려무나."

아버지는 나의 등을 툭툭 치고는 서재를 나섰다. 그제야 나는 아버지가 나를 얼마나 사랑하는지를 깨달을 수 있었다. 나는 아직도 꿈나라에서 헤매는 제리를 어루만지며 중얼거렸다.

"제리야, 고맙다."

인생은 언제나 무궁무진한 가능성과 잠재력으로 가득 차 있다. 하지만 우리는 자신도 모르는 사이에 한계선을 설정하고 장애물을 만들어 잠재력을 없애는 경우가 있다 지금 당신에게 필요한 것은 미래를 향해 달려가는 질주본능이다. 모든 열정과 투지를 불살라 당신이 원하는 삶을 개척하라.

42_ 인생은 지구력 게임이다

성공은 참으로 고귀하면서도 신기하기 짝이 없다. 누구는 평생 성공을 꿈꾸지만 결국엔 실패하기도 하고, 누구는 우연한 기회에 성공을 거머쥐기도 하고, 또 누구는 애써 찾아 헤매던 성공을 바로 눈앞에서 놓치기도 한다. 이렇듯 다양한 성공담 속에는 한 가지 공통점이 있다는 것을 알 수 있다. 그것은 바로 목표에 대한 집착과 끈기이다. 인생은 지구력 게임과도 같다. 마지막 결승선까지 완주하는 사람만이 승자가 될 수 있다.

1988년 서울올림픽 경기에서 남자 수영 접영 100미터 결승전이 벌어지고 있었다. 올림픽에서 7관왕을 노리는 미국 수영계의 간판 스타 매트 비욘디Matt Biondi가 물살을 헤치며 선두를 달렸다. 관중석에서는 우레와 같은 환호성 소리와 함께 성조기가 휘날렸다. 매트 비욘디가 금메달을 따리라는 것을 의심하는 사람은 아무도 없었다.

　마침내 결승점에 도달하고 매트 비욘디는 두 팔을 추켜들며 성공을 자축했다. 그런데 잠시 후 전광판에는 무명이던 수리남의 엔터니 네스티Anthony Neste 선수의 이름이 올라왔다. 0.01초 차이로 매트 비욘디를 역전승으로 물리치고 그가 금메달을 차지한 것이었다. 경기가 시작되기 전까지만 해도 수리남 출신의 이 선수가 누구인지 심지어 수리남이 어디에 있는 국가인지 아는 이는 아무도 없었다.

　앤터니 네스티는 어떻게 역전승을 할 수 있었을까? 경기 장면을 비디오로 판독한 결과, 결승선에 도착하는 순간 매트 비욘디는 접영 자세를 취하지 않고 몸의 관성을 이용해 그대로 미끄러져 들어왔다. 반면에 앤터니 네스티는 끝까지 접영 자세로 종점을 향해 돌진해 하마터면 벽에 머리를 부딪칠 뻔했다. 바로 여기서 승패를 나누는 0.01초의 차이가 생긴 것이다.

　앤터니 네스티의 금메달 획득은 서울올림픽의 최대 화젯거리가 되었다. 그의 고국인 수리남은 엔터니 네스티의 귀국 날짜에 맞춰 임시 휴일을 선포하고 국가 영웅으로 추앙하며 성대한 환영 행사를 개최했다. 앤터니 네스티는 1960년에 처음 수리남이 올림픽 대회에 참여한 이래로 최초이자 유일하게 금메달을 획득한 영웅이었다. 동시에 세계 수영 역사상 최초로 금메달을 획득한 흑인 선수였다. 그의 승리를 두고 훗날 사람들은 '0.01초의 기적' 이라고 일컬었다.

한편, 매트 비욘디는 성공을 바로 눈앞에 두고 멈춰 버렸다. 그야말로 다 된 밥에 재 뿌린 격이었다. 마라톤 시합도 이와 마찬가지다. 출발 신호와 함께 전력질주를 하며 선두를 달린다고 해서 우승컵을 차지하는 것은 결코 아니다. 끝까지 제 페이스를 지키면서 꾸준히 속력을 내는 선수만이 우승자가 된다.

마라톤 시합에 지구력이 필요하듯이 일상생활이나 직장생활 혹은 꿈을 추구하는 데서도 지구력이 필요하다.

어느 대기업에서 영업사원을 모집할 때였다. 인사 담당자는 지원자들의 이력서를 쭉 훑어보고 난 뒤 이렇게 말했다.

"면접실이 32층에 있는데 엘리베이터가 고장 났다고 하는군요. 할 수 없이 계단으로 올라가야겠습니다."

인사 담당자는 지원자들과 함께 계단으로 32층까지 올라갔다. 막상 32층까지 따라 올라온 지원자는 불과 서너 명밖에 되지 않았다. 일부는 엘리베이터가 다시 가동될 때까지 기다린다고 1층에 남거나 혹은 중간에서 포기하고 내려가 버린 것이었다. 그날 면접시험에서 최종으로 합격한 사람은 32층까지 따라 올라간 지원자들뿐이었다. 우수한 영업사원은 개미처럼 부지런하고 인내심이 있어야 한다는 것이 그 이유였다.

사실 지원자들은 모두 똑같은 기회가 있었지만 그 기회를 잡은 사람은 서너 명뿐이었다. 이렇듯 중간에 포기한 사람은 인생역전을 이룰 0.01초의 기회를 얻기는커녕 원래는 자기 것이 될 기회조차 잃어버리기 십상이다.

성공한 사람들이 성공하기까지의 내막은 제각각이지만 실패한 사람들의 이야기에는 한결같이 공통점이 있다. 바로 마지막 1분을 견디지 못했다는 점이다. 마지막 순간까지 이를 악물고 견디느냐에 따라 성공과 실패가 나누어진다는 사실을 잊지 말아야 한다.

릭 마틴은 베리 회사에서 면접 통지서가 날아오자 뛸 듯이 기뻤다. 면접 날이 되자 그는 말쑥한 정장에 새로 산 넥타이를 매고서 집을 나섰다. 오전 10시 정각에 그는 회사의 인사부에 도착했다. 그가 "똑똑" 하고 노크를 하자 사무실 안에서 큰 소리가 들려왔다.

"릭 마틴 씨인가요?"

"네, 그렇습니다!"

릭 마틴이 조심스레 문을 열고 들어가자 소파에 앉아 있던 인사 담당자가 차가운 표정으로 이렇게 말했다.

"미안하지만 다시 한번 노크를 해 주시겠습니까?"

무슨 영문인지 몰라 어리둥절해진 릭 마틴은 다시 문을 닫고 노크를 한 후 사무실로 들어섰다.

"아니, 잠깐만요! 이번에는 아까 첫 번째 노크했을 때보다 더 엉망이군요. 다시 한번 노크해 보세요."

릭 마틴은 그저 시키는 대로 다시 한번 노크하고 사무실 안으로 들어섰다.

"이제 됐습니까?"

"흐음, 그런 식으로 말하면 안 되지요."

릭 마틴은 또다시 밖으로 나가서 노크하고 들어와 이렇게 말했다.

"저는 릭 마틴입니다. 이렇게 만나 뵙게 되어 반갑습니다."

"아니, 그런 식으로 말고 다시 한번 해 보세요."

릭 마틴은 다시 나갔다가 들어와 말했다.

"죄송합니다. 업무로 바쁘실 텐데 폐를 끼치는군요."

"흠, 그 정도면 괜찮은데, 한 번 더 해보시겠어요?"

그렇게 열 번째 사무실 밖으로 나온 릭 마틴은 속이 부글부글 끓어올랐다.

'저게 무슨 면접시험이야? 이건 사람을 아주 골탕 먹이려고 작정한 거잖아?'

릭 마틴은 그대로 집으로 돌아가려고 발걸음을 옮기다 문득 멈춰 섰다.

'이대로 돌아간다면 포기하고 도망치는 것과 매한가지잖아? 설사 면접시험에 탈락하더라도 끝까지 해 봐야 하는 거 아닌가?'

릭 마틴은 크게 심호흡을 한 뒤 열한 번째로 노크했다. 그러자 열렬한 환영의 박수소리가 터져 나왔다. 열한 번째에 마침내 성공의 문이 활짝 열린 것이다.

베리 회사는 시장 조사 분석원을 모집하고 있었다. 시장 조사 분석원은 학력도 중요하지만 인내심과 끈기가 무엇보다도 중요하다고 판단했기에 일부러 그러한 면접 테스트를 했던 것이다.

일상생활에서도 혹독하거나 불쾌한 대우를 받을 때가 있다. 이때 인내심과 끈기를 갖고 대처하면서 이성적인 판단력과 포용력을 발휘한다면 성공의 디딤돌을 마련할 수 있다. 목표를 포기하지 않고 끝까지 지켜나가는 것은 상당히 오랜 시간 참고 견뎌야 하는 괴로운 과정이다. 그러나 백절불굴의 집념을 발휘한다면 그 과정을 무사히 헤쳐 나가 성공의 결실을 얻을 수 있다.

43_ 기적을 믿고 자신을 믿어라

희망이 있으면 고통도 기쁨이 된다. 마찬가지로 꿈이 있으면 지옥도 천당처럼 느껴지는 법이다. 우리는 누구나 꿈이 있다. 꿈 앞에서 우리에겐 두 가지 선택 사항이 있다. 포기할 것인가 아니면 계속해서 추구할 것인가?

우리는 아름다운 미래를 꿈꾸면서도 일상적인 삶에 주저앉아 너무도 쉽사리 꿈을 포기한다. 그 후 난관이나 위기에 부딪히면 심리적 안식처가 되는 꿈이 없기 때문에 더 큰 좌절감을 맛본다. 꿈이 있고 미래를 바라보는 사람은 언젠가는 지금의 속박에서 벗어날 수 있다는 사실을 잘 알고 있다. 그래서 실패 앞에서도 훨씬 담담하고 여유가 있다. 꿈을 포기하지 않으면 절망 속에서도 포기하지 않는 법이다. 기적은 그것을 믿는 사람에게만 찾아온다.

〈뉴욕타임스The New York Times〉에 눈이 번쩍 뜨이는 광고 하나가 실렸다. 어느 해변 도시에 있는 호화 별장을 단 돈 1달러에 판다는 내용이었다. 광고 아래는 연락전화와 주소까지 자세하게 실려 있었다.

광고는 한 달 내내 실렸지만 한 명도 문의해 오는 사람이 없었다. 두 달이 지나도 여전히 관심을 두는 사람이 없었다. 그러던 어느 날 퇴직한 노인이 우연히 이 광고를 발견했다.

'도대체 1달러짜리 별장은 어떻게 생겼을까? 우리 집에서 별로 멀지도 않은데 한번 찾아가 볼까?'

노인은 해변 도시에 있다는 그 별장을 찾아갔다. 그곳에 도착한 순간 노인은 눈이 휘둥그레질 만큼 화려하고 웅장한 모습에 그만 깜짝 놀라고 말았다. 조심스레 초인종을 누르자 노부인이 그를 맞이했다. 노인은 이곳이 정말 광고에 실린 그 별장이 맞는지 의심 어린 표정으로 집안을 두리번거렸다. 그러고는 잔뜩 주눅이 든 채 자신이 찾아온 목적을 더듬더듬 설명했다. 그러자 놀랍게도 노부인은 환한 표정으로 이렇게 대답했다.

"맞아요. 이 별장을 단 돈 1달러에 내놓았습니다!"

노인은 펄쩍 뛸 듯이 좋아하며 당장에 1달러를 꺼냈다. 그러자 노부인은 탁자에 앉아서 서류를 작성하는 사람을 가리키며 말했다.

"미안합니다만, 조금 전에 저분이 오셔서 지금 계약서를 쓰고 있습니다."

노인은 바로 눈앞에서 보물을 놓쳐버린 듯 다리의 힘이 쑥 빠져 버렸다. 왜 좀 더 일찍 찾아오지 않았는지 자신이 원망스럽기까지 했다. 노인은 집을 나서면서 호기심을 억누르지 못하고 노부인에게 물었다.

"그런데 이토록 훌륭한 별장을 왜 1달러에 파시는 겁니까?"

노부인의 설명은 이랬다. 남편이 죽으면서 유서를 남겼는데, 모든 재산을 노부인에게 남기는 대신, 그 별장만은 오랫동안 숨겨 놓은 연인의 몫으로 남겨 놓았던 것이다. 그토록 믿고 사랑했던 남편에게 연인이 있었다는 사실에 크게 분노한 노부인은 홧김에 단 돈 1달러에 별장을 팔기로 한 것이다.

살다 보면 때때로 기적 같은 일이 생긴다. 그리고 그 기적은 그것을 믿는 사람에게만 찾아온다. 그러므로 주위에서 불가능한 일이라고 만류해도 과감히 도전할 필요가 있다. 끊임없는 노력과 투지가 있다면 불가능한 것도 가능한 것으로 만들 수 있기 때문이다. 설사 천성적인 장애로 크나큰 난관이 당신의 앞길을 가로막고 있더라도 불굴의 투지력으로 헤쳐 나갈 수 있다. **기적이 당신에게 행복을 가져다주는 것이 아니라 순전히 당신의 노력으로 기적이 만들어진다. 끝까지 포기하지 않는 의지력이 바로 기적을 창조한다는 것이다.**

헬렌 켈러Helen Adams Keller는 세계적으로 유명한 여류 저술가이자 사회사업가, 교육자이다. 1880년 미국 앨라배마 주 터스컴비아에서 태어났다. 두 살 때 성홍열을 심하게 앓은 뒤로 시력과 청력을 잃고 말까지 못하게 되는 삼중 장애에 시달리게 되었다. 다행히도 헬렌 켈러는 승부욕이 강했다. 그녀는 다른 감각을 활용하여 자신이 볼 수 없는 세계를 탐험하기 시작했다. 어머니의 옷자락을 붙들고 주변의 모든 물건을 만져 보고 느껴 보면서 한 가지씩 익혀 나갔다. 우유 짜는 법이나 밀가루 반죽하는 법도 배웠고, 심지어는 상대방의 얼굴이나 옷만 만져 봐도 누구인지를 금세 알아볼 수 있을 정도가 되었다.

일곱 살이 되던 해에 앤 설리번Anne Sullivan이 그녀의 가정교사가 되면서 두 사람은 장장 50년에 걸친 사제의 인연을 맺었다. 설리번 선생은 헬렌 켈러의 손바닥에 수화 알파벳으로 사물의 이름을 가르치고, 후두에 손가락을 대어 진동을 느끼는 방법으로 말하는 법을 배우게 했다. 설리번 선생의 헌신적인 가르침 덕분에 헬렌 켈러는 1904년에 케임브리지의 래드클리프 대학을 우등생으로 졸업했다. 세계에서 처음으로 대학 교육을 받은 시각·청각 장애인이 된 것이다. 대학 재학 중에는 《나의 생애》라는 책을 통해 자신이 장애를 극복한 과정을 소개하여 전 세계 장애인들에게 희망을 안겨 주었다.

그 후 1906년에 헬렌 켈러는 매사추세츠 주 시각 장애인 지원과 위원으로 임명되었고, 1924년부터는 미국 맹인 협회에서 일하기 시작했다. 헬렌 켈러는 평생 '빛의 천사'로 불리며 자기와 같은 불행한 사람들을 구제하고 교육하는 사회사업에 일생을 바쳤다. 또

전 세계를 돌아다니며 시각·청각 장애인의 교육과 사회 복지 시설 개선에 필요한 기금을 모아 시각·청각 장애인 복지 사업에 크게 이바지했다. 1964년에는 미국 대통령이 민간인에게 수여하는 최고 훈장인 '자유 훈장'을 받기도 했다. 1968년 6월 1일, 장애인 복지 사업에 한평생을 바친 헬렌 켈러는 여든여덟의 나이로 세상을 떠났다. 그녀의 위업을 기려 설립된 국제 헬렌 켈러 재단은 오늘날 가장 영향력 있는 기구 가운데 하나로 전 세계 장애인을 후원한다.

무릇 신념은 운명을 바꾼다. 삼중 장애로 암흑 속에서 지내는 공포를 겪으면서도 헬렌 켈러는 자신에 대한 믿음을 버리지 않았다. 불굴의 의지력으로 정상인과 똑같이 생활하면서 자신의 운명을 바꿨다.

인생은 그 자체가 투쟁이다. 인생길 곳곳에는 한 걸음을 내디딜 때마다 새로운 위기와 난관이 앞길을 가로막고 위협한다. 이때 절망과 좌절에 빠져 운명을 한탄하고 세상이 불공평하다고 원망하는 사람이 많다. 하지만 제아무리 절망적인 상황이더라도 보고 듣고 말할 권리조차 잃어버린 사람의 고통과 암담함에 비할 수 있을까? 이렇듯 난관 앞에서 굴복하고 좌절하는 사람이 있는가 하면, 헬렌 켈러처럼 긍정적인 사고로 하늘이 내린 선물이라 여기며 기꺼이 투쟁하여 승리를 쟁취하는 사람이 있다. 이들은 그들의 땀과 눈물로 기적을 창조하고 인생의 승리자가 된다.

기적은 흔히 상식적으로 도무지 희망이 보이지 않는 상황에서 발생한다. 그래서 우리는 기적을 꿈꾼다. 바꿔 말해서 기적은 우리에게 희망을 준다.

아프리카 밀림을 피골이 상접한 남자 네 명이 걸어가고 있었다. 이들은 배리, 맥그리스, 존스, 짐으로 원래는 탐험대장 마이크를 따라 밀림 탐험에 나선 탐험대였다. 탐험대장은 그들에게 높은 보수를 약속했지만, 탐험이 채 끝나기도 전에 말라리아에 걸려 밀림에서 목숨을 잃고 말았다.

그는 죽기 전에 심각한 표정으로 이런 유언을 남겼다.

"단 한 순간도 이 상자를 내버려두지 않는다고 약속하게. 이 상자를 내 친구 맥도널드 교수에게 무사히 전해 준다면 황금보다 더 귀한 보물을 나눠 가지게 될 걸세. 난 자네들을 믿네."

그 상자는 탐험 대장이 죽기 전에 직접 만든 것이었다. 네 사람은 탐험 대장을 땅에 묻고 길을 떠났다. 그러나 시간이 갈수록 밀림 길은 더욱 험준해졌고 그들은 점차 기력을 잃어 갔다. 설상가상으로 하마터면 늪에 빠져 목숨도 잃을 뻔했다. 하지만 네 사람은 단 한 시도 상자를 손에서 놓지 않았다. 네 사람은 누군가 혼자 상자를 들고 도망칠까 봐 서로 감시했다.

이렇듯 정신적으로 신체적으로 최악의 상태에 놓여 있었지만 이들에게는 희망이 있었다. 상자를 무사히 전달하면 황금보다 더 귀중한 보물이 그들을 기다리고 있을 것이기 때문이었다.

마침내 천신만고 끝에 네 사람은 밀림을 빠져나와 맥도널드 교수에게 상자를 건넸다. 그러나 교수는 오히려 어리둥절해하며 이렇게 묻는 것이었다.

"그게 무슨 소리요? 내게 무슨 보물이 있다는 거요? 혹시 이 상자 안에 있는 것 아니요?"

네 사람은 그 자리에서 상자를 열어 보았다. 그런데 이게 웬일인가? 상자 안에는 나무토막이 가득 채워져 있었다. 네 사람은 분노를 터뜨렸다.

"뭐야? 지금 장난하는 거야?"

"무슨 죽을 놈의 보물? 그 자식, 정신이 오락가락하는 걸 진즉에 알아챘어야 했는데."

"황금보다 더 귀중한 보물이라고? 이거 완전히 사기 당했군!"

그런데 유독 베리는 입을 꾹 다문 채 곰곰이 생각에 잠겼다. 그는 그동안 죽음의 공포와 싸우면서 밀림을 헤쳐 나온 악몽 같은 시간을 되돌아보았다. 밀림 곳곳에는 앞서 밀림 탐험에 나섰던 탐험대원들의 백골이 가득 쌓여 있었다. 이 상자가 없었다면 그들 네 사람도 필사적으로 밀림을 빠져나오려고 몸부림치지 못했을 것이고, 아마 지금쯤 밀림에서 죽음을 맞이했을 거라는 데 생각이 미쳤다.

"조용히들 하게. 탐험대장이 말한 황금보다 더 귀중한 보물은 바로 우리의 생명이었네."

그랬다. 존재하지도 않던 보물은 바로 네 사람의 생명을 살리는 기적을 일으켰던 것이다. 기적은 일종의 이상理想이다. 자신의 이상을 믿는다면 그것을 실현할 수 있다는 신념이 생기기 마련이다. 사실 살아가면서 우리는 기적과 같은 신비한 힘의 격려가 필요할 때도 많다. 기적을 믿는 것은 무한한 가능성을 지닌 잠재력을 믿는 것이다. 또 기적을 믿는 것은 우리 마음속에 용솟음치는 사랑과 희망의 힘을 믿는 것이다. 다시 말해서, 기적이란 내면의 모든 잠재력을 끄집어내어 폭발적인 자기 발전을 이루는 것이다.

44_ 인생의 주인은 당신 자신이다

우리는 누구나 자기 인생의 주인이지만 안타깝게도 이러한 사실을 깨닫는 사람은 그리 많지 않다. 일상생활의 잡다한 일에는 목소리를 높이며 고집을 부리면서도 막상 중요한 일 앞에서는 우왕좌왕하며 어찌할 바를 모른다. 그저 누군가 좋은 방법을 제시하거나 아예 대신 처리해 주기를 바란다.

주관이 뚜렷한 사람은 다르다. 그들은 자신이 하고 싶은 일, 추구하려는 목표를 명확하게 알고 있다. 또 자신의 장점과 단점을 정확히 파악하여 단점을 보완하면서 꾸준히 자기를 발전시킨다.

어느 가난뱅이가 죽은 뒤 천당으로 갔다. 자신의 삶에 불만이 많았던 그는 하느님에게 이유를 따지고 싶은 마음이 간절했다. 그러던 어느 날, 마침내 하느님을 만날 기회가 생기자 그는 용기를 내서 말했다.

"하느님, 한 가지 질문해도 되겠습니까?"

하느님은 자상한 미소를 지으며 고개를 끄덕였다.

"괜찮으니 말해 보라. 무슨 궁금한 것이 있느냐?"

"인간세상은 왜 그렇게 불공평한 거지요? 왜 부자는 극소수에 불과하고 대부분 사람은 가난에 찌들며 살아야 합니까?"

"글쎄, 나는 지금까지 줄곧 인간들 모두에게 똑같이 황금을 나누어 주고 있단다. 다만, 누구는 황금을 많이 가져가나 하면 누구는 조금만 가지고 갈 뿐이고, 그건 내 탓이 아니다. 자, 나를 따라 오너라."

하느님은 가난뱅이를 데리고 비밀의 방으로 데리고 갔다. 인간 세상에 사는 사람들의 명부名簿를 모아 놓은 곳이었다.

"자, 이걸 보아라. 내가 사람들에게 똑같은 양의 황금을 나눠 주고 있다는 것을 확인할 수 있을 것이다."

과연 각 명부에는 그 사람이 평생 사용할 수 있는 황금이 똑같이 표시되어 있었다. 가난뱅이는 도무지 이해할 수가 없었다. 하느님은 똑같이 황금을 나눠 주는데 왜 인간 세상에서는 부자와 가난뱅이로 나뉜단 말인가? 하느님은 고개를 갸우뚱거리는 가난뱅이를 바라보더니 상자 하나를 가리켰다.

"저 상자를 열어 보라. 거기에 너의 명부가 들어 있다."

가난뱅이는 열 살이 되던 해에 아버지를 여의었고, 고아가 되고 나서는 돈이 없어서 학교를 그만두었다. 그런데 명부를 보니 본래는 먼 곳에 살던 큰아버지가 학비를 보태 주어 학업을 끝까지 마칠 수 있었다. 그리고 부잣집 딸을 만나 결혼해 훗날 대기업 회장이 될 운명이었다.

하지만 실제는 어떤가? 당시 가난뱅이는 친척의 도움이 일시적인 것에 불과하다고 여기고 사양했다. 그리고 어린 나이에 여러 도시를 떠돌면서 돈벌이를 시작했다. 그러다 어느 회사 사장 집에 일꾼으로 들어가 더부살이를 시작했다. 하루하루 일이 고되어도 그는 꾹 참고 열심히 일했다. 그러나 점차 시간이 지나면서 인내심이 바닥나자 그는 설 휴가를 시점으로 일을 그만두기로 했다. 고향으로 떠나는 그를 주인 부부가 극구 만류했지만 끝내 일을 그만두었다.

이때 하느님이 가난뱅이에게 명부의 다른 페이지를 보여 주었다. 거기에 적혀진 본래의 운명에는 주인 부부가 그동안 온갖 힘든 일을 꾹 참아낸 그를 사위로 맞아들여 후계자로 삼는다고 예정되어 있었다. 그해 연말, 회사에서 인사이동이 이루어질 때 그를 비서직으로 채용시킬 계획까지 세워져 있었다. 그뿐만 아니라 사장의 딸도 평소 그에게 호감을 느끼던 터라 부모님이 시키는 대로 그와 결혼할 생각도 하고 있었다.

그런데 하필이면 바로 그전에 가난뱅이가 일을 그만두고 고향으로 돌아간 것이다. 고향에서 쓸쓸한 명절을 쇠고 나서 그는 부두 노동자로 일했다. 한창 혈기 왕성한 청년이라 일은 고되어도 보수는 전보다 훨씬 늘어난 일을 택한 것이다.

어느 날 일을 끝내고 집으로 돌아가던 길이었다. 갑자기 골목 저편에서 여자의 비명이 들려왔다. 종일 무거운 짐을 지고 나르느라 지칠 대로 지친 가난뱅이는 모른 척 지나치고 말았다. 바로 그 순간에 그의 운명이 또다시 엇나가고 있다는 것도 모른 채. 사실 그것은 하느님이 그에게 준 또 하나의 기회였다. 골목길에서 비명을 지른 사람은 바로 옛날 그가 더부살이했던 사장 집 딸이었다. 가난뱅이의 근황을 전해 듣고 일부러 그를 찾아왔는데, 갑자기 얼굴을 들이밀면 그가 곤란해할까 봐 위험에 처한 척 상황을 연출해서 자연스럽게 만날 계획이었다. 하지만 가난뱅이가 모른 척 지나쳐 버리자 사장 딸은 크게 실망해서 그대로 집으로 돌아가 버렸다. 가난뱅이는 자신의 운명으로 예정되었던 아리따운 여인과 앞으로 운명을 바꿀 수 있는 또 한 번의 기회를 그렇게 떠나보냈다.

명부를 보고 모든 사실을 알게 된 가난뱅이는 허탈한 나머지 말을 잃고 말았다. 그는 한참이 지나 이렇게 말했다.

"저에게 한 번만 더 기회를 주시겠습니까? 그럼 반드시 성공한 인생을 만들어 보겠습니다."

하느님은 미소를 지으며 말했다.

"너에게는 끈기가 없다는 치명적인 약점이 있다. 그 약점을 고치지 않는 한 새로운 삶이 다가와도 마찬가지일 것이다."

운명의 여신이 행운의 기회를 주었을 때 바로 눈앞에 두고도 놓치는 사람이 있는가 하면 잽싸게 거머쥐는 사람이 있다. 기회를 알아보는 예민한 통찰력이 부족하기 때문이다.

당신의 운명은 당신의 생각과 선택에 따라 수시로 변한다. 그러나 대다수 사람은 자신의 인생을 손에 쥐고 있다는 사실을 모른다. 순전히 노력만으로 인생을 바꿀 수 있다는 사실도 믿지 않는다. 인생을 바꿀 수 있는 용기와 미래를 내다보는 안목이 없을 뿐만 아니라, 바로 앞에 성공의 기회가 있는데도 발견하지 못하는 것이다. 그런 사람들에게는 위의 가난뱅이와 같은 운명만이 기다리고 있을 뿐이다.

7장

인생에
종점은 없다

이 세상의 모든 성취나 위업은 시간이 지나면 도태되고 이 세상의 모든 발명품도 시간이 지나면 새로운 것으로 대체되기 마련이다. 마찬가지로 이 세상의 모든 성공 이야기는 결국엔 역사 속으로 사라진다. 인생에는 종점이 없다. 인생은 끊임없이 앞을 향해 나아가기 때문에 단 1분 1초도 영원한 성취감에 빠져 있을 겨를이 없다. 끊임없이 자기발전을 해야만 영원한 승자로 남을 수 있다는 사실을 기억하라.

45_ 웃어라, 인생이 달라진다

우리의 몸과 마음은 상호작용을 한다. 기분 상태에 따라 업무나 생활, 건강에 직접적인 영향을 미친다. 의학적으로 웃음은 신체적, 정신적으로 매우 건강하고 유쾌하다는 일종의 신호이다. 웃음은 정신적 긴장을 해소하고 대뇌 피질을 휴식 상태로 만들어 근육을 이완시켜 준다. 그래서 힘든 노동을 하고 나서나 휴식 시간에 코미디 프로그램을 시청하거나 우스개 이야기를 주고받으며 한바탕 웃고 나면 피로 회복과 건강 증진에 큰 도움이 된다. 고통스러운 일을 당하거나 깊은 상심에 빠졌을 때도 일부러 웃는 것이 좋다. 미소를 짓거나 웃음을 터뜨리거나 혹은 큰 소리로 미친 듯이 웃어 보라. 당신을 억누르던 고통과 번민이 사라지고 기분이 좋아지는 것을 느낄 수 있을 것이다.

생명이 위독한 중병 환자 갑과 을이 있었다. 두 사람이 함께 사용하는 비좁은 병실에는 밖을 내다볼 수 있는 창문 하나가 있었다. 갑은 치료 때문에 오후에 한 시간씩 병상에 앉아 있어야 했다. 덕분에 그는 창밖을 바라보며 시간을 보낼 수 있었다. 그러나 을은 온 종일 병상에 드러누운 채 시간을 보내야 했다.

날마다 똑같은 시각에 병상에 앉아 창문을 바라보는 갑은 창밖으로 보이는 광경 하나하나를 옆에 드러누워 있는 을에게 자세히 설명해 줬다. 창문 맞은편에는 커다란 호수가 딸린 공원이 있었다. 호수에서는 오리와 백조가 느긋하게 헤엄을 치며 돌아다녔고, 그 옆에서는 꼬마 아이들이 빵 조각을 뿌려 주거나 종이배를 띄우며 놀고 있었다. 공원의 나무 아래에서는 젊은 연인들이 데이트를 즐기고 있었고, 풀밭에서는 학생들이 신나게 공차기를 했다. 그리고 그들 머리 위로는 눈이 부실 만큼 새파란 하늘이 펼쳐져 있었다.

침대에 드러누워 꼼짝도 못하는 을은 갑이 들려주는 말 한 마디 한 마디를 꼭꼭 되새겨 들으면서 상상의 나래를 펼쳤다. 사내아이가 하마터면 호수에 빠질 뻔하거나 하늘거리는 원피스를 입은 아리따운 여인이 풀밭을 지나가는 모습들을 그는 직접 눈으로 본 것마냥 생생하게 머릿속으로 그려 냈다.

시간이 지나면서 점차 을은 불공평하다는 생각이 들었다.

"왜 저 친구만 창밖 풍경을 독차지해야 하는 거지? 왜 나에게는 창밖을 볼 기회를 안 주는 거냐고?"

불만이 가중되면서 을은 병상 위치를 바꾸고 싶은 마음이 간절해졌다.

그러던 어느 날 밤이었다. 을이 잠을 이루지 못하고 멀뚱멀뚱 천정을 쳐다보는데 갑자기 갑이 심한 기침을 해 댔다. 그는 금방이라도 숨이 끊어질 듯 기침을 해 대며 비상벨을 눌렀지만 아무리 기다려도 간호사는 오지 않았다. 을은 거의 죽어가는 갑을 그냥 내버려 두었다. 이튿날 새벽 간호사가 왔을 때 갑은 중태에 빠져 중환자실로 옮겨졌다.

갑이 떠나고 혼자서 병실을 쓰게 된 을은 간호사에게 병상 위치를 바꿔 달라고 요청했다. 그리고 마침내 그토록 갈망하던 창밖 풍경을 보려고 그는 필사적으로 두 팔에 힘을 주고 상체를 일으켜 세웠다. 그런데 이게 웬일인가? 창밖에는 새하얀 담벼락만이 썰렁하게 가로놓여 있을 뿐이었다.

갑은 그동안 삭막한 병원 생활을 견디기 위해 혼자 창밖 풍경을 상상하고 있었다. 그리고 상상의 나래를 펼치며 스스로 마음의 위안을 삼는 동시에 옆에서 꼼짝도 못하고 드러누워 있는 을에게도 삶의 희망을 심어 주었던 것이다.

삶이란 원래 그렇다. 어떤 환경에서든 넉넉한 웃음과 낙관적인 태도로 대한다면 긍정적인 효과를 얻을 수 있다. 반면에 자신의 신세를 한탄하고 원망만 한다면 인생의 실패자가 될 수밖에 없다. 이는 순전히 마음가짐의 차이다. 긍정적인 마음가짐으로 항상 웃음을 잃지 않는다면 유쾌하고 행복한 삶을 누릴 수 있다.

랴오닝 성遼寧省의 깊은 산골에 우구이화吳桂花라는 소녀가 살았다. 행동이 굼뜨고 느린 데다 어수룩해서 학교 친구들로부터 바보라고 따돌림을 당하기 일쑤였다. 부모님은 그러한 딸이 앞으로 어떻게 힘든 인생길을 살아갈 수 있을지 걱정이 태산이었다.

열여섯 살이 될 무렵 우구이화는 학교를 그만두었다. 집에서 백수로 지낸다는 소식을 전해 듣고 큰 호텔을 경영하던 외삼촌이 도시로 불러냈다. 외삼촌이 경영하는 호텔은 그 근방에서 꽤 유명한 일류 호텔이었다. 우구이화는 수습 기간을 마치고 호텔 내 식당에서 정식으로 서빙을 맡게 되었다.

어느 날 식당 안을 둘러보던 외삼촌은 마치 세공품처럼 정교하고 아름답게 깎아 놓은 사과를 발견했다. 그는 연방 탄사를 내뱉으며 물었다.

"이거 누가 한 거지?"

그러자 우구이화가 수줍은 듯 대답했다.

"제가 했어요."

"진짜로?"

외삼촌이 믿지 못하자 우구이화는 그 자리에서 사과를 깎아 보였다. 마치 요술을 부리는 것처럼 사과는 순식간에 근사한 조각품으로 변신했다. 외삼촌이 흥분을 감추지 못하고 소리쳤다.

"너한테 이런 재주가 있다는 걸 내가 미처 몰랐구나."

"어릴 때부터 외톨이라서 혼자 곧잘 사과 과수원에서 놀았어요.

땅바닥에 떨어진 사과를 주워서 소꿉놀이한다고 칼로 여러 가지 모양을 깎다 보니 재미가 있지 뭐예요? 그래서 지금까지 취미삼아 하고 있었어요."

"잘됐다. 이런 훌륭한 기술을 그냥 썩힐 수는 없지!"

그날 이후로 호텔에서 개최하는 모든 연회석상에는 우구이화가 조각한 사과 조각품이 장식품으로 올라왔다. 사과 조각품은 손님들의 열렬한 호응을 이끌어 냈고, 우구이화는 호텔의 간판스타가 되었다.

우구이화는 열일곱 살이 되던 해에 미국에서 개최하는 파티장 식품 콘테스트에서 최고 우수상을 받았다. 어린 중국 소녀가 우수상을 차지하자 수많은 기자가 벌떼처럼 몰려들어 앞다투어 인터뷰를 요청했다.

"그런 천재적인 조각 솜씨는 어떻게 다듬어진 거죠?"

기자의 질문에 우구이화는 수줍은 듯 대답했다.

"저는 천재가 아니라 촌스러운 시골 여자아이에 불과합니다. 전 그저 하느님이 주신 사과를 받은 것뿐이에요."

똑같은 사과라도 누구에게는 입맛을 다셔 주는 먹을거리에 불과하지만, 뉴턴에게는 만유인력의 법칙을 발견하게 해 준 창의력의 근원이었다. 마찬가지로 소녀에게는 사과가 한줄기 희망이자 세상과의 유일한 소통이었다. 또래의 아이들에 비해 똑똑하지도 않았고 가정형편도 넉넉하지 못했던 암담한 환경 속에서 사과는 소녀의 유일한 친구이자 즐거움이었던 것이다.

미국 플로리다 주에는 '방울뱀 마을'이라고 불리는 관광지가 있다. 지금은 아주 유명한 관광지이지만 예전에는 공짜로 준다고 해도 마다할 만큼 척박한 땅이었다. 토질이 워낙 거칠어서 과수를 재배하기는커녕 돼지를 사육하는 것조차 불가능했다. 유일하게 번성하는 것이라곤 작은 가시나무와 방울뱀뿐이었다.

그런데 가난한 농부가 주위 사람들의 반대를 물리치고 헐값에 이 황무지를 사들였다. 그에게는 누구도 상상하지 못한 기발한 아이디어가 있었다. 바로 이 쓸모없는 것들을 자산으로 바꾸는 것이었다. 즉, 방울뱀을 사업 아이템으로 삼은 것이다.

그는 방울뱀을 대량으로 양식하여 고기로는 통조림을 만들고, 방울뱀의 이빨에서 뽑은 독은 항독용 독소로 각지의 연구소로 보냈으며, 방울뱀의 가죽은 구두와 핸드백 재료로 비싼 값에 팔았다. 방울뱀 사업이 크게 성공을 거두면서 그의 방울뱀 농장은 매년 수만 명의 관광객이 찾는 관광명소로 자리 잡았다. 그 후 지역민들은 지역 발전에 크게 이바지한 농부를 기념하기 위해 이곳을 플로리다 주의 '방울뱀 마을'로 고쳐 부르기 시작했다.

살아가는 데서 혹독한 현실에 직면했을 때 현실에 적응하고 융화되어야만 생존할 수 있고 미래 발전의 길을 만들어 낼 수 있다. 처음 농부 앞에는 척박한 황무지만 덩그러니 놓여 있었지만, 그는 그곳에서 희망을 찾았다. 절망하거나 포기하지 않고 유쾌하고 긍정적인 마음가짐으로 도전하여 마침내 여유로운 웃음으로 성공을 맞이했던 것이다.

우리는 모든 일이 순조로울 때는 자신도 모르는 사이에 안일한 삶에 안주하고 게을러진다. 반면에 역경에 처했을 때는 자신의 모든 역량을 다 쏟아내 고군분투하게 된다. 바꿔 말해서 역경이나 위기는 하나의 기회가 된다는 뜻이다. 요한 세바스찬 바흐Johann Sebastian Bach는 "고통은 인간의 넋을 슬기롭게 하는 위대한 스승이다."라고 말했다. 조지 워싱턴George Washington 역시 "한 사람의 성공 여부는 얼마나 많은 성공을 거두었느냐가 아니라 얼마나 많은 난관을 극복했느냐에 따라 결정지어야 한다."라고 말했다. 역경의 순기능을 설명한 것이다.

역경은 다이아몬드를 연마하는 것처럼 우리를 강하게 단련시켜 준다. 예전에 미처 깨닫지 못했던 내면의 잠재력을 모두 끄집어내어 더욱 강인하게 만들어 준다. 즉, 역경이야말로 진정한 성공을 가져다준다고 할 수 있다.

대학을 갓 졸업한 여성이 있었다. 그녀는 친척과 친구들이 십시일반으로 거둔 돈을 보태 30여만 위안의 창업자금을 들고 대도시로 나갔다. 그러나 운명의 여신은 그녀의 편이 아니었다. 고군분투했지만 결국 2년 만에 빈털터리 신세가 되었다. 절망의 나락에 떨어진 그녀는 높은 고층 빌딩 위로 올라갔다. 생과 작별하기에 앞서 마지막으로 하늘을 쳐다보던 그녀는 이제 막 떠오르는 눈부신 아침 태양을 바라보노라니 자신도 모르게 삶의 의지가 솟아오르는 것을 느꼈다. 날마다 새로운 태양이 솟아오르듯이 오늘은 새로운 기회가 찾아올지도 모른다는 희망이 생겼던 것이다. 실패의 좌절감을 떨치고 다시 일어선 그녀는 수년간의 노력 끝에 마침내 자산 규모 수백만 위안의 중소기업 사장이 되었다.

현대를 살아가는 우리는 산더미처럼 쌓인 업무와 무미건조한 일상에서 온갖 스트레스와 짜증으로 점차 웃음을 잃어가고 있다. 하지만 성공하는 삶을 원한다면 일단은 웃어라. 웃음은 당신의 우울한 마음을 유쾌하게 해 주고 긍정적인 마음가짐을 갖게 해 준다. 더불어 주변 사람들에게 즐거운 웃음 바이러스를 전파시켜 삶의 질을 바꿔 준다.

46_ 집착은 성공의 토대이다

땅속의 수분을 찾으려 필사적으로 뻗어가는 나무뿌리의 집착을 본 적이 있는가? 식물은 강인한 생명력이 있기에 울창한 숲을 이루며 번성해 간다. 우리에게도 그와 같은 삶의 집착이 있다면 이 세상에 두려울 것이 뭐가 있겠는가?

콘돌리자 라이스Condoleezza Rice는 1954년 11월 14일 미국 남부의 앨라배마 버밍햄에서 태어났다. 앨라배마 주는 혹독한 인종 분리 정책으로 인종차별이 극심하던 곳이었다. 대부분의 흑인 아이들이 인종 차별로 비참한 환경에서 자라던 것과 달리, 라이스는 매우 유복한 환경에서 자라났다. 아버지 존 웨슬리는 목사이자 대학교수인 지식인이었고 어머니 안젤리나는 피아니스트로 음악 교사였다. 그래서 그녀의 이름 '콘돌리자Condoleezza'도 음악과 관련된 이탈리아어 '부드럽게 연주하라'는 뜻의 'Con dolcezza'에서 따서 지었다.

　인종차별로 불이익을 당하던 그녀의 부모는 한 가지 진리를 깨달았다. 백인과 동등하려면 두 배로 노력해야 하고, 백인을 능가하려면 세 배 더 일해야 한다는 사실이었다. 미국 사회에서 인정받으려면 오로지 교육뿐이라는 것을 잘 알고 있었기에 그들은 딸의 교육에 사활을 걸었다. 라이스가 세 살이 될 무렵부터 피아노, 발레, 피겨스케이팅, 테니스, 스페인어, 프랑스어를 가르쳤고, 집을 줄여 사립학교에 보냈다. 부모님의 열성적인 교육열 덕분에 라이스는 네 살 때 첫 피아노 연주회를 열면서 피아니스트의 꿈을 키워나갔다.

　그러나 대학에서 우연히 수강한 국제 정치학 강의는 라이스의 운명을 바꿔 놓았다. 라이스는 매들린 올브라이트Madeleine Korbel Albright 전 국무장관의 아버지인 조세프 코벨 교수의 국제 정치학 강의를 들으면서 소련학의 대가가 되기로 마음먹고 전공을 바꾼 것이다. 그 후 덴버 대학교와 노터데임 대학교에서 정치학과 국제학을 전공하고, 노터데임 대학교에서 석사 학위를, 덴버대학교에서는 박사학위를 취득했다. 그리고 불과 스물여섯의 나이에 명문 스탠퍼드 대학교의 정치학 부교수가 돼 세상을 놀라게 했고, 학계에서는 러시아 전문가로 이름을 날렸다.

　라이스가 정계에 입문한 것은 브렌트 스코우크로프트Brent Scowcroft 전 백악관 안보보좌관과의 인연 때문이었다. 무기 통제 문제를 논의하는 자리에서 라이스를 처음 만난 스코우크로프트는 이렇게 회고했다.

"라이스는 수줍어하지도 않았고 그렇다고 교만하거나 직관적이지도 않았다. 참으로 강한 인상을 심어 준 그녀에게 호감이 생겼는데, 부시 대통령도 그녀를 알았으면 좋겠다는 생각이 들었다."

서른넷에 조지 부시 행정부의 소련 자문역을 맡아 정계에 입문한 라이스는 탄탄한 지식과 반대파를 끌어들이는 설득력으로 큰일을 처리하는 데 탁월한 기량을 발휘했다. 1989년 몰타 미소 정상회담에서 라이스를 만난 미하엘 고르바초프Mikhail Sergeyevick Gorbachev 당시 소련 대통령은 "그녀는 내가 아는 소련의 모든 것을 말하고 있었다."라며 찬사를 아끼지 않았다.

라이스는 최연소이자 흑인 여성으로는 최초로 1993년부터 1999년까지 스탠퍼드 대학교 부총장 직을 역임했다. 스탠퍼드 대학교에 복귀하고 나서도 부시 가문과 교류를 이어가 조지 부시 텍사스 주지사가 대통령에 출마하자 주저 없이 선거 캠프에 합류했다. 조지 부시 대통령의 임기 동안에는 국가안보 보좌관을 지내면서 부시 대통령의 최측근으로 깊은 신뢰를 받았다.

콘돌리자 라이스는 결코 운이 좋아서 단번에 성공을 거둔 것이 아니다. 그녀를 비롯한 세계적인 저명인사들을 살펴보면 오랜 시간 피나는 노력을 통해 실력을 쌓은 것을 볼 수 있다. 그들은 만반의 준비를 해 두고 기회가 찾아왔을 때 자신의 기량을 최대한 발휘하여 정상의 자리에 올랐다.

성공방정식은 노력과 행운이 각각 50%를 차지한다. 그러나 설령 행운의 기회가 찾아와도 게으르다면 성공할 수 없다. 다시 말해서 **성공은 노력과 기회가 함께 버무려져야 한다. '노력＋기회＝성공' 이라는 성공방정식은 참으로 간단하고 평범하면서도 의미심장하다.** 동서고금 이래 수많은 이들이 이처럼 간단한 성공방정식을 실천으로 증명하며 성공을 거두었다. 그러나 목표에 대한 집착과 노력이 성공의 키워드임을 잊고 사는 사람이 많다. 그래서 이 세상은 성공한 사람과 실패한 사람으로 나뉘는지도 모른다.

지난 10여 년 동안 융유用友소프트웨어의 왕원징王文京 회장은 모두 불가능하다고 여긴 길을 개척하여 성공을 거두었다. 그는 빌린 돈 5만 위안으로 회사를 창업해 오늘날 자산 규모가 5억 위안에 달하는 중국 최대의 소프트웨어 기업으로 우뚝 섰다. 특히 융우에서 개발한 소프트웨어는 지난 13년 동안 중국 시장 점유율 1위를 줄곧 지켜왔다.

1988년에 왕원징은 재무 소프트웨어를 개발하고 중국 재무 제도의 특수성을 이용해 국외 소프트웨어 기업의 경쟁을 따돌리고 안정적으로 발전해 나갔다. 다른 기업들이 치열한 시장 경쟁과 자금난에 허덕일 때 융우 소프트웨어는 오로지 제품 개발에만 주력할 수 있었다.

국내외의 벤처 자금이 쏟아져 들어올 때도 왕원징은 절대 서두르지 않았다. 경제학에 일가견이 있던 그는 당시 민영 소프트웨어 기업에 대한 중국 정부의 정책이 불안정한 상태일 때 섣불리 벤처 자금을 끌어들이면 나중에 자금 운용에 문제가 생길 것이라고 예상했다. 그래서 시기가 될 때까지 신중하게 기다렸다가 정식으로 주식 시장에 상장하여 대규모의 자금을 끌어들였다.

1999년에 왕원징은 미국 시찰을 다녀와서 2,000만 위안을 투자해 웨이쿠왕偉庫網이라는 인터넷 회사를 설립했다. 웨이쿠왕이 개통되자 왕원징은 중국 최초로 응용서비스 제공업체ASP 제품을 출시해 중소기업 사용자를 위한 온라인 관리 소프트웨어 서비스를 제공했다.

2003년 11월 12일에 융유 소프트웨어는 베이징과 상하이, 도쿄에 연구개발센터를 설립하고 국제 시장 진입의 시발탄을 쏘았다. 이는 왕원징이 시찰단을 이끌고 유럽의 소프트웨어 시장을 시찰하고 와서 단행한 첫 번째 중대 정책이었다. 왕원징은 융우 소프트웨어의 국제 시장 진입을 3단계로 나누었다. 첫 번째 단계는 중국 국내에서의 시장 점유율을 꾸준히 올려 국제 경쟁력을 강화하고, 두 번째 단계는 인도의 소프트웨어 산업 방식을 본떠 소프트웨어 수주 산업에 주력하며, 세 번째 단계는 홍콩을 중점으로 아시아·태평양 지역을 목표로 삼아 업무를 확대하는 것이었다.

왕원징은 중국의 산업정보화를 가속화하려면 중국의 지역 특수성에 맞는 관리 소프트웨어를 기반으로 삼아야 한다고 주장한다. 그는 앞으로 중국의 관리 소프트웨어 시장은 최고조에 이를 것이며, 융우 소프트웨어의 미래 발전 가능성은 무궁무진하다고 확신한다.

"평생에 한 가지 일에만 주력해야 한다." 왕원징은 자신의 창업 신화를 한 마디로 이렇게 정의했다. 성공은 무조건 피땀 흘리는 노력을 한다고 해서 이루어지는 것이 아니다. 일단은 그 일에 흥미를 느껴야만 오랜 시간 뜨거운 열정을 바칠 수 있다. 그렇게 한 가지 목표에만 몰두하면 성공을 거둘 수 있다.

자신의 잠재력을 발굴하여 한 가지 꿈에만 집착하고 몰두하는 사람은 언제나 매력적이다. 바로 집착이 있기에 꿈이 현실이 되고, 삶이 기쁨으로 충만해진다는 사실을 기억하라.

47_ 미지의 세계를 두려워하지 마라

17세기 영국 시인 존 밀턴John Milton의 《실락원》에 나오는 타락한 천사인 사탄은 이렇게 말한다.

"마음이야말로 천당을 지옥으로 만들 수도 있고 지옥을 천당으로 만들 수도 있는 자리이다."

그렇다. 우리 마음에 따라 이 세계는 천당도 되고 지옥도 된다. 생각은 내가 어느 방향으로 가야 할지를 결정한다. 인생에서 비관과 낙관, 성공과 실패는 오로지 당신의 마음에 달렸다. 미지의 세계로 들어서는 것을 결코 두려워할 필요가 없다. 정작 두려워해야 할 것은 나약한 당신의 마음이다. 긍정적인 마음가짐으로 끊임없이 용기를 북돋으면서 미지의 세계를 개척하는 사람은 항상 인생의 승자이다.

미국 캘리포니아에 이제 막 대학을 졸업한 청년이 있었다. 그해 겨울 그는 군대에 자원하여 가장 힘들고 위험하기로 유명한 해병대에 입대하게 되었다.

'해병대는 정말 위험하고 힘들다던데, 자원하긴 했지만 내가 버텨낼 수 있을까?'

입대를 앞두고 걱정과 불안에 휩싸인 청년에게 할아버지가 말했다.

"애야, 하나도 걱정할 것이 없다. 해병대에 들어가면 너에게 두 가지 기회가 다가올 거다. 하나는 행정병으로 배정되는 것이고, 또 하나는 일반 사병으로 배정되는 거지. 만일 행정병이 되면 고된 훈련을 받을 필요가 없는데 뭘 겁내는 거냐?"

그러자 청년이 되물었다.

"만일 일반 사병으로 배정되면요?"

"그렇게 되더라도 마찬가지로 두 가지 기회가 있을 거다. 하나는 미국에서 병역을 마치는 것이고, 또 하나는 외국의 미군 기지로 파견되어 병역을 마치겠지."

"만일 외국 미군 기지로 파견되면요?"

"또다시 두 번의 기회가 기다리고 있을 거다. 하나는 우방 국가로 가는 것이고, 또 하나는 평화유지군으로서 위험 국가로 파견되겠지. 만일 우방 국가로 파견되면 훨씬 수월하고 편해서 다행이지 않겠니?"

"만일 평화유지군으로 위험국가로 파견되면요?"

"흠, 역시 두 가지 기회가 있겠지. 하나는 병역 의무를 무사히 마치고 귀국하는 것이고, 또 하나는 부상을 당하고 귀국하는 것. 하지만 무사히 병역을 마친다면 안전하게 돌아올 수 있으니 걱정할 필요 없을 게다."

"하지만 불행히도 부상을 당하면요?"

청년은 끈질기게 되물었다.

"역시 둘 중의 하나가 되겠지. 목숨에 지장이 없는 가벼운 부상이거나, 치명적인 부상이거나."

청년은 두려움에 미간을 찌푸리며 물었다.

"만일 치명적인 부상을 당하면 어떡해요?"

할아버지는 느긋한 표정으로 이렇게 대답했다.

"그때도 역시 두 가지 기회가 있을 것이다. 하나는 국가를 위해 목숨을 바친 영웅으로 죽음을 맞이하는 경우이고, 또 하나는 겁쟁이처럼 이리저리 도망 다니다가 불행하게 부상을 당하는 경우지. 물론 넌 당연히 영웅적인 죽음을 택하겠지? 그렇다면 영웅으로 역사에 길이 남을 텐데 걱정할 게 뭐가 있겠느냐?"

위 일화의 할아버지는 인생의 진리를 터득한 현명한 노인이다. 우리는 살아가면서 끊임없는 선택의 갈림길에 직면한다. 이제껏 경험해 보지 못한 미지의 세계를 선택할 때는 종종 공포감을 느낀다. 자신도 모르게 소극적이고 비관적인 마음가짐으로 미지의 세계를 바라보는 것이다. 사실 이는 성공과 실패, 이해득실의 족쇄에 얽매어 있기 때문이다. 일단 이러한 것에 얽매이게 되면 세상을 바라보는 시야가 좁아지고 매사 손익계산이 앞선다. 인생의 도전 자체가 없어지고 편안하고 안정된 생활에만 안주하게 된다.

성공하는 사람과 실패한 사람은 미지의 세계에 대한 도전에서 극명하게 갈라진다. 성공하는 사람은 꿈을 이루고자 미지의 세계로 주저 없이 돌진한다. 하지만 실패하는 사람은 자신의 능력에 대한 불확실성과 의구심에 사로잡혀 제자리걸음만 한다.

지금으로부터 20여 년 전만 해도 미국에는 흑인용 화장품 시장이 제대로 형성되지 않았다. 일부 시중에 판매되는 화장품이 있었지만 대부분 백인과 공용하는 화장품이었다. 게다가 흑인 여성들 가운데는 화장품을 지속적으로 구매할 경제력을 갖춘 소비자층이 두텁지 못해서 사업가들도 별다른 관심을 두지 않았다. 당시 판촉사원으로 일하던 조지 존슨George E. Johnson은 흑인용 화장품이 앞으로 무한한 시장 잠재력을 가진 사업 아이템이라는 사실을 깨달았다. 인종차별이 완화되면서 흑인들의 경제력이 향상되면 흑인용 화장품 시장이 눈부시게 성장하리라고 판단한 것이었다. 그는 사표를 내고 단돈 500달러와 직원 세 명을 데리고 흑인용 화장품 회사를 설립했다.

마침내 존슨 회사의 화장품이 출시되었다. 그러나 아직 브랜드 인지도조차 없는 신생 회사에다 자금이 넉넉하지 못하니 대대적인 신제품 홍보는 불가능했다. 존슨은 심사숙고 끝에 마침내 기발한 아이디어를 떠올렸다. 그는 즉시 다음과 같이 제품 홍보 활동을 진행했다.

"풀러 화장품으로 화장하고 나서 존슨 파우더를 바르면 상상을 초월하는 화장 효과를 얻을 수 있습니다."

당시 흑인 화장품 시장은 풀러 화장품 회사가 독점하고 있었다. 그런데 경쟁 회사의 이름을 홍보 문구에 집어넣은 것이다. 당연히 회사 내부에서는 반발이 심했다. 경쟁 회사 제품을 대신 광고해 주는 격이었는데 누가 찬성하겠는가? 직원들의 반발에 존슨은 느긋하게 웃으며 설명했다.

"그게 바로 나의 광고 전략일세. 난 경쟁사 제품을 무료로 광고해 주는 것이 아니라 저쪽의 브랜드 인지도를 빌려서 우리 회사 제품을 홍보하는 걸세. 자네가 대통령과 함께 사진을 찍었다고 생각해 보게. 전에는 자네를 알지도 못한 이웃들이 너나 할 것 없이 아는 체를 할걸?"

존슨의 기발한 광고 전략은 그대로 적중했다. 광고가 나가자 소비자들은 아주 자연스럽게 존슨 회사 제품을 받아들였다. 존슨은 연달아 신제품을 출시하면서 시장을 점차 확대하여 마침내 미국 흑인 화장품 시장을 석권했다.

인생에서 마주치는 모든 상황에는 두 가지 기회가 있다. 하나는 좋은 기회이고 하나는 나쁜 기회이다. 좋은 기회 속에는 나쁜 기회가 감춰져 있고, 나쁜 기회 속에는 좋은 기회가 숨어 있는 법이다. 관건은 우리가 어떤 관점과 태도로 그것을 대하느냐이다.

매사 긍정적이고 미래를 내다보는 안목이 있는 사람에게는 나쁜 기회든 좋은 기회든 모두가 좋은 기회이다. 반면에 부정적이고 비관적인 사고방식을 가진 사람에게는 행운의 기회조차도 나쁜 기회가 된다. 당신의 마음이 행운과 불행을 만들어 내는 것이다.

청년 두 명이 청운의 꿈을 안고 고향을 떠나 대도시로 향했다. 한 사람은 상하이上海로 가는 기차표를 샀고, 또 한 사람은 베이징으로 가는 기차표를 샀다. 플랫폼에서 기차를 기다리던 두 사람은 옆 사람들의 이야기에 귀가 솔깃해졌다.

"상하이 사람은 워낙 장삿속이 뛰어나서 길을 묻는 사람에게조차 돈을 받는다면서요?"

"그러게 말이에요. 헌데 베이징도 참 살기 좋다고 하던데요? 사람들이 순박해서 거지를 보면 그냥 지나치지 못하고 찐빵이랑 헌 옷을 나눠 준다더군요."

이들의 말에 두 청년은 갈등에 빠졌다.

"상하이를 갈 것이 아니라 베이징으로 가는 게 나을 것 같다. 일자리를 못 구해도 굶어 죽을 일은 없잖아?"

"난 아무래도 베이징이 아니라 상하이로 가야겠어. 길 안내만 해도 돈을 벌 수 있다는데 무슨 일이든 돈벌이가 되지 않겠어?"

두 청년은 결국 서로 기차표를 맞바꾸어 각각 베이징과 상하이

행 기차에 몸을 실었다.

베이징에 도착한 청년은 과연 듣던 대로 베이징이 살기 좋은 곳이라는 것을 몸소 체험할 수 있었다. 베이징에 도착한 지 한 달이 넘도록 백수로 지냈지만, 전혀 굶어 죽을 일이 없었던 것이다. 목이 마르면 은행 로비에 있는 생수기로 갈증을 해결할 수 있었고, 배가 고프면 마트의 시식코너에서 실컷 배를 채울 수 있었다.

상하이로 간 청년도 과연 상하이가 돈 벌기 좋은 곳이라는 것을 직접 체험할 수 있었다. 외국 관광객들을 상대로 길을 안내하거나 세숫대야에 찬물을 떠 놓고 지나가는 여행자들에게 세숫물을 대 주는 것만으로도 돈을 벌 수 있었다. 무엇이든 아이디어와 노동력만 있으면 온 사방에 돈벌이가 깔려 있었던 것이다.

시골 출신이었던 청년에게 문득 좋은 아이디어가 떠올랐다. 공사장에서 황토를 캐와 모래와 낙엽을 한데 섞어 분갈이용 흙으로 길거리에 내다 놓자 날개 돋친 듯이 팔리는 것이 아닌가? 첫날 하루 동안 황토가 금세 동이 나 그것을 다시 구하러 교외 야산을 여섯 차례나 다녀올 정도로 돈벌이가 쏠쏠했다. 1년 만에 상하이 시내에 작은 점포를 차릴 만큼 흙 장사는 대박을 거두었다. 그 후 청년은 고층 빌딩을 청소하는 청소용역업체를 차렸다. 처음에는 규모가 작았지만, 지금은 150여 명의 직원을 보유하고 항저우杭州와 난징南京에 지점을 둔 어엿한 중견 업체로 성장했다.

그러던 어느 날, 그는 베이징의 청소용역업체 현황을 알아보려고 베이징으로 가는 기차에 몸을 실었다. 기차역에 도착한 그는 허름한 옷차림으로 빈 음료수 캔을 수거하는 사람과 맞닥뜨렸다. 순간 두 사람은 깜짝 놀라고 말았다. 바로 5년 전에 기차표를 맞바꾼 상대방이었던 것이다.

기회란 이렇듯 모두에게 공평하지만 누구나 기회를 차지하는 것은 아니다. 곳곳에 위험이 깔린 험준한 길일지언정 과감히 도전하는 사람만이 기회를 차지하고 성공을 거둘 수 있다.

우리는 살아가면서 수많은 기회와 마주친다. 때로는 기회를 쟁취하기도 하고 때로는 놓치기도 한다. 모든 성공의 가능성에는 항상 실패의 가능성이 숨어 있다. 미래의 불확실성 때문에 도전하지 못한다면 당신은 자신을 에워싼 울타리를 영원히 벗어날 수 없다. 미지의 세계에 과감히 도전하는 사람만이 성공이라는 열매를 차지할 수 있다.

48_   원망하지 말고 노력하라

인생의 70~80%는 실패와 좌절이다. 초능력자가 아닌 이상 어떻게 모든 일에서 승승장구하며 성공을 거둘 수 있겠는가? 그러나 그렇다고 해서 세상을 원망하고 절망 속에서 허송세월을 보낸다면 영원히 실패의 그림자에서 벗어날 수 없다. 어제의 실패를 잊고 용감하게 내일을 향해 걸음을 내딛는 사람만이 새로운 성공의 기회를 얻는다.

어느 날 한 아버지가 아들을 빈센트 반 고흐Vincent van Gogh의 집으로 데려갔다. 그곳에는 생전에 고흐가 사용한 낡은 침대와 밑창이 닳은 신발이 있었다.

"아버지, 고흐는 부자가 아니었어요?"

아버지는 이렇게 대답했다.

"고흐는 지참금이 없어서 아내를 맞아들이지도 못할 만큼 찢어지게 가난했단다."

그 이듬해에 아버지는 덴마크에 있는 한스 안데르센Hans Christian Andersen의 고택으로 아들을 데리고 갔다. 어린 아들은 고개를 갸우뚱거리며 물었다.

"아버지, 안데르센은 왕궁에 살지 않았어요?"

"안데르센은 구두 수선공의 아들이었단다. 이 허름한 집에서 살았지."

아버지는 해마다 대서양의 항구를 전전하는 선원이었고, 아들은 훗날 미국 역사상 최초로 퓰리처 상을 받은 흑인 기자였다.

그 후 20년이 지나 그는 어린 시절을 회상하며 이렇게 말했다.

"당시 우리 집은 무척이나 가난했습니다. 부모님 모두 막노동으로 간신히 생계를 유지했으니까요. 그때 나는 나같이 가난하고 비천한 흑인은 아무런 미래가 없다고 생각했습니다. 그런 나에게 아버지는 반 고흐와 안데르센의 집을 보여 주며 하늘은 누구에게나 공평하다는 사실을 알려 주셨어요."

일상생활에서 수많은 사람이 이런 푸념을 한다.

"하늘은 너무 불공평해!"

"하느님은 왜 나에게 불행만 주는 걸까?"

이들은 자신의 실패나 억울함을 모두 운명 탓으로 돌린다. 실패의 원인을 자신에게서 찾는 것이 아니라 애꿎은 '하느님'을 핑계로 대기에 급급하다. 사실 하늘은 공평하다. 가난하고 비천한 사람을 무시한 적도 없고, 그들에게서 꿈과 희망을 빼앗아 간 적도 없다.

당신이 어떤 생활환경에 처해 있든 간에 그 출발점은 앞으로의 발전 잠재력을 가리키는 지시등이 아니다. 성공은 그 사람의 배경과는 기본적으로 아무런 관계가 없다. 근본적인 문제는 당신이 삶에 대한 열정을 갖고 있는지, 자신의 잠재력을 얼마나 개발하는지와 깊은 연관이 있다. 삶에서 맞닥뜨리는 역경이나 고난은 일시적인 것에 불과하다. 이때 좌절하지 않고 강인한 인내력으로 고군분투하는 사람에게는 항상 아름다운 인생이 준비되어 있는 법이다.

집안이 가난해서 중도에 학업을 포기하고 대도시로 돈벌이를 나간 청년이 있었다. 청년은 직장을 구하려고 애썼지만, 학력이 낮아서 퇴짜 맞거나 무시당하기 일쑤였다. 낙담한 청년은 고향으로 돌아가기로 했다. 막상 도시를 떠나려던 청년은 지푸라기라도 붙잡는 심정으로 유명한 은행가인 로스에게 편지를 썼다. 그는 편지에 자신의 운명이 너무도 가혹하고 불공평하다며 하소연을 늘어놓고 이렇게 끝을 맺었다.

"돈을 좀 빌려주시면 진학해서 졸업장을 따고 다시 좋은 일자리를 찾겠습니다."

편지를 부치고 청년은 여관에서 며칠을 기다렸지만 아무런 회신도 받을 수 없었다. 지니고 있던 돈도 바닥이 나자 청년은 집으로 돌아갈 짐을 쌌다. 마침 그때 여관 주인이 로스에게서 온 편지를 건네주었다. 잔뜩 기대를 품고 편지를 뜯었지만 기대와는 달리 로스의 편지에는 단 한 마디 위로의 말도 없었다. 대신 이런 내용의 글이 담겨 있을 뿐이었다.

"바다에 사는 수많은 물고기 가운데 유독 상어만 부레가 없습니다. 부레가 없으면 물고기는 물속으로 가라앉기 때문에 잠시라도 멈추면 죽게 됩니다. 상어는 살기 위해 잠시도 쉬지 않고 움직여야 하는 가혹한 운명을 타고 태어난 셈이지요. 하지만 그 결과, 어떻게 됐습니까? 바다 동물 중 가장 힘이 센 강자가 되지 않았습니까? 이 도시는 거대한 바다와 같습니다. 이 도시에 대학 졸업장을 가진 사람들은 수두룩하지만 그렇다고 그들이 전부 성공하는 것은 아닙니다. 나는 문득 당신이 부레가 없는 물고기라는 생각이 들었습니다."

그날 밤 청년은 밤새도록 잠을 이루지 못하고 편지의 내용을 곰곰이 되새겨 보았다. 다음날 그는 생각을 바꿔 고향으로 돌아가는 대신 여관 주인에게 간청했다. 밥만 먹여 주면 이곳에서 일하겠다고 말이다. 공짜로 일해 주겠다는데 마다할 사람이 어디 있겠는가? 여관 주인은 흔쾌히 승낙을 했다. 그로부터 10년 뒤에 청년은 백만장자가 되었다.

인생길에는 항상 크고 작은 난관이 우리를 가로막기 마련이다. 우리에게는 그러한 난관을 피해 가거나 선택할 권리가 없지만 대신 긍정적인 마음가짐으로 대처할 수 있는 능력이 있다. 역사적

위업을 쌓은 위인들은 항상 난관이나 위기를 하늘이 내린 선물이라고 여겼다. 그러한 역경이야말로 자신들의 내면에 잠들어 있던 잠재력을 깨워 초인적인 능력을 발휘하도록 도와준 일등공신이라는 사실을 그들은 잘 알고 있었던 것이다.

발명왕 에디슨도 대단히 긍정적인 사람이었다. 그가 예순일곱 살 때 일어난 비극적인 사고를 대하는 그의 태도에는 긍정적인 사고방식이 잘 드러난다. 에디슨이 뉴저지 웨스트오렌지에 세웠던 실험실은 세계적으로 유명했다. 건물 14동으로 이루어진 복합단지를 에디슨은 발명 공장이라고 부르며 자랑스러워했다. 특히 중심 건물은 풋볼 경기장 세 개를 합쳐 놓은 것보다 더 클 정도로 엄청난 규모를 자랑했다. 그곳에서 에디슨과 직원들과 함께 발명품을 구상하고, 제품을 개발했으며, 상용화 단계를 거친 뒤에는 정식으로 제품을 출시했다. 이렇듯 체계적인 구조를 갖춘 공장은 오늘날 제조업의 모델이 되기도 했다.

그런데 1914년 겨울 어느 날, 에디슨이 그토록 사랑하고 아끼던 실험실에 불이 났다. 손해액은 2백만 달러에 달했고, 에디슨이 평생 연구해 온 것들이 순식간에 한 줌의 재로 변했다.

당시 그의 아들 찰스 에디슨은 화재 소식을 듣고 아버지가 걱정되어 허겁지겁 현장으로 달려갔다. 그런데 그 절망스러운 상황에서도 에디슨은 실험실이 불타는 것을 지켜보며 이렇게 말했다.

"찰스, 어서 엄마를 모시고 오너라. 이런 장면은 두 번 다시 보기 어려울 거야. 놓쳐서는 안 되잖니?"

다음 날 아침, 에디슨은 다시 화재 현장을 찾아가 하룻밤 사이에 자신의 희망이 송두리째 사라진 지점을 바라보았다. 다른 사람이라면 대부분 크게 좌절했을 것이다. 그러나 에디슨은 그렇지 않았다. 그의 심경을 묻는 기자들에게 그는 이렇게 말했다.

"이 재난에는 커다란 의미가 있습니다. 나의 지나간 실수까지 모두 말끔히 타버렸다는 겁니다. 이처럼 새롭게 다시 시작할 수 있다는 사실에 나는 하느님께 감사드립니다."

그로부터 3주 후 그는 세계 최초의 축음기를 발명했다.

이는 에디슨이 미래에 대한 꿈을 품고 단 한 순간도 삶에 대한 열정을 잃지 않았기에 가능한 일이었다. 그의 긍정적이고 한결같은 의지력이 그를 성공의 길로 이끌었던 것이다.

만일 다른 사람들이라면 어땠을까? 아마도 왜 이렇게 하늘은 불공평한지, 왜 이토록 엄청난 불행을 안겨 주는지, 하늘과 운명을 탓했을 것이다. 그러나 에디슨은 달랐다. 그는 묵묵히 새로운 시작을 준비했다. 성공을 향해 달려가는 길목에서 실패는 우리를 좌절 속에 빠뜨리지만 동시에 성공을 향해 한발 더 다가서게 해 준다.

성공한 사람들은 실패나 좌절을 성공으로 향하는 사다리로 여기며 조금도 움츠러들지 않았다. 난관에 부딪혀도 극복할 수 있다는 믿음으로 절대로 굴복하는 법이 없다.

로저스는 올해 서른 살이다. 희망차고 위풍당당한 모습을 보노라면 불과 수년 전만 해도 세상 끝에 선 낙오자로 살아가던 그의 모습을 도저히 상상할 수가 없다. 5년 전 로저스는 수년간 몸담았던 다국적 기업에 사직서를 제출하고 창업의 길로 들어섰다. 한동안 회사는 승승장구를 거듭했지만 한 차례의 투자 실패로 거의 파산 지경에 이르게 되었다. 동업자가 떠나고 직원들도 뿔뿔이 흩어져 버려 회사는 결국 망하고 말았다. 절망의 나락으로 떨어져 철저하게 삶의 의지를 잃어버린 그는 하늘을 원망하고 자신의 운명을 탓했다. 옆에서 용기를 북돋아 주려는 아내에게 고마워하기는 커녕 걸핏하면 화를 내고 욕설을 퍼부었다. 자포자기에 빠져 나날이 포악해지는 남편을 견디기 어려웠던 아내는 결국 그를 떠나고 말았다.

아내가 떠나고 나서야 로저스는 퍼뜩 정신이 들었다. 그는 마음을 다잡고 다시 처음부터 시작했다. 그에 대한 신뢰를 버리지 않았던 친구와 함께 동업하여 다시 회사를 차렸다. 수년 동안 발이 부르터라 돌아다니며 고군분투한 끝에 사업이 크게 성공을 거두었고, 아내와도 재결합했다.

우리가 흔히 쓰는 '만사형통'이라는 표현은 그저 듣기 좋은 사탕발림에 불과하다. 산다는 것은 현실이다. 드넓은 바다를 항해하는 것과 똑같은데, 어찌 폭풍우가 치고 거센 파도가 일지 않는 날이 있을 수 있겠는가? 삶의 굽이굽이에는 수많은 좌절과 불행이 숨어 있다. 우리는 이러한 불행을 막을 수는 없지만 대신 담담하게 받아들일 수 있는 지혜가 있다.

  꿈을 꾸고, 그 꿈을 이루고자 최선을 다하는 사람은 설사 철창에 갇힌다 해도 실망하거나 비관하는 법이 없다. 좌절이나 실의에 굴복하지 않고 꿈을 향해 쉬지 않고 걸어가는 사람에게는 항상 아름다운 미래가 준비되어 있는 것이다.

49_ 자신에게 충실하라

우리는 자기만의 인생 목표가 있다. 또 저마다 인생관과 사고방식이 다르다. 그래서 다른 사람의 관점에서 자신의 인생 가치를 측정하는 것은 대단히 어리석은 일이라고 할 수 있다. 자신이 좋아하는 일을 하고, 자신이 바라는 꿈을 실현하기 위해 끊임없이 노력하는 것이야말로 올바른 삶의 방식이다.

어느 날, 한 젊은이가 미국의 국제통신교육 덴버분교 사무실로 들어섰다. 사장 존은 영업 일을 하겠다고 찾아온 이 허약해 보이는 젊은이를 뚫어지게 바라보았다. 그는 몇 마디 질문을 던지더니 갑자기 화제를 돌렸다.

"자네는 농장주에게 타자기를 팔 자신이 있나?"

젊은이는 생각해 볼 가치조차 없는 질문이라는 듯 곧바로 이렇게 대답했다.

"죄송합니다. 저는 농장주에게 타자기를 팔 자신이 없습니다. 그들에게는 타자기가 전혀 필요 없기 때문입니다."

이 대답을 듣고 존은 뛸 듯이 기뻐하며 말했다.

"자네는 합격이네. 지금껏 나는 모든 응시자에게 바로 이 질문을 던졌다네. 그랬더니 모두 타자기를 팔려고 나가더군. 물론 그들 가운데 타자기를 성공적으로 팔고 돌아온 이는 아무도 없었네. 나는 자네의 대답이 참으로 마음에 드네. 이 세상에 어느 누가 자신에게 필요하지도 않은 물건을 사겠나?"

존은 계속해서 말했다.

"가서 일하게나, 젊은이. 누구에게 무엇이 필요한지, 또 무엇이 필요하지 않은지를 잘 알고 있으니 자네는 일을 아주 잘할 걸세."

그 후 젊은이는 회사에 사직서를 내고 네브래스카 주 오마하에 있는 대기업에 스카우트되어 영업직을 맡았다.

첫 출근 날, 사장 해리스는 커다란 집무실 의자에 등을 기댄 채 일부러 거만스러운 표정을 지어 보이며 그에게 말했다.

"자네의 업무 능력이 어떻든, 여기에 온 이상 제로 상태와 마찬가지네. 지금부터 한 달 동안 신입사원 연수 교육을 받게나."

"죄송합니다, 사장님. 만약 그래야 한다면 차라리 저는 다른 직장을 찾겠습니다."

젊은이는 말이 끝나자마자 단호하게 몸을 돌려 나가려고 했다.

"잠깐, 기다리게!"

해리스는 성급히 그를 불러 세웠다.

"회사에 채용된 대부분 신입사원은 내가 지시한 대로 군말 없이 일을 하는데 오직 자네만 그렇지 않군. 감히 누구 앞이라고 솔직하게 자기 의사를 밝히는 건가? 자네가 그처럼 미련 없이 이 회사를 떠나려는 이유가 궁금하군."

"아주 간단합니다. 제가 이곳에서 한 달 동안 신입사원 연수 교육을 받는다는 것은 그동안 술집이나 그 밖의 장소에서 고객과 면담할 기회를 놓친다는 것을 의미합니다. 제 머릿속에는 고객만 있을 뿐 신입사원 연수 교육 같은 건 없습니다."

젊은이의 말은 해리스의 큰 호감을 느꼈다. 잠시 생각에 빠지던 해리스는 곧 편지를 한 장 썼다.

"고객을 잃고 싶어 하지 않는 이 사람에게 사우스다코타 주 서부의 업무를 관리하게 하시오."

이 젊은이가 바로 훗날 세계적인 인생경영 컨설턴트로 명성을 날린 데일 카네기Dale Carnegie다.

이 세상에는 수천 가지의 성공 요인이 있고, 마찬가지로 수천 가지의 실패 요인이 있다. 성공과 실패를 가르고, 운명을 바꿔 주는 가장 중요한 순간은 바로 당신 손에 달렸다. 데일 카네기의 성공은 솔직한 의견이야말로 타인의 호감을 이끌어 내는 가장 개성적인 매력이라는 사실을 알려 주고 있다.

자신의 의사와는 상관없이 무작정 다른 사람의 말에 좌지우지

하거나 타인의 관점을 비판 없이 수용하는 사람은 아무런 성취를 이룰 수 없다.

어느 날, 아버지와 아들이 시장에 당나귀를 팔려고 길을 나섰다. 그런데 길을 가는 행인들이 부자父子를 보고 이렇게 비웃는 것이었다.

"허허, 세상에 당나귀보다 더 어리석은 사람도 있구먼. 당나귀는 짐을 싣고 사람을 태우라고 있는 건데, 저걸 그대로 끌고 가다니. 저 당나귀는 팔자도 좋아."

아버지는 행인의 말에 일리가 있다고 여겨 곧장 아들을 당나귀 등에 태우고 다시 길을 재촉했다. 그런데 또 다른 무리의 행인들이 손가락질하며 이렇게 말하는 것이었다.

"저 불효막심한 녀석 좀 보게나. 아버지는 걸어가는데 새파랗게 젊은 녀석이 저 혼자 편하려고 당나귀를 타고 가네. 참, 세상이 어떻게 되려고 그러나?"

아버지는 아차 싶어서 아들을 당나귀에서 내려오게 하고 대신 자기가 올라탔다. 그렇게 얼마를 가다 또 다른 행인들을 만났다.

"아비 되는 사람이 어찌 저리 자식 위할 줄도 모르고 야속할까? 당나귀를 보아 하니 아들까지 함께 태워도 괜찮겠는데, 혼자만 편하게 가고 있네."

아버지는 황급히 아들을 당나귀에 태웠다. 이번에는 누구도 뭐라고 트집 잡지 않을 거라고 여기면서 느긋하게 당나귀를 타고 갔다. 그런데 얼마 지나지 않아 행인들과 마주쳤는데 또다시 웅성거리는 소리가 들려오는 것이었다.

"저렇게 비쩍 마른 당나귀 등에 두 사람이나 타고 가다니, 아무리 말 못하는 짐승이라지만 참으로 불쌍하구먼."

당나귀를 타도 뭐라 하고, 안 타도 뭐라 하니 아버지와 아들은 그야말로 속수무책이었다. 부자는 결국 아예 당나귀를 짊어지고 가기로 했다. 그렇게 아버지와 아들이 긴 나무 막대에 당나귀를 매달고서 다리를 건너는 순간이었다. 나무 막대에 대롱대롱 매달려 가는 것이 괴로웠던 당나귀가 심하게 몸부림을 치는 바람에 두 사람은 그만 나무 막대를 떨어뜨리고 말았다. 결국 당나귀는 강물에 빠져 허우적대다 죽고 말았다.

일상생활에서 우리는 위의 일화에 나오는 아버지처럼 주위 사람들의 의견을 지나치게 의식하는 사람을 자주 본다. 이처럼 다른 사람들의 눈치를 살피고 그들의 의견만을 좇다 보면 오히려 일을 처리하는 데 정신적인 부담을 느끼며 심지어는 자신의 주장을 포기하는 사태에 이른다. 우리는 누구나 자신만의 인생이 있다. 그런데도 타인의 의견을 맹목적으로 따른다면 자아를 잃은 꼭두각시 인형과 다를 바가 무엇이겠는가?

깊은 산 속에 커다란 돌덩어리 하나가 외롭게 드러누워 있었다. 돌덩어리는 꿈이 하나 있었다. 바로 새처럼 하늘 높이 날아오르는 꿈이었다. 하지만 친구들에게 자신의 꿈을 말하면 순식간에 조롱

거리가 되었다.

"제 분수도 모르는 녀석 같으니라고!"

"허무맹랑한 공상은 집어치워!"

친구들은 너나 할 것 없이 비웃었지만, 돌덩어리는 꿈을 포기하지 않고 기회가 오기를 기다렸다.

어느 날 장자莊子가 그 근처를 지나가고 있었다. 돌덩어리는 장자가 뛰어난 지혜를 갖춘 현자라는 사실을 알고 그에게 자신의 소원을 빌었다. 그러자 장자가 말했다.

"네가 꿈을 이루도록 도와주마. 대신 한 가지 조건이 있다. 우선 네가 커다란 돌산으로 자라야 한다. 돌산으로 자라려면 많은 시간이 걸리고 고통스러운 과정을 겪어야 하는데, 두렵지 않으냐?"

"저는 하나도 두렵지 않습니다."

꿈을 이루기 위한 돌덩어리의 피나는 노력이 시작되었다. 그날 이후 돌덩어리는 아침저녁으로 하늘과 땅의 영기를 들이마시고, 영롱한 아침 이슬을 받아먹으며 열심히 자랐다. 그로부터 여러 해가 지났다. 온갖 시련과 고난을 겪으면서 돌덩어리는 마침내 커다란 돌산으로 성장했다.

그러자 장자는 전설 속에 나오는 거대한 새를 불러들였다. 하늘을 뒤덮을 만큼 어마어마한 새가 날아오더니 거대한 날개로 돌산을 치자 순간 천지가 요동하면서 폭발음이 들렸다. "펑!" 하는 굉음과 함께 돌산이 산산조각으로 깨지면서 수천 개의 돌덩어리가 허공으로 흩뿌려졌다. 마침내 돌덩어리는 하늘을 날고 싶다는 꿈을 이루었다!

그러나 돌덩어리의 꿈은 한순간에 물거품처럼 사라지고 말았다. 곧 땅바닥으로 곤두박질치면서 다시 이전의 작은 돌덩어리 신세로 되돌아온 것이다. 장자가 물었다.

"후회되느냐?"

돌덩어리는 고개를 가로저었다.

"아니오. 전 커다란 돌산으로 자라는 경험도 했고, 게다가 하늘을 나는 기쁨까지 만끽했는걸요!"

사람의 인생도 마찬가지다. 우리는 이 세상에 빈손으로 와서 빈손으로 떠난다. 그러나 인생을 살아가는 과정은 제각각이다. 꿈이 크다는 것은 그만큼 많은 땀과 눈물을 흘려야 한다는 뜻이다. 큰 꿈을 향해 최선을 다한 사람은 설사 목표를 이루지 못하더라도 남들보다는 훨씬 더 많은 결실을 얻는다.

13세기 이탈리아의 시인 단테Durante degli Alighieri는 말했다. "네 갈 길을 가라. 남이야 뭐라 하든!" 예로부터 보통 사람들의 얄팍한 눈에는 위인들의 위대한 포부나 꿈이 허황한 망상으로만 비쳤다. 현실의 안일한 삶에 만족하는 그들에게는 고통을 겪으며 새로운 행복을 찾아가는 위인들의 도전이 헛되게 보였기 때문이다. 이렇듯 **인생을 대하는 태도가 다르기에 그들의 운명도 크게 차이가 나는 것이다.**

위인은 온갖 난관과 위기를 헤치고 정상의 자리에 올라 역사에 이름을 남기지만, 보통 사람들은 가을바람의 낙엽처럼 흔적 없이 사라진다. 오로지 자신에게 충실하면서 꿈을 좇아가는 사람만이 성공의 기쁨을 만끽할 수 있다는 사실을 기억하라.

50_ 힘을 모아 아름다운 인생을 만들어 가라

눈부신 속도로 변화하는 현대 사회에서 협력은 대단히 중요한 가치가 있다. 협력은 이제 단순히 사업상의 운영 방식이 아니라 사회 발전에 없어서는 안 될 거대한 원동력으로 자리매김했다. 이 세상 완벽한 사람이 어디 있겠는가? 누구나 장단점이 있다. 이러한 장단점을 서로 보완한다면 최강의 역량을 발휘할 수 있다. 골치 아픈 문제에 부딪혔을 때, 당신을 힘들게 하는 문제의 원인을 모를 때, 복잡한 상황에 얽혀 꼼짝달싹도 못할 때 혼자서 골머리를 앓아 봤자 그것은 시간낭비에 불과하다. 그럴 때는 과감히 주변 사람들에게 도움을 요청하라. 우리는 협력을 통해서 좀 더 쉽게 성공에 다가갈 수 있다.

어떤 사람이 천당과 지옥은 어떤 차이가 있는지 하느님과 논쟁을 벌였다.

"좋다. 천당과 지옥이 어떻게 다른지 내가 직접 구경시켜 주겠다!"

하느님은 그를 데리고 먼저 지옥으로 갔다. 그곳에 가 보니 진수성찬이 차려진 식탁에 여러 사람이 둘러앉아 있었는데, 이상하게도 모두 피골이 상접한 몰골이었다. 저렇듯 풍성한 식사가 차려져 있는데도 굶어 죽을 만큼 비쩍 말라 있는 이유는 왜일까? 자세히 살펴보니 그들에게는 자신의 팔 길이보다 긴 수저가 하나씩 들려 있었다. 저마다 자기 입으로 음식을 넣으려고 필사적으로 애썼지만 수저가 워낙 길어 한 입도 못 먹고 식탁은 금세 난장판으로 변해 버렸다.

"자, 이젠 천국을 구경시켜 주겠다."

하느님은 그를 데리고 또 다른 방으로 갔다. 그곳에도 아까 지옥과 마찬가지로 진수성찬이 차려져 있었다. 그런데 식탁을 둘러싸고 앉아 있는 이들은 한결같이 포동포동 살이 찐 데다 얼굴에는 윤기가 자르르 흘렀다. 그들 역시 아까 지옥에서 본 사람들과 마찬가지로 팔 길이보다 긴 수저를 하나씩 들고 있었다.

그는 고개를 갸우뚱거리며 하느님에게 물었다.

"아까 지옥이랑 똑같은데 저 사람들은 왜 저렇게 통통한 거지요?"

"자세히 살펴보아라."

하느님의 말대로 자세히 살펴보니, 그들은 긴 수저로 각각 맞은편에 앉아 있는 사람에게 밥을 먹여 주며 서로 배를 채우고 있었다!

천국에서는 화기애애한 분위기 속에 서로 음식을 떠먹여 주며 식사를 즐겼지만, 지옥에서는 오로지 자기 입안으로만 음식을 떠 넣으려다 식탁을 난장판으로 만들고 있는 것이었다.

같은 식탁, 같은 수저가 주어졌지만 화기애애한 식사를 즐기는 이가 있는가 하면, 피골이 상접할 정도로 굶주리는 이들이 있었다. 똑같은 기회가 있지만 후자는 협력을 통해 기회를 이용할 줄 몰랐다. 협력은 우리의 생활을 더욱 윤택하게 만들어 주고, 업무 효율성을 높여 주며, 여러 사람의 역량을 한데 모아 더 큰 성공을 이룰 수 있도록 해 준다.

아주 오래전에 전쟁이 끝나고 귀향길에 오른 병사 세 명이 어느 마을에 도착했다. 병사들은 먼 길을 걸어오느라 지치고 굶주려 있었다. 그러나 이 마을도 오랜 전쟁으로 농사를 제대로 짓지 못해 먹을거리가 부족했기에 마을 사람들은 병사들에게 음식을 나눠 주지 않았다. 병사들은 서로 머리를 맞대고 뭔가를 의논하더니 한 명이 마을 사람들 앞으로 나서서 말했다.

"우린 돌 수프를 만들 줄 안답니다!"

돌로 수프를 만들 수 있다는 말에 마을 사람들은 귀가 솔깃해졌다. 병사들은 광장 한가운데에 마을에서 제일 큰 솥을 걸어 놓고 불을 때기 시작했다.

첫 번째 병사가 솥에 물을 붓고 돌멩이를 집어넣었다.

"자, 이제 곧 있으면 이 세상에서 가장 맛있는 수프가 만들어질 겁니다."

그러자 두 번째 병사가 이어서 말했다.

"그런데 소금을 약간 넣어야 할 것 같은데요. 채소도 좀 썰어서 넣으면 훨씬 맛있을 것 같지 않습니까?"

병사의 말을 듣고 한 소녀가 양파를 조금 가져왔다. 나이 지긋한 중년 부인은 감자를 내오고, 마음씨 좋은 노파는 고기를 가져왔다. 순식간에 고기와 채소로 가득 찬 수프는 부글부글 고소한 냄새를 풍기며 끓어올랐다. 마을 사람들과 병사들은 광장에서 맛있는 수프를 나눠 먹으며 춤도 추고 노래도 부르며 즐겁게 시간을 보냈다.

다음날, 아침잠에서 깬 병사들은 자신들을 에워싼 마을 사람들을 보고 깜짝 놀랐다. 마을 사람들은 빵과 버터가 가득 담긴 봉지를 내밀며 말했다.

"자네들은 어제 우리에게 아주 귀중한 선물을 해 줬네. 자네들이 알려 준 돌로 수프를 만드는 비결을 우리는 영원토록 잊지 않을 걸세."

그러자 세 번째 병사가 마을 사람을 향해 이렇게 말했다.

"뭐, 특별히 비결이라고 할 게 있습니까? 그저 여러분이 조금씩 나눠 주신 먹을거리로 근사한 파티를 열었던 것뿐입니다."

협력은 다른 사람에게 기회를 주고 자기 자신에게도 기회를 준다. 다시 말해서 아름다운 미래를 만들어 갈 수 있는 황금열쇠인 것이다.

어린 시절의 미국 강철 왕 카네기는 매우 가난하고 힘든 시절을 보냈다. 영국 이민자 출신이었던 그의 부모는 돈이 없어서 카네기를 학교에 보낼 수가 없었다.

그러던 어느 날, 카네기는 이웃에서 토끼 한 마리를 선물로 받았다. 몇 달 지나지 않아 토끼가 새끼 여러 마리를 낳았다. 토끼 식구가 불어난 것은 기뻤지만 카네기에게는 한 가지 고민이 생겼다.

"이 많은 토끼를 어떻게 먹여 살리지?"

어린 카네기 혼자의 힘만으로는 토끼들이 먹을 풀을 뜯기가 벅찼던 것이다. 곰곰이 고심하던 카네기는 묘안을 짜냈다. 그는 즉시 동네 아이들을 불러 귀여운 토끼를 구경시켜 주었다. 그리고 이렇게 말했다.

"얘들아, 이 토끼들한테 너희 이름을 붙여 줄게. 대신 각자 풀을 뜯어 줘야 해."

동네 아이들에게 토끼풀을 뜯어 오면 그의 이름을 토끼에게 붙여 주기로 약속한 것이다. 그 계획은 대성공을 거두었다. 자기 이름이 붙은 토끼를 위해 아이들은 열심히 풀을 뜯어 와서 정성껏 보살폈다. 덕분에 카네기는 토끼 보살피는 일이 한결 수월해졌다.

어린 카네기는 사람들이 자신의 이름에 지대한 관심이 있다는 사실을 발견하고 이를 활용해서 협력을 이끌어 냈던 것이다.

이러한 유년 시절의 경험은 훗날 카네기가 강철 왕으로 성공하는

데 큰 도움이 되었다. 카네기는 조지 풀맨과 철도의 침대 열차 사업권을 두고 경합을 벌일 때도 어린 시절 토끼의 교훈을 떠올렸다.

당시 카네기가 운영하던 센트럴 트랜스포테이션 회사와 조지 풀맨의 풀맨 회사는 유니언 퍼시픽 철도 회사에 침대차를 납품하기 위해 치열한 경쟁을 벌이고 있었다. 경쟁이 치열해진 나머지 서로 상대방의 비밀을 폭로하는 등 낯 뜨거운 싸움을 벌이고 있었다. 그러던 어느 날, 카네기와 풀맨이 각각 유니언 퍼시픽 철도회사의 수뇌부를 만나러 뉴욕으로 향했다. 원수는 외나무다리에서 만난다고 했던가? 이들은 센트 니콜라스 호텔에서 우연히 마주쳤는데, 이때 카네기가 먼저 말을 건넸다.

"여보시오, 풀맨 씨, 안녕하십니까? 가만히 생각해 보니 우리가 지금 바보짓을 하는 것 같소."

"그게 무슨 말씀이오?"

풀맨이 묻자 카네기는 전부터 생각하고 있던 것을 솔직하게 털어놓았다. 즉, 두 회사의 합병안을 제시한 것이다. 서로 반목하고 헐뜯기보다는 차라리 제휴하는 편이 훨씬 낫다고 설득했다. 관심 있게 이야기를 듣던 풀맨은 잠시 뭔가를 생각하더니 이렇게 물었다.

"그럼 새 회사의 이름은 무엇이라고 할 작정입니까?"

브랜드에 대한 자부심이 강한 풀맨의 의도를 단박에 알아차린 카네기는 망설임 없이 대답했다.

"그거야 물론 '풀맨 침대차 회사'라고 해야지요."

풀맨은 갑자기 얼굴빛이 환해지면서 이렇게 말했다.

"그러면 내 방에 가서 찬찬히 생각해 보기로 합시다."

마침내 카네기와 풀맨은 그동안 쌓인 앙금을 털어 내고 사업 제휴를 했다. 자신을 낮추고 상대방을 배려하면서 협력을 이끌어 내 카네기의 탁월한 리더십이 느껴지는 대목이다.

미국 남부의 한 지역에서는 해마다 호박 우수 품종 경진 대회를 개최한다. 이 대회에서 한 해도 놓치지 않고 우승을 독차지하는 농부가 있었다. 그런데 그에게는 한 가지 이상한 점이 있었다. 그는 다른 사람과는 달리 자신이 애써 개량한 귀한 호박 종자를 이웃들에게 아낌없이 나눠 주는 것이었다. 이러한 농부의 행동을 이해하지 못한 이웃 사람이 물었다.

"자네는 그토록 많은 시간과 노력을 쏟아부어 품질 개량을 한 결과로 상을 탄 게 아닌가? 그렇게 귀한 종자를 왜 우리에게 거리낌 없이 나눠 주는 건가? 이러다 자네가 준 종자로 우리 밭에서 자네 호박보다 훨씬 크고 좋은 녀석이 나오면 어떡하려고 그러나?"

이에 농부는 웃으면서 이렇게 말했다.

"내가 종자를 이웃에게 나눠 주는 것은 실상 나 자신을 위해서라네."

그랬다. 사실 농부가 사는 마을은 전형적인 농촌으로, 밭들이 서로 이웃해 있었다. 그래서 농부가 경진 대회에서 상을 받은 좋은 종자를 나눠 주면 이웃들도 그 호박 품종을 재배할 것이니 벌들이 꽃가루를 수정하면서 자신의 밭에 열등한 종자를 퍼뜨리는 것을 막을 수 있었던 것이다. 만일 농부가 좋은 호박 종자를 감추고 아무에게도 나눠 주지 않는다면 벌들이 꽃가루를 옮길 때 이웃의 열등한 종자를 자신의 밭에 퍼뜨려 그동안의 품종 개량 노력이 수포로 돌아간다는 사실을 그는 잘 알고 있었다. 즉, 농부는 이웃들과 경쟁 관계가 아니라 상생 관계에 있다고 생각한 것이다. 이렇듯 현명한 생각 덕분에 그는 매년 우량 품종을 개발하여 호박 우수 품종 경진 대회에서 우승할 수 있었다.

인간이 만물의 영장이 될 수 있었던 데는 바로 서로 간의 협력이 있었기에 가능했다. 적과 싸울 날카로운 발톱이나 어금니, 민첩한 기동성을 더해 줄 날개도 없던 나약한 인간이 서로 협력을 하지 않았다면 어떻게 무시무시하고 포악한 짐승들 사이에서 살아남을 수 있었겠는가?

오늘날 치열한 경쟁 사회에서 살아가는 우리에게 협력은 일종의 생존방식이라고 할 수 있다. 여러 사람이 함께 힘을 모으면 그만큼 경쟁력을 쌓고 더 많은 성공의 기회를 거머쥘 수 있다. 진심어린 마음으로 주변 사람들과 협력을 이룬다면 당신의 장래는 더욱 밝아질 것이다.

원고를 기다립니다

한순간 일지라도 진정했던 삶의 모습과

영원까지 퇴색하지 않을 세상의 지혜를

글로 담은 그대와 또 하나의 생의 흔적을 남기고자 합니다.

책은 나무를 베어 만든 종이로 만듭니다.

나무의 생명과 맞바꿀 만한 가치가 있는

소중한 여러분의 원고를 기다립니다.

소중한 원고 정성을 다해 좋은 책으로 만들겠습니다.

원고를 보내시는 방법

이메일 접수 : 2010sr@naver.com

우편 접수 : 서울시 동대문구 답십리동 한신아파트 2동 106호

전화번호 : 070-4086-4283

핸드폰 : 010-8603-4283

*보내주신 원고는 반송되지 않으니 반드시 복사본을 보내 주세요